W0084366

Wolfgang Schmidbauer
Lebensgefühl Angst

Wolfgang Schmidbauer

# Lebensgefühl Angst

Jeder hat sie. Keiner will sie.
Was wir gegen Angst tun können

HERDER

FREIBURG · BASEL · WIEN

Alle Rechte vorbehalten – Printed in Germany
© Verlag Herder Freiburg i. Br. 2005
www.herder.de
Satz: Layoutsatz Kendlinger
Herstellung: Freiburger Graphische Betriebe 2005
www.fgb.de
ISBN 3-451-28615-7

# Inhalt

# Vorwort

> Das frühkindliche Wesen ist wirklich nicht dafür aus-
> gerüstet, große Erregungssummen, die von außen
> oder innen anlangen, psychisch zu bewältigen.[1]

Auf den ersten Blick scheint es paradox. Wahrscheinlich haben
die Menschen in Europa noch nie eine so lange Zeitperiode in einem solchen Maß von Sicherheit und Wohlstand gelebt. Hunger-
nöte, Naturkatastrophen, Krieg und Vertreibung sind für die
meisten von uns Geschichte oder Geschichten aus einer Vergangenheit, von deren unmittelbarem Augenschein nur noch wenige
erzählen können.

Aber die Angst hat viel von dem unscheinbaren Band, mit dem
die Götter der germanischen Sage den übermächtigen Fenris-
Wolf fesselten, der die stärksten Ketten aus Stahl zerrissen hatte.
Dieses Band wirkte harmlos, war aber von einem Zauber durchtränkt, der es immer fester machte, je mehr man es zu zerreißen
versuchte.

Es liegt nahe, von einer „Generation Angst" zu sprechen. Ich
verbinde diesen Begriff damit, dass noch nie so viele Menschen
soviel zu verlieren hatten wie heute. Sicherheit, Wohlstand, ein
hohes Niveau von Konsum und universeller Kommunikation
prägen diese Generation. Jeder ist jederzeit potenziell via Handy
erreichbar – wer also muss noch Trennungsangst ertragen? Wir
sind gegen Einbruch, Diebstahl, Krankheit, Unfall, Prozesse, Ha-
gelschlag, Glasbruch, gegen die Explosion unseres Heizkessels
und den Verlust unserer Zahnprothese versichert.[2] Aber merk-

---

[1] S. Freud (1926), Hemmung, Symptom und Angst, GW. XIV, London, S. 178
[2] „Die Pro-Kopf-Ausgaben der Deutschen für Versicherung haben sich seit 1980 ver-
dreifacht, die Beiträge insgesamt vervierfacht und die Leistungen verfünffacht. Doch
das Bilanzvermögen der Versicherungen wuchs im gleichen Zeitraum auf das Sieben-
fache. Wer 1979 Aktien der Allianz gekauft hat, verfügte 20 Jahre später über ein fünf-

würdigerweise laufen wir missmutiger durch die Straßen als die Armen im Jemen oder in Brasilien. Das drücken auch unsere Statistiken aus, denen zufolge hierzulande jeder zehnte Mensch zugibt, an mindestens unangenehmen, jeder zwanzigste sogar einräumt, an ernsthaft das Leben einschränkenden Ängsten zu leiden. Die Zahl der Angstkranken, die gar nicht wissen, was sie plagt, ihre Entwicklungsmöglichkeiten lähmt oder sie in Phantasiewelten festhält, dürfte noch erheblich höher sein.

Angst kann sich zu heftigster Qual steigern. Angstkranke, die arge Schmerzen erleiden mussten, etwa nach einem Unfall oder während eines Herzinfarktes, berichten nicht selten, dass sie diesen Schmerz, so sehr er sie auch plagte, der Panikattacke vorziehen würden.

So verwundert es nicht, dass manche Opfer von Ängsten die Angst in Schmerz umwandeln, indem sie sich selbst verletzen, sich mit Rasierklingen schneiden oder Zigaretten auf dem Handrücken ausdrücken.

Angst ist in der Regel nicht gefährlich. Sie entstammt natürlichen Wurzeln und ist im Grunde biologisch sinnvoll. Sie hat, wie der Hunger und die Liebe, ihre Gestalt und ihre Zeit. Sie kann zwar nicht von einem kleinen Kind, in der Regel aber von einem einsichtigen Erwachsenen bewältigt werden – vorausgesetzt, wir erleben sie bewusst, gestehen sie uns ein, nehmen sie als Teil unserer kreatürlichen Ausrüstung und geben ihr nicht mehr Macht, als ihr im Dienst der Liebe zum Leben und zur Freiheit zusteht.

Viel gefährlicher als die Angst ist eine erstarrte Form, sie abzuwehren und sie zu verleugnen, vor allem aber die Suche nach einer Welt, die uns und anderen garantiert angstfreie Räume verheißt, und der Wunsch, diese mit aller Gewalt zu verwirklichen. Demagogen, welche die menschliche Angstneigung ausnützen,

---

mal größeres Vermögen als einer, der damals eine Lebensversicherung bei der Allianz abgeschlossen hat." Allein in Deutschland arbeitet mehr als eine Viertelmillion Menschen in Versicherungen, vgl. Welzk, Stefan (2005): „Der heilsamste und vorsorglichste Gedanke", in: Kursbuch 159, März 2005, Berlin, S. 72.

versprechen nicht selten, dass wir keine Angst mehr haben müssen, wenn wir erst unsere gegenwärtigen Ängste in Gewalt umsetzen und alle aus dem Weg räumen, auf die wir diese Ängste projizieren.

Dieser Glaube an eine angstfreie Zukunft, die erringt, wer den Sündenbock vernichtet, hat Menschen zu aberwitzigen Grausamkeiten veranlasst, die darauf hinausliefen, alles Ängstigende aus der Gegenwart hinauszumorden, um die eigene Zukunft, das eigene Überleben zu sichern.

Die fatale Mischung aus Angst vor Entartung, Vernichtung der Quellen „unreinen" Blutes und grandioser Blähung der Phantasie eines zu allem fähigen, alles erreichenden deutschen Volkes hat Hitlers Überfälle auf seine Nachbarn und den Holocaust an Juden, Sinti und Roma motiviert. Alle mörderischen Diktaturen schüren Ängste vor einem Feind und versprechen Sicherheit durch dessen Vernichtung. Viele haben nach 1945 dieses Muster kritisiert, aber die Verführungskraft solcher „Patentlösungen" ist kaum geschwunden, wie jüngst der Völkermord in Ruanda zeigt.[3]

Die politischen Extreme der kollektiven Angstabwehr sollen uns hier weniger beschäftigen als die Interaktion zwischen unseren seelischen Grundstrukturen und der kulturellen Evolution schlechthin. Die Angst ist mächtiger und einflussreicher geworden, weil wir mehr und wirksamere Wege zu finden meinten, sie zu besiegen oder ihr zu entgehen. Früher hatten wir, um ein Beispiel zu nennen, dann Todesangst, wenn eine Ader platzte oder ein Knochen brach. Heute müssen wir zittern, wenn wir auf das Ergebnis einer Vorsorgeuntersuchung warten, die in wenigen

---

[3] 1994 wurden in Ruanda innerhalb von 13 Wochen fast eine Million Menschen getötet. Obwohl die Täter den Hutu angehörten und die Opfer zum größten Teil Tutsi waren, ist es falsch, als Ursache die ethischen Spannungen zwischen diesen beiden Volksgruppen anzunehmen. Den Massenmord inszenierte eine kleine, privilegierte Gruppe in der Hauptstadt Kigali, die um ihre Macht fürchtete. Auch die von Anfang an informierte Diplomatie bzw. die Geheimdienste der internationalen Gemeinschaft, die den Massakern untätig zusah, tragen eine Mitverantwortung, vgl. Des Forges, Alison (2002): Kein Zeuge darf überleben. Der Genozid in Ruanda, Hamburg)

Minuten einen Zustand subjektiven Wohlbefindens in sein Gegenteil verwandeln kann.

Angesichts der Angst ist die Flucht nach vorne, welche uns Extremsportler, Junkies, Söldner, Hooligans und Jackass-Fans vorführen, so problematisch wie der Rückzug. Dieser wird manchmal als konsumintensives Cocooning[4] in der Presse idealisiert. Er führt viele von Prüfungs- und Leistungsangst, Panikanfällen und somatisierten Ängsten Geplagte in die Praxen der Psycho- und Verhaltenstherapeuten. Wie viel Angst hinter Eifersucht, Anklammerungs- und Drohszenarien in einer Partnerschaft oder dem Mobbing am Arbeitsplatz steckt, wird oft erst einer gründlichen Untersuchung des Einzelfalls deutlich.

Wenn sich die Menschen der Moderne vor Abhängigkeiten und engen Beziehungen scheuen, wenn sie eine Liebesaktivität gerne von außen auf sich zukommen lassen, um dann pseudosouverän zu entscheiden, ob sie sich verführen lassen wollen oder nicht – dann hoffen sie, dass derlei Vermeidung ihnen Leid erspart.[5] Was aber, wenn niemand vorbeikommt, um sie zu verführen? Neben der Angst vor den Gefahren der Nähe ist das passive, erstmals von Karen Horney[6] beschriebene „neurotische Liebesbedürfnis" die wichtigste Ursache einer unheimlichen Schwester der Angst: der Depression.

Unter Depression verstehen wir nicht nur einen Zustand seelischer Leere und vitaler Bedrückung, der das Leben sinnlos erscheinen lässt und sein Ende ersehnt, sondern auch den Zusammenbruch einer Expansion im Wirtschaftsleben. Auch damit haben wir gegenwärtig zu tun. Wie viele Versprechen über sinkende Arbeitslosigkeit, verlässliches Wirtschaftswachstum und

---

[4] Cocooning meint das selbstgenügsame Sich-Einspinnen in die eigene Wohnung nach dem Motto: Was interessieren mich andere, Hauptsache ich habe es schön. Cocoon (Kokon) ist die Puppenhülle der Insekten, aus der in diesem Fall freilich kein Schmetterling schlüpft.

[5] Schmidbauer, W. (1986), Die Angst vor Nähe, Reinbek b. Hamburg.

[6] Horney, Karen (1937): Neurotic personality of our time, New York.

steigende Löhne sind allein in Deutschland in den letzten Jahrzehnten gebrochen worden? Während sie sich über das schwindende Ansehen der Politik und der Politiker beklagen, haben die Sprecher aller Parteien vielfach nichts besseres zu tun, als im nächsten Augenblick wieder genau jene Illusionen zu pflegen, mit denen es ihnen ergeht wie dem Süchtigen mit seiner Droge: Er weiß, dass sie ihn ruiniert, aber er kann darauf nicht verzichten.

Ähnlich ruinieren falsche Versprechungen jede Glaubwürdigkeit – und doch können die Mächtigen des 21. Jahrhunderts einfach nicht auf sie verzichten. Sie können diesen schwarzen Peter nur in immer hilfloserer Wut und Projektion dem politischen Gegner zuschieben, wie die zweifelhafte Neuerung von Untersuchungsausschüssen gegen Wahlkampflügen oder die Zuschreibung der Verantwortung für gemeinsam verschuldete Probleme an den jeweiligen politischen Gegner zeigen.

Was den Umgang mit Angst angeht, ist diese Politik der Verleugnung der eigenen Verantwortung und der Projektion von Schuld nach außen so falsch, wie sie nur sein kann. Der Mensch kann sich an Realitäten sehr viel besser anpassen als an Eventualitäten. Während er angesichts einer greifbaren Gefahr Kräfte sammeln und sich durch zielgerichtete Aktivität von seinen Ängsten ablenken kann, liefern ihn falsche Versprechungen seinen Ängsten aus und führen so auch dazu, dass am Ende die Regierten so abhängig von Lügen geworden sind wie die Regierenden.

„Die Ängste, die das Weniger weckt, sind gerade auch die Kehrseite jenes deutschen Neugründungswunders nach dem Zweiten Weltkrieg. Aus den moralischen und materiellen Ruinen erschuf Deutschland eine blühende Wirtschaft und eine demokratische Gesellschaft. Damals entstand die Vorstellung des ewigen Mehr – bezüglich Bildung, Demokratie, sozialer Sicherheit, gesellschaftlicher Prosperität und Frieden mit allen."[7]

---

[7] So der Münchner Soziologe und Begründer des Konzepts der „Risikogesellschaft", Ulrich Beck, vgl. Beck, Ulrich: „Die Gesellschaft des Weniger", in: Süddeutsche Zeitung, 3.2.2005.

Als hätte er diese Analyse des Soziologen Ulrich Beck rhetorisch umgesetzt, hat wenig später Bundespräsident Horst Köhler in einer „aufrüttelnden" Rede versucht, den Geist des VW-Käfers der Nachkriegszeit zu beschwören.

Angesichts der Privilegiengier und Reformvermeidung der Gegenwart war das an der Realität vorbei geredet: Damals lebten die Menschen in Ruinen und mussten sie wieder aufbauen, wenn sie nicht arm bleiben wollten. Seither hat der Wohlstand so zugenommen, dass nach der WHO-Definition über die Hälfte der Menschen, die sich 1980 noch normal fühlten, im Jahr 2000 arm wären (denn arm ist nach dieser Definition, wer nur über 50 Prozent des Durchschnittseinkommens verfügen kann).

Je mehr realistische Gründe es gibt, skeptisch in die Zukunft zu blicken und sich darauf gefasst zu machen, dass die Erwartungen an Wachstum, Sicherheit und Prosperität enttäuscht werden, desto größer wird auch die Anziehungskraft von Figuren, die eigene Ängste verleugnen, rücksichtslos Stärke und Zuversicht verkünden – und Sündenböcke benennen, wenn die ersten Enttäuschungen auf die Gläubigen zukommen. „Motivationstrainer", die einem ganzen Hörsaal zahlender Kunden weismachen können, wer nur genug an sich glaube, dem sei alles möglich, nennen immerhin noch sich selbst als Beispiel: Sie haben es geschafft, für die Banalität ihrer Botschaft so vielen Geld abzuknöpfen.[8]

Angesichts der komplexen, von keinem Einzelnen mehr durchschauten Zusammenhänge der modernen Wirtschaft oder Technik ist der charismatische Führer, der selbstverliebt von sich behauptet, er kenne den richtigen Weg, so anachronistisch und so ersehnt wie nie zuvor. Er hilft, die Ängste der Verunsicherten zu

---

8 Viel witziger erklärt das eine jüdische Anekdote: der Rabbi verkauft dem Toren, der ein Rezept für Weisheit wünscht, zwei Fischaugen, das Stück um einen Dukaten. Er soll sie essen, sie werden helfen. Dieser zahlt und isst; auf dem Nachhauseweg geht er über den Markt und kommt empört zurück: „Ich musste einen Dukaten für ein Auge zahlen, aber auf dem Mark bekomme ich dafür zehn ganze Fische!" „Sie wirken schon", sagte daraufhin der Rabbi.

binden, aber er kennt selbst kein anderes Gegenmittel als die Illusion, die er ihnen anbietet – plump, gewalttätig, rückwärtsgewandt der totalitäre Scharlatan, mit smartem Lächeln und sorgfältig mit seinem Presse-Stab besprochenen Phrasen sein „demokratisches" Gegenstück.

Angesichts dieser Versuchungen zur Vereinfachung wirkt es leise, fast kläglich, darauf zu bestehen, dass der Mensch einen komplexen Bezug zu den Sicherheiten hat, nach denen er sich sehnt und die er verteidigt, um Angst zu vermindern. Wer feststellt, es gehe in unserer Suche nach einer lebenswerten Zukunft nicht allein darum, Mängel der gegenwärtigen Techniken abzuschaffen, macht sich nicht beliebt. Die kreatürliche Angst legt immer nur einen Weg nahe: den aus der Gefahr in die Sicherheit. Daher hat, wer uns anlügt, indem er Sicherheit verspricht, solange eine bessere Chance als der Aufrichtige, wie wir ihm glauben können. Politiker, die sichere Renten garantieren, werden gewählt. Politiker, die die Wahrheit über die Zukunft einer komfortablen Alterssicherung für alle aussprechen, werden nicht gewählt.

Freud hat in seinem Spätwerk über „Die Zukunft einer Illusion" dieser elementaren Sehnsucht nach dem falschen Trost die Behauptung entgegengesetzt, dass die leise Stimme der Vernunft zwar übertönt werden kann, sich schließlich aber doch durchsetzt. Er hat es jedoch vermieden, die Bedingungen dafür zu erläutern. Sie sind nicht erfreulich, denn sie beruhen nicht auf der Macht der Einsicht, sondern auf dem irreparablen Zusammenbruch der Täuschung. Autofahrer wissen schon lange, dass es nicht genügend Benzin für alle Zukunft gibt. Aber die meisten werden erst dann auf das Fahrrad umsteigen, wenn sie ihren Tank nicht mehr füllen können.

Wenn wir die Macht der Angst über unsere Gedanken und Gefühle genauer kennen, können wir ihr besser widerstehen, uns aber auch mehr mit ihr anfreunden und aufhören, große Energiemengen darauf zu verwenden, uns darüber zu beklagen, dass wir ihr nicht entkommen können.

Den Deutschen wird nachgesagt, sie seien ein Volk von Jammern und Bedenkenträgern. Ich kann das nicht nur negativ finden, wenn ich beispielsweise an die forsche Zuversicht vieler US-Amerikaner denke, die glauben, sie könnten der Welt ihre Werte aufzwingen und weiterhin das größte Stück von diesem Planeten verzehren, ohne einen Gedanken daran zu verschwenden, wie er sich regenerieren soll. Kritische Bedenken, die sich gegen eine Verleugnung der Gefahr richten, in der wir schweben, müssen wir von der selbstverliebten Klage unterscheiden, in der eigene Privilegien geleugnet und ein komfortables Leben eingeklagt werden.

Angst ist sehr häufig der Grund, warum wir uns in eine Phantasiewelt zurückziehen, in der alles so geschieht, wie wir es uns wünschen. Diese Phantasien machen uns fast immer sehr einsam, denn nur wer sich weitgehend in der Realität ansiedelt, kann mit anderen Menschen in einen befriedigenden Austausch treten. Dieser Austausch ist das wirksamste Mittel gegen die Angst.

Wir können es uns nicht leisten, den kulturellen und gesellschaftlichen Aspekt in unseren Ängsten zu ignorieren. Wir dürfen nicht leugnen, wie viel sie mit kindlichen Verletzungen und sozialen Veränderungen zu tun haben. Wir müssen akzeptieren, dass unsere emotionalen Beziehungen und unser Selbstgefühl die wichtigsten Angstquellen, aber auch die besten Helfer gegen Ängste sind.

München, im April 2005

W. S.

# 1.   Was ist Angst?

> Geh! gehorche meinen Winken,
> Nutze deine jungen Tage,
> Lerne zeitig klüger sein:
> Auf des Glückes großer Waage
> Steht die Zunge selten ein;
> Du musst steigen oder sinken,
> Du musst herrschen und gewinnen,
> Oder dienen und verlieren,
> Leiden oder triumphieren,
> Amboss oder Hammer sein.
>
> J. W. von Goethe

Die meisten Menschen erleben hin und wieder Angst. Sie würden zugestehen, dass Angst „normal" ist. Manche behaupten, Angst gar nicht zu kennen. Wir erinnern uns an das Märchen von dem, der auszog, das Fürchten zu lernen. Andere wiederum werden ständig von Ängsten geplagt, manchmal so sehr, dass sie buchstäblich bewegungsunfähig werden, sobald sie z.B. das eigene Haus verlassen müssen, in dem sie sich sicher fühlen.

Aus Actionfilmen kennen wir Dialoge wie:
Erprobter Kämpfer angesichts einer kritischen Situation:
„Hast du Angst?"
Neuling, der sich beweisen will:
„Überhaupt nicht!"
Erprobter Kämpfer: „Ich habe Angst!"
Neuling, aufatmend: „Ich auch, und wie!"

Aus den Berichten von Soldaten vor einem Angriff oder von Schauspielern vor ihrem Auftritt wissen wir, dass Angst vor allem durch Erwartung ausgelöst wird. Sobald der Kampf beginnt, ist der Soldat ruhig, der vorher zitternd im Schützengraben hockte und sich übergeben musste. Sobald der Schauspieler die Bühne betreten und die ersten Sätze gesprochen hat, macht sein Lampenfieber einer besonderen Geistesklarheit und Willensschärfe Platz.

Kleine Angstspannungen ("Lampenfieber") steigern also die seelische und körperliche Leistungsfähigkeit; heftige Angst hingegen blockiert die geistige Konzentration, lähmt die Bewegungen und engt die Wahrnehmung ein. Während die normale Angst vor einer wichtigen Situation, deren Gelingen intensiv gewünscht wird, im Erleben der ersten erfolgreichen Schritte verschwindet, bleibt die neurotische Angst bestehen und lähmt die geistige Leistung.

Anders als der Schmerz hat die Angst keine Quelle im Körperinnern. Sie ist im naiven Erleben eher ein Werkzeug der Psyche als eines des Körpers. Genauer betrachtet, zeigen sich enge Verbindungen von Angst und Schmerz. Beide erzwingen Vermeidungsverhalten, aber während das geschonte Organ heilt, steigert sich Angst zur Panik, wenn sie durch Flucht nicht auflösbar ist. Folgerichtig verwandeln gestörte Menschen nicht selten durch Selbstverletzungen Angst in physischen Schmerz.

Angst ist nicht gleich Angst; eine erste Unterscheidung zieht die Grenze zwischen Ängstlichkeit, einem Charakterzug, und krankhafter Angst. Wesentlich für diese "kränkende" Angst sind körperliche Begleiterscheinungen, die den Angstzustand von "normalen", alltäglichen Befürchtungen unterscheiden, wie sie uns täglich mehrfach umtreiben können.

Angst wird zur Krankheit, wenn sie lange anhält, ohne erlebte, realistische Bedrohung auftritt, unerträglich und unkontrollierbar erscheint („ich halte es nicht mehr aus!").

Moderne Angstkranke fühlen sich hilflos ausgeliefert, ohne die Gefahr genau fassen zu können. Sie werden dadurch rastlos und nervös. Ihre innere Spannung steigt, ihre Stimmung verschlechtert sich, sie reagieren reizbar und aggressiv, schreckhaft, unkonzentriert. Ihre Unfallgefahr ist erhöht, sie vergessen viel und können sich über nichts freuen – der Übergang zwischen chronischer Angst und Depression ist fließend.

Auch Gefühle der Unwirklichkeit, des Weit-entfernt-Seins, der sogenannten Depersonalisation („Wer bin ich? Wer ist ich? Was soll ich?") können mit Angst zusammenhängen. Die Betroffenen fühlen sich „abgehoben".

Ebenso vielfältig wie die seelischen sind die körperlichen Begleiterscheinungen (Äquivalente) der Angst. Sie verschlüsselt sich in verminderter Speichelsekretion mit Mundtrockenheit, in Zähneknirschen, besonders im Schlaf, Ohrensausen (Tinnitus), gepresster oder zitternder Stimme. Dazu kommen Wahrnehmungsstörungen (Flimmern, Röhrensehen), Blasenstörungen, die eine Entzündung imitieren können, und Störungen des Körpergefühls mit Schwindelanfällen bis zur völligen Gangunsicherheit, die in extremen Fällen den Angstkranken in den Rollstuhl zwingt. Angstäquivalente können ihrerseits, ebenso wie der Angstanfall selbst, Angst auslösen („Angst vor der Angst").

Die eindrucksvollen und hartnäckigen Somatisierungen der Angst in Form von Herzbeschwerden jeglicher Art haben früher dazu geführt, von einer eigenen „Herzneurose" zu sprechen. Die Symptome sind Enge- oder Beklemmungsgefühle, Herzdruck, Herzklopfen, Herzstolpern oder Herzstechen. Damit verbunden oder auch als Hauptsymptom treten Atemstörungen auf, vor allem das Gefühl, nicht durchatmen zu können, keine

Luft zu bekommen sowie Würgegefühle im Hals. Ärzte sprachen früher vom „Globus hystericus". Angstkranke leiden unter einem imaginären Kloß im Hals, den sie nicht hinunterschlucken können.

Eine Patientin erlebt beispielsweise ihr Herzstolpern als höchst qualvoll und lebensbedrohlich, obwohl ihr viele Spezialisten nach eingehenden Untersuchungen versichert haben, dass sie an harmlosen Extrasystolien (Herzschlägen außer dem normalen Takt) leidet, an denen sie gewiss nicht sterben wird.

Auch die Haut ist ein Organ der Angst. Während Gänsehaut und Kälteschauer eher harmlose Angstsignale sind, können massive Schweißausbrüche lästig werden. Wirklich problematisch ist aber erst die durch solche körperlichen Begleiter der Angst ausgelöste, narzisstisch getönte Schreck- und Vermeidungssituation. Die Betroffenen schämen sich des Schweißausbruchs, ihres überraschenden Errötens, ihrer Impulse, Blase oder Darm zu entleeren so sehr, dass sie ein heftiges Vermeidungsverhalten entwickeln. Dann führen die Blasensymptome z.B. dazu, dass Angstkranke nicht ins Kino oder Theater gehen und nicht verreisen.

Der Alarmzustand der Angst führt zu Appetitlosigkeit und Erbrechen, während die Anfälle von Heißhunger eher ein Mittel darstellen, die Angst zu kompensieren. Sehr verbreitet sind auch Magen-Darm-Symptome. Die berühmten „Schmetterlinge im Bauch" können sich zu veritablen Ungeheuern auswachsen, zu Koliken, Übelkeit, Schmerzen nach den Mahlzeiten, Magen- und Darmkrämpfen, Durchfall.

Angst mindert die sexuelle Potenz. In einer Gegenreaktion wird aber die Sehnsucht nach der Selbstvergessenheit, Geborgenheit und Nähe im Sexualakt übersteigert. Das führt bei einigen Angstkranken zu suchtartiger Intensivierung des sexuellen Verlangens ohne wirkliche Lösung und Befriedigung.

Sehr häufig sind bei Angstkranken Ein- und Durchschlafstörungen. Sie schrecken aus dem Schlaf und erwachen früh, ohne wieder in den Schlaf zurückzufinden. Schlaflosigkeit weckt Ängste, durch Schlafmangel leistungsunfähig zu werden: Ein typischer Teufelskreis, aus dem auszusteigen sehr schwierig ist.

Ein weiterer Teufelskreis betrifft die Muskulatur: Die Angst erhöht den Tonus (also die allgemeine Muskelspannung). Dadurch entstehen Schmerzen, die wiederum die Angst steigern. Gelenke und Wirbelsäule werden durch eine dauerhaft erhöhte Muskelspannung überlastet; Knorpelschäden sind die Folge.

Der entstehende Schmerz und die Bewegungsbehinderung lösen Ängste vor einem drohenden Verlust der Möglichkeiten aus, Angst durch Körpertraining zu bekämpfen. Leichte Ängste schwinden durch körperliche Übung, wie Laufen, Schwimmen, Muskeltraining im Studio. Angesichts schwerwiegender Ängste werden aber diese an sich hilfreichen Gegenmittel selbst zur Gefahr.

So meldete sich eine angstkranke 32-jährige für eine Psychotherapie, weil sie schwere Arthrosen in den Knie- und Hüftgelenken hatte, die ihr die exzessive Arbeit im Fitness-Studio, mit der sie sich bisher fast jede freie Minute vor ihren Ängsten zu schützen suchte, unmöglich machten.

## Panik und Furcht

Wenn sich Angst zu einem Zustand hilfloser Erregung mit Herzklopfen, Schwindel, Atemnot, Ohnmachtsgefühlen und intensivster Unlust steigert, sprechen wir von Panik. Furcht nennen wir demgegenüber eine auf bestimmte Bedrohungen bezogene Reaktion, die mit dem vernünftigen Ich viel eher versöhnt werden kann als die Angst.

Ich fürchte mich z.B. vor dem Klassenkameraden, der sich im Raufen als überlegen erwiesen hat, und gehe ihm aus dem Weg; ich fürchte mich vor einer Giftschlange. Wenn ich aber auf den Anblick einer harmlosen Blindschleiche mit heftiger Angst reagiere, leide ich an einer Phobie, einer an bestimmte Reize oder Phantasien gebundenen Angstreaktion. Sie erscheint mir selbst sinnlos und unerwünscht, aber die Angst ist so heftig und schmerzhaft, dass ich versuche, möglichst wenig dorthin zu gehen, wo mir Schlangen begegnen könnten.

## Angst und Verlassenheitsgefühle

Kleine Kinder reagieren auf ein verletzendes Erlebnis – etwa einen Unfall, der einen Krankenhausaufenthalt notwendig machte – mit ängstlichem und anklammerndem Verhalten. Während sie bisher schon zu Hause allein spielten, wenn die Mutter einkaufen ging, weinen sie jetzt heftig, wenn sie die Mutter nicht mitnimmt; sie „hängen am Rockzipfel". Die Erklärung dafür ist, dass sie ihre Phantasie von einem verlässlichen, stabilen Bezug zur Mutter (ihr „inneres Objekt") verloren haben und jetzt die reale Mutter zu verlieren fürchten, wenn sie diese nicht ständig unter Kontrolle haben. Nach diesem Modell werden die sogenannten „frei flottierenden Ängste" verständlicher: Attacken von Panik, die scheinbar durch keinen Anlass gerechtfertigt sind. Die Angst entfaltet sich als Reaktion auf den drohenden Verlust des inneren Objekts, der ebenso „gefährlich" ist wie die Angst eines kleinen Kindes, das die Mutter sucht und nicht findet. Die Analyse solcher Panikanfälle zeigt häufig unbewusste Trennungswünsche oder unbewusste Aggressionen gegen eine Person, von der sich ein Betroffener abhängig fühlt. Wenn es gelingt, diese Ambivalenz zu bearbeiten, verschwinden auch die Panikanfälle.

Die folgende Fallskizze zeigt die Dynamik der Verlassenheitsangst, verbunden mit der Angstabwehr durch Verwandlung von Angst in körperlichen Schmerz: Eine 19-jährige bedrängt ihren früheren Freund, bei ihr zu bleiben. Er darf nicht gehen, er darf sie nicht verlassen! Er kann die Art nicht leiden, in der sie sich an ihn klammert, bleibt deshalb hart und trennt sich von ihr.

Als er gegangen ist, gerät sie in Panik. Die Angst, dass alles vorbei ist, was je in ihrem Leben Wert hatte und schön war, mischt sich mit der Wut auf den Freund und der Wut gegen das eigene Ich, das nicht in der Lage war, ihn zu halten. Sie holt eine Rasierklinge und zerschneidet sich die Unterarme. Sie beteuert nachher, sie hätte darauf geachtet, nicht zu tief zu schneiden. Sobald das Blut fließt und die Wunden schmerzen, fühlt sie sich entspannter.

Diese Patientin war in ihrer frühen Kindheit von einer perfektionistischen Mutter sehr verwöhnt worden. Als diese vier Jahre später ein zweites Kind bekam, entgleiste die bisher sehr enge Beziehung: Die Tochter fühlte sich von der Mutter verstoßen, die Mutter von der Tochter, für die sie so viel getan hatte, missachtet. Einmal wollte die Vierjährige unbedingt auf dem Schoß der Mutter sitzen; diese verbot es, weil sie gerade den Säugling stillte. Darauf biss sich das Kind so tief in die Hand, dass die Wunde blutete. Die Mutter hatte die Angst des Kindes nicht beachtet, die Wunde hingegen alarmierte sie und führte dazu, dass sie sich um ihre Älteste kümmerte.

## Agoraphobie (Platzangst)

Agoraphobie oder Platzangst äußert sich als Bewegungsfurcht. Sobald sie freie Plätze überqueren oder über Brücken gehen, reagieren die Betroffenen mit Herzrasen, Schweißausbrüchen und Schwindelgefühlen. Sie fürchten, zu sterben.

In der Regel meiden sie dann die angstauslösende Situation und schwächen auf diese Weise ihr Selbstgefühl; sie trauen sich immer weniger zu, der Angst standzuhalten. Ob eine Agoraphobie auffällig wird, hängt oft von den Lebensumständen ab: Wer in einer Kleinstadt geboren wird und dort lebt, kann ganz unauffällig bleiben, obwohl er an heftigen agoraphobischen Anfällen leidet, sobald er seine vertraute Umgebung verlässt.

Die Phantasie, eine stabilisierende, vertraute Umgebung („Heimat") zu verlieren, spielt eine wesentliche Rolle in der Entstehung der Agoraphobie. Zur psychischen Normalität gehört es, mit noch beherrschbaren Angstgefühlen weiten Reisen oder einem Umzug entgegenzusehen, oder aber sich mit einer vorübergehenden Trennung von einem geliebten Menschen abzufinden. In der Agoraphobie scheint vor allem die Fähigkeit gestört, zwischen vorübergehenden und endgültigen Trennungen zu unterscheiden.

Die Betroffenen reagieren so, als sei jede Trennung endgültig, ein unwiderbringlicher Verlust, der sie in Panik versetzt. In der psychoanalytischen Untersuchung agoraphobischer Symptome wird oft deutlich, dass in ihrem Hintergrund unbewusste, abgewehrte Wünsche eine Rolle spielen, sich von einem Liebespartner zu trennen. Die Angst stellt dann den Kompromiss zwischen einem inneren Verbot und dem Wunsch dar, sich freier zu bewegen, z.B. ein erotisches Abenteuer zu suchen.

Wenn dann der Partner oder die Partnerin die lästige Pflicht der Dauerbegleitung auf sich nehmen müssen, sind sie einerseits Bewacher, anderseits selbst gestrafte Opfer der Kranken.

## Höhenangst (Akrophobie)

Die meisten Menschen haben keine Schwierigkeit, auf einer Eisenbahnschiene zu balancieren, würden aber mit heftiger Angst die Aufgabe verweigern, auf einer derart schmalen Unterlage einen Abgrund zu überqueren. Solche Ängste zu wecken, ohne einen Gesundheitsschaden zu riskieren, macht den Reiz von modernen Risikosportarten wie Fallschirmspringen, Gleitschirmfliegen oder Bungee-Springen aus.

Krankhafte Höhenangst kann dazu führen, dass die Bewegungsfähigkeit stark eingeschränkt ist, weil keine Brücke überquert werden kann, offene Treppenhäuser gemieden werden und Flugreisen unmöglich sind. Narzissmusforscher vermuten, dass diese Phobie mit einer urtümlichen Flugphantasie zusammenhängt, die mit Hilfe der Angst abgewehrt wird. Das würde erklären, weshalb sich Höhenängstliche von dem Abgrund auch angezogen fühlen. Der Dichter Goethe berichtet, dass er seine eigene Angst überwand, indem er auf einen Turm stieg und dort in schwindelnder Höhe so lange ausharrte, bis er sich beruhigt und gewissermaßen gegen die Angst immunisiert hatte. In der modernen Verhaltenstherapie wird diese Szene als Vorwegnahme der Technik einer „Angstüberflutung" zitiert, durch die sich der Kranke gegen seine eigene Angstbereitschaft wappnet.

Freud hat die Entstehung einer Phobie, sich aus dem Fenster zu stürzen (weshalb die Betroffene sich dem Fenster nicht mehr nähern kann), auf die unbewusste Phantasie zurückgeführt, zum Fenster zu gehen, um sich einen Mann heranzuwinken, wie es die Prostituierten tun. Diese unbewusste Idee wird im Vorbewussten zurückgewiesen und durch eine zur Angst passende Vorstellung „aus dem Fenster stürzen" ersetzt.[9]

## Angst vor Eingesperrtsein und engen Räumen (Klaustrophobie)

Angstfrei ist ein flucht- und kampfbereites Tier am ehesten, wenn es beide Möglichkeiten offen halten kann – den Rückzug und den Angriff. Daher fürchten wir uns nicht nur vor zuviel Freiheit, sondern auch vor zuviel Enge. Die vertraute Empfindung, lieber frei auf einem Stuhl als eingekeilt auf einer Bank zu sitzen, kann sich bei den von einer Klaustrophobie betroffenen Personen zu multiplen Ängsten und Vermeidungsreaktionen steigern, die das soziale Leben erheblich beeinträchtigen.

Manche Klaustrophobiker werden arbeitsunfähig, weil sie keine U-Bahn besteigen und in keinem Aufzug fahren können. In der Psychoanalyse wird Klaustrophobie als Reaktionsbildung gegen Wünsche gedeutet, sich anzuklammern bzw. in den Mutterleib zurückzukehren. In der Behandlung spielen dann vor allem

---

9 Brief an W. Fließ, 17.12.1896, in: Freud, S. (1986): Briefe an W. Fließ. Briefwechsel 1884–1904, hg. von J. M. Masson, Frankfurt a. M., S. 228.

die Kontakt- und Beziehungsprobleme eine Rolle, die sich in der Phantasie ausdrücken, man könne eingesperrt werden bzw. müsse jederzeit einen offenen Fluchtweg haben.

## Gebundene Angst

Während das Opfer einer Panikattacke nur an seiner Angst leidet, aber nicht weiß, wovor es sich fürchtet, sind die an einer Phobie Erkrankten in der Lage, eine Angstquelle anzugeben. Was sie dann plagt, ist die Tatsache, dass ihre Angst stärker ist als ihre Vernunft. Sie wissen, dass es nicht gefährlich ist, in einem Aufzug zu fahren, die U-Bahn zu besteigen, einen Platz zu überqueren oder eine Spinne vom Küchenboden zu kehren. Dennoch reagieren sie auf die Forderung, sich diesen Situationen zu stellen, mit Angst und suchen diese zu vermeiden.

Man unterscheidet Phobien, die sich auf Objekte richten, die allgemein als ungefährlich gelten, von abnorm starken Ängsten vor Situationen, die auch bei normalen Personen einen schwächeren Grad von Furcht auslösen, z.B. der Behandlung beim Zahnarzt oder einer Operation unter Narkose.

Häufig entstehen Phobien, wenn ein Kind von den Eltern daran gehindert wird, sich selbständig mit der Umwelt auseinander zu setzen. Sie hindern es daran, mit jenen Situationen, die es allein bewältigen kann, auch alleine fertig zu werden, nehmen ihm entweder zuviel ab oder treiben es durch Überforderung in die Resignation. Die betreffenden Personen suchen dann später in der Außenwelt Dinge und Personen, die sie steuern. Die gefürchtete Situation lenkt sie ebenso wie die Person, an die sie sich klammern, um der Angst zu entgehen.

Freud hat bei Phobien ein „aktives Vorgehen" in der Behandlung empfohlen. Ein Patient, der zunächst nur mit einer Begleitperson den Weg in die Analyse wagt, wird dazu angehalten, alleine zu kommen, ein Student, der Prüfungen aus dem Weg geht, soll in das Examen gehen, auch wenn er überzeugt ist, keine Zeile zu

Papier zu bringen und elend durchzufallen. Jede Vermeidung verstärkt die Angst. Die Kunst des Therapeuten liegt darin, mit dem Patienten realistische Wege zu finden, mit denen die Angst gerade noch erträglich ist. So lernt der Kranke allmählich, sie zu ertragen und sich so gestärkt daran zu wagen, die nächsten angstbesetzten Aufgaben anzugehen.

Die Betrachtung der Phobie lehrt, dass nicht die Angst krankhaft ist, sondern die Vermeidung, welche das handelnde Ich lähmt und die Entwicklung blockiert. Wer gelernt hat, trotz seiner Ängste handlungsfähig zu bleiben, hat einen normalen Zustand erreicht; wer auf ein Leben jenseits der Angst, auf eine Existenz ohne Schmerz und Verlust wartet, bleibt Gefangener seiner Ängste. Das Paradox des heilenden Umgangs mit der Angst liegt also darin, sich zunächst die eigenen Ängste ohne Beschönigung, Verleugnung oder Projektion einzugestehen, sie dann von ihren Bindungen an Vermeidung und Rückzug zu lösen – und sie schließlich zu ignorieren, das heißt ohne Rücksicht auf sie zu entscheiden und zu handeln, wie es Einsicht und Ethik gebieten.

## Posttraumatisches Syndrom

Seit 1980 ist das seelische Trauma unter der Bezeichnung PTSD (Posttraumatic Stress Disorder) in den von der American Psychiatric Association herausgegebenen Katalog psychischer Störungen aufgenommen worden; 1992 kam es auch in die zehnte Revision des von der Weltgesundheitsorganisation herausgegebenen Handbuchs mit der International Statistical Classification of Diseases and Related Health Problems (ICD-10).

Die Kriterien umfassen 1. ein traumatisches Ereignis, in der Regel die Konfrontation mit Todesgefahr, dem Tod Nahestehender, Vergewaltigung, Verletzungen, Folter, Gefangenschaft. Dann muss die oder der Betroffene 2. unter zwanghaft auftretenden Erinnerungen an das Trauma leiden, 3. Angst- und Vermeidungsverhalten in Bezug auf das Trauma zeigen und 4. abnorm ängstlich sein.

Der am meisten umstrittene Punkt ist das erste Kriterium. Es ist einerseits leicht, Extremereignisse anzuerkennen, andererseits schwierig, die Grenze zwischen traumatischen Ereignissen und den „normalen" Belastungen des Alltags – Verlust naher Angehöriger, Krankheit, Unfall, Scheidung, Liebeskummer – zu ziehen. Schmerz und Trauma sind nicht objektivierbar, sondern subjektive Erfahrungen.

Zum Trauma wird, was eine Person als extreme Bedrohung für das Ich erlebt. Alle Erlebnisse gewinnen dieser Qualität erst, wenn sie kognitive und emotionale „Filter" durchdrungen haben, die kulturell sehr stark variieren. Jahrzehnte, ja das ganze spätere Leben wird das Opfer von traumatischen Bildern heimgesucht, welche die Fähigkeit bewahren, es in Panik zu versetzen.

Man hat das psychische Trauma mit einem Computerabsturz verglichen, nach dem manchmal auch die normale Speicherung von Daten gestört ist. Normalerweise werden Erlebnisse in einer Zeitachse eingeordnet und ihrer emotionalen Bedeutungen als „lang vergangen" beraubt. Nach einem Trauma gelingt das nicht: Folter, Vergewaltigung, Todesgefahr tauchen auf, als seien sie gestern gewesen, weil ein Bild, ein Geruch, eine Geste an sie erinnert.

Allerdings zeigt sich auch hier der Hauptunterschied zwischen Mensch und Maschine: Die Maschine verliert Daten und findet Programme nicht mehr; der Mensch produziert Phantasien und gestaltet seine Geschichte nach seinen eigenen Konstruktionen. Sie treten als Albträume, quälende Tagträume und wahnhafte Rückerinnerungen („flashbacks") auf, in denen die Realitätskontrolle zerbricht und Betroffene wie Geisteskranke wirken können. Diese Erinnerungen können unter Laborbedingungen dadurch ausgelöst werden, dass man die Trauma-Opfer Reizen aussetzt, die sie an die verletzende Situation erinnern.

Die Zwangs-Erinnerungen führen zu einem Vermeidungs- oder Betäubungsverhalten, das darauf ausgerichtet ist, die Wahrscheinlichkeit zu vermindern, dass ein Opfer Reizen ausgesetzt wird, welche seinem Trauma ähneln. Die Betroffenen verlassen

ihre Wohnung nicht mehr, weil sie fürchten, „draußen" ihren Erinnerungen an das Trauma zu begegnen.

Schlaflosigkeit und Reizbarkeit sind Symptome aller Angst-
krankheiten, während übermäßige Wachheit und eine Neigung
zu Schreckreaktionen spezifischer auf das posttraumatische Syndrom hinweisen. Manche Opfer wirken regelrecht paranoid: Sie
fühlen sich von allem und jedem verfolgt. Diese gesteigerte
Schreckreaktion und die Übererregbarkeit des Nervensystems
sind auch körperlich fassbar; es gibt eine Reihe von Untersuchungen, in denen Veränderungen im vegetativen Nervensystem, in
den Reflexen (beispielsweise im Lidreflex), Schlafstörungen und
Hormonstörungen (vor allem im Bereich der Endorphine) nach-
gewiesen wurden.

## Vom Granatenfieber zum Kriegstrauma

Wenn in der Psychiatrie ein neues Krankheitsbild entworfen
wird, heißt das nicht, dass die Forscher jetzt etwas entdeckt haben, das es vorher noch nicht gab. Es bedeutet eher, dass ein bisher traditionell bewertetes Geschehen jetzt medizinisch-wissen-
schaftlich beurteilt werden darf.

Ein sozusagen verjährtes Beispiel sind die „Hexen", die als vom
Teufel besessene Frauen angesehen und bestraft wurden, seit der
Aufklärung aber als Geistes- oder Gemütskranke diagnostiziert
und medizinisch behandelt werden.

Ähnlich wurde das posttraumatische Syndrom lange Zeit mo-
ralisch definiert. Im ersten Weltkrieg wurden seine Opfer, die an
„Grabenschock" oder „Granatenfieber" litten, von den meisten
Nervenärzten als „Simulanten" diagnostiziert und unter Andro-
hung eines Kriegsgerichts wegen Feigheit vor dem Feind an die
Front zurückgezwungen.

Im Zweiten Weltkrieg gab es eine Schlüsselszene: Der amerika-
nische General Patton, ein berüchtigter Haudegen, ohrfeigte in
Sizilien einen Soldaten, der wegen eines posttraumatischen Syn-

droms im Lazarett lag. Der „Feigling" sollte den „wirklich Verwundeten" ihren Platz nicht streitig machen. Der Vorfall kam in die Presse; Patton musste sich öffentlich entschuldigen. Der Zeitgeist hatte sich verändert; die kollektive Verleugnung traumatischer Störungen konnte nicht mehr aufrechterhalten werden.

In solchen Veränderungen wirken zwei Strömungen zusammen: einerseits waren schon die Grabenkriege zwischen 1914 und 1918 in einer Weise seelisch belastend, die es vorher, als Schlachten viel rascher entschieden wurden, einfach nicht gab. Daher traten seelische Traumatisierungen bei den Soldaten gehäuft auf, eine wissenschaftliche Diskussion konnte nicht mehr abgewehrt werden, die Psychoanalyse hatte das soziale Klima dahingehend verändert, dass die Hintergründe psychischer Störungen immer mehr Menschen interessierten.

Der wissenschaftliche Respekt vor den seelischen Traumen hängt auch mit der wachsenden Bedeutung des Massenkonsums für die wirtschaftliche Entwicklung zusammen. Die Massenmedien stimulieren in der Konsumgesellschaft die Orientierung am Lustprinzip auf Kosten der Realitätswahrnehmung. Wer in seiner Kauflust stimuliert werden soll, der muss in allen Bereichen angehalten werden, Unlust wahrzunehmen und nach Abhilfe Ausschau zu halten – denn genau in diese Öffnung nach außen stoßen die verführerischen Warenangebote. Spannung und Schmerz werden nicht mehr als sinnhafter Teil des Lebens gedeutet, sie sind Probleme, die nach Abhilfe schreien.

Im für die Konsumgüterindustrie umsatzfördernden Fall werden Spannungen in Nicht-Haben umgesetzt: „Ich habe nichts anzuziehen, ich kann doch nicht ewig das alte Modell fahren."

Freisetzung von Emotionen lässt sich nicht von Anfang an kontrollieren. Wenn wir Gefühle und Phantasien loslassen, werden die unerwünschten ebenso befreit wie die erwünschten. Das wird gerade in Therapien von sehr angepassten Personen deutlich, die oft davor erschrecken, was alles in ihnen steckt, und die neue Freiheit in ihrem Erleben keineswegs nur positiv finden.

Eine Künstlerin, die als Kind adoptiert worden war, „musste" immer besonders brav sein, weil die Eltern unbewusst fürchteten, sie würde sonst wie ihre leibliche Mutter, die ihren Lebensunterhalt durch Prostitution bestritten hatte. Wegen schwerer Depressionen begab sie sich in Analyse und berichtete zunächst, sie fühle überhaupt nichts, es sei alles vergebliche Mühe, mit ihr sei nichts zu machen.

Nach einiger Zeit bemerkte sie eine Veränderung, die sie aber keineswegs hoffnungsvoll stimmte. „Ich spüre jetzt wieder Gefühle", sagte sie verzweifelt, „aber es sind alles hässliche Gefühle, ich könnte um mich schlagen!"

Die freigesetzten Emotionen sind heute „normal" und bedrohlich zugleich. Unsere Umwelt ist nicht mehr stabil. Wir wissen das, weil wir sie selbst in diese Form gebracht haben. Wenn der Lebensstandard der heutigen USA zum globalen Maßstab würde, bräuchte die Menschheit nicht nur eine einzige, sondern fünf Erden, um sich zu stabilisieren, d.h. nicht mehr zu verbrauchen als nachwächst. In Europa wären es drei Erden, in Indien und China gegenwärtig noch weniger als eine.

Da Chinesen und Inder mit großen Schritten in die Konsumgesellschaft und die Wachstumswirtschaft eilen, ist klar, dass unser gegenwärtiges Wirtschaftssystem zusammenbrechen wird, wenn wir es nicht verändern. Die Filmemacher haben diese Situation längst in Katastrophenszenarien umgesetzt, in denen entweder Räuberbanden mit allen Mitteln um die letzten Benzinvorräte kämpfen („Mad Max") oder eine Klimakatastrophe die Freiheitsstatue in eine Schneefrau verwandelt („The Day after Tomorrow").

Solche Szenarien werden deshalb gemacht und konsumiert, weil sie – ähnlich wie die Horror- und Splatterfilme mit Vampiren, Dämonen und Serienmördern – durch Überreizung der Angst Gefühle der Geborgenheit im Alltag möglich machen. Wer nach einem solchen Szenario in seinem Wohnzimmer um sich blickt oder aus dem Kino auf die Straße tritt, fühlt sich erleichtert, weil ihm niemand an die Gurgel geht. Auch in Bezug auf die Angsttoleranz scheint sich die Gesellschaft zu spalten. Den abgebrühten Horrorkonsumenten, die nichts erschrecken kann, den Angstsüchtigen, die sich mit dem Fallschirm in die Tiefe stürzen, stehen Traumatisierte gegenüber, die aufgrund einer zu niedrigen Panikschwelle solche Bilder unbedingt meiden müssen.

In der therapeutischen Praxis lernt man Personen kennen, die tagelang nicht mehr schlafen können, weil sie so unvorsichtig waren, einen Bruchteil jener Bilder zu sehen, an denen sich andere nicht satt sehen können.

Eine große Gruppe der Generation Angst stellen die Alten. Sie leiden oft besonders darunter, dass sie feststellen müssen, wie wenig sich die Erwartungen erfüllen, der Mensch werde mit dem Alter „ruhiger", reifer, weniger ängstlich. In Wahrheit wächst die Angst parallel zur Phantasie, die Kontrolle über das eigene Leben, die eigene Umwelt zu verlieren. Das mögliche Gegenmittel angesichts der unweigerlichen Verluste im Alter sind nicht die Kontrolle oder das Ideal der reifen Persönlichkeit, sondern der Humor, der hilft, gelassen mit Schwächen umzugehen.

Wer nicht akzeptieren kann, dass er im Alter ängstlicher wird, und diese Ängste durch Selbstüberforderung oder Selbstüberschätzung abwehrt, steigert sein Risiko, einen Unfall zu erleiden. Spätestens dann wird er depressiv, wenn das nicht schon vorher durch die chronische Selbstüberforderung geschehen ist.

So könnte schon bald in allen zivilisierten Ländern zum Problem werden, was zur Zeit in Holland diskutiert wird: Immer mehr Bürger befürworten dort die aktive Sterbehilfe für jene Menschen, die – ohne körperlich aussichtslos krank zu sein – soviel Angst vor der Zukunft und so wenig Freude am Leben haben, dass sie sterben wollen. In der Gefühlsmischung, welche die Selbstmordwünsche anheizt, spielt die Angst eine große Rolle.

Wer depressiv ist, bringt häufig die Energie und Entschlossenheit nicht auf, sich zu töten oder – wie in Holland – bei Ärzten Sterbehilfe zu beantragen. Wer aber um jeden Preis quälende

Ängste vermeiden will, wer sich fürchtet, eine fast überwundene Depression könnte wiederkehren, der ist akut gefährdet.

Während es normal scheint, sich zu freuen, wenn Freunde oder Angehörige aus der schwärzesten Depression auftauchen, wenn sie wieder in Bewegung kommen und nicht mehr wie gelähmt stundenlang am selben Fleck bleiben, raten Fachleute in dieser Situation zu besonderer Vorsicht. Sie wissen, dass jetzt, in diesem von Angstüberfällen durchtönten Grenzgebiet zwischen Depression und Optimismus, die Selbstmordgefahr am größten ist.

Aus der Betrachtung der posttraumatischen Ängste konnten wir ableiten, dass die Gesellschaft „weicher" geworden ist, Ängste und Angststörungen zunehmend als Krankheiten anerkennt. Traumatisch bedingte Ängste werden nicht mehr als Feigheit entwertet und bekämpft, sondern ernstgenommen und behandelt. Ehe wir genauer untersuchen, auf welchen Wegen die moderne Gesellschaft Ängste produziert, einige Gesichtspunkte zur Evolution der Angst.

# 2. Entwicklungsgeschichte der Angst

Wir wissen nicht, ob die Maus vor der Katze Angst hat oder der Spatz vor dem Falken. Aber ihr Verhalten erinnert uns an unseren eigenen Ur-Wunsch, unseren Abstand zu potentiell bedrohlichen Dingen, Ereignissen und Organismen selbst zu bestimmen und ihn nur vorsichtig so zu verkürzen, dass uns Zeit und Raum für unseren Rückzug bleiben.

Die Angst ist in der Evolution aus einem oft lebensrettenden Fluchtimpuls entstanden. Insofern ist uns die Angstbereitschaft angeboren, vielleicht sogar mit spezifischen Inhalten: Fremdenangst, Höhenangst, Angst, auf Hartes zu beißen. Aber genetische Theorien über seelische Merkmale sagen beim Menschen nichts über eine Ursache, sondern nur etwas über eine Bedingung. Der Mensch erlebt Aufträge seiner Gene an sein Ich. Er kann zu ihnen Stellung nehmen und verarbeitet sie höchst unterschiedlich, je nachdem, welche Einflüsse auf ihn gewirkt haben.

Der Prozess dieser seelischen Verarbeitung genetischer Traditionen ist seinerseits genetisch fundiert. Er hängt mit unserer Evolution zu Sprache und Bewusstsein zusammen. Zum Überleben half es einem intelligenten Abkömmling des Stammes der Säugetiere, dass die ängstliche Erregung, welche den Organismus körperlich und geistig auf die Flucht vorbereitet und diese einleiten hilft, ein höchst unangenehmer Zustand ist.

Es wird erzählt, dass im mittelalterlichen Handwerk der Meister dem Lehrling eine schallende Ohrfeige gab, wenn er ihm eine Einzelheit mitgeteilt hatte, die sozusagen zum Kernwissen der Kunst gehörte. So gepeinigt, sollte sich der Novize genauer erinnern.

Wir ersparen unseren Schülern solchen Nachdruck und wollen auch, dass er uns von Seiten unserer Lehrer erspart wird. Aber die Lehrmeister der Evolution sind nicht so zimperlich; sie haben uns reichlich mit Schmerz- und Angstbereitschaften ausgestattet, damit wir uns unser Überlebensrepertoire genügend zu Herzen nehmen.

Viele höhere Tiere haben vor allem Angst, was sie nicht kennen, und meiden Nähe zu allem, was sie nicht beherrschen können, auch zu Artgenossen. Da zu ihrer Fortpflanzung körperlicher Austausch notwendig ist, haben sie Balzrituale entwickelt, um diese Vermeidung zu überwinden. Diese Angst vor dem Artgenossen fehlt in der Beziehung zum Nachwuchs, der Schutz bei der Mutter sucht. Oft geht bei Säugetieren die Trennung von der Mutter aus, die das bisherige „Kind" als „Erwachsenen" erkennt und den artgemäßen Abstand herstellt. Mütter, die erwachsene Kinder noch festhalten und nicht aufhören können, sie zu bemuttern, gibt es im Tierreich nicht.

Die Verhaltensforscher haben diese Reifungsprozesse von instinktiven Angstreaktionen untersucht; der Psychotherapeut kann nur mit der banalen, aber folgenschweren Ergänzung dienen, dass diese Tiere ihren Angsthaushalt weit ökonomischer gestalten können als der Mensch. Wer jeden erwachsenen Artgenossen für einen Störenfried hält und nur durch die Verblendung der Brunft diese Grundhaltung kurzfristig überwindet, kennt keine Bindung und braucht sich nicht vor den zahllosen Quellen von Angst und Schmerz zu fürchten, die mit einem Bindungs- oder Liebesleben zusammenhängen.

Weil unsere Situation derart kompliziert ist, entwickeln wir ein geistiges System, um zukünftige Ereignisse vorauszuberechnen und Schmerz- wie Angstquellen zu orten, um sie zu vermeiden oder zu bekämpfen. Damit ergänzen wir die äußere Realität, die uns viel antun kann, durch eine innere, die unter Umständen noch bedrohlicher ist. Unsere Phantasie kann uns vor Angst schützen, indem sie uns Gefahren voraussehen lässt; aber sie kann uns auch in Ängste stürzen, wenn sie dabei nicht durch ein Stück Unbekümmertheit und Zukunftsvertrauen gezügelt wird. Die meisten „modernen" Ängste stammen aus narzisstischen Quellen. Sie sind mit dem Erhalt des Selbstgefühls verknüpft. Dieses bildet sich entsprechend den Rollenerwartungen unserer Kultur und organisiert sich sozusagen auf jeder Stufe der Kulturentwicklung neu. Der Arme fürchtet sich zu verhungern und glaubt, der Reiche sei frei von Ängsten. Sobald er selbst reich sei, hätte er auch keine Angst mehr. Reich geworden, kann er uns dann Auskunft über die Tatsache geben, dass sich unsere Ängste auf jeder Stufe unseres Selbstwerterlebens und unserer materiellen Absicherung neu bilden.

Angst differenziert nicht, sie vereinfacht. Es gibt in ihr keine unterschiedlichen Probleme mehr, sondern nur noch die eine, die umfassende Katastrophe. Daher sind wir in einer Angststimmung auch nicht zufrieden, wenn wir ein Problem erkannt und das in unserer Macht liegende getan haben, um es zu bewältigen. Wir müssen wieder und wieder in schlaflosen Nächten durchspielen, ob wir auch wirklich alles getan haben, wir können sozusagen unsere Gedanken nicht zu Ende denken und abschließen: Wenn unser Kind eine schlechte Note hat, wird es als Landstreicher unter einer Brücke schlafen müssen; wenn wir eine Verhärtung in unserem Körper ertasten, müssen wir an Krebs sterben; wenn wir nicht noch einmal prüfen, ob die Türe verschlossen ist, wird ein Einbrecher unsere Wohnung ausräumen.

In dem Bestreben, uns wirksam vor Gefahren zu schützen, übertreibt die Angst deren Folgen. So ängstigt uns die Phantasie drohender Ereignisse oft mehr, als es diese selbst tun, wenn sie tatsächlich eingetreten sind. Angstpatienten, die wirklich in Lebensgefahr geraten, Trennungsängstliche, die wirklich verlassen werden, wundern sich oft, wie ruhig sie bleiben. Das liegt zunächst daran, dass in unserer Phantasie alle „erdenklichen" Gefahren zugleich vorweggenommen werden, wenn wir erst einmal in die Angststimmung geraten sind, während wir in der Realität nur jeweils einem Problem begegnen.

Ich erinnere mich, dass ich als junger Student bei meinem ersten Praktikum in einer psychiatrischen Klinik den Patienten mit der latent ängstlichen Erwartung entgegentrat, mit allen erdenklichen Formen der Verrücktheit – so wie ich sie aus der Lektüre kannte – konfrontiert zu werden. Folgerichtig war ich dann sehr überrascht, wie normal die Patientinnen und Patienten waren, mit denen ich mich beschäftigen und die ich testen sollte. Gewiss gab es alle Störungen, von denen ich gelesen hatte, aber jeder Patient hatte sozusagen nur eine davon, keiner war „total verrückt", das meiste, was mir an den Kranken begegnete, kannte ich aus eigenem Erleben.

Mein Angstbild, dass die Kranken mich mit allen möglichen Bizarrerien erschrecken würden (ein Bild, das die meisten Spielfilmszenen aus dem Inneren einer Nervenklinik bestätigen), kippte in den Eindruck um, dass ihnen nur ein winziges Stück Anpassungsfähigkeit fehlte, um gerade so zu leben wie die Menschen draußen auch.

Wie viel mehr Angst unsere Wahrnehmungen durchtränkt, als wir es uns bei nüchterner Überlegung eingestehen würden, hat ein Team um den Harvard-Psychologen Daniel T. Gilbert gezeigt. Die Forscher ließen über fünfhundert Menschen, von denen die Hälfte vor kurzem einen Liebespartner verloren und die andere Hälfte vor kurzem einen gewonnen hatte, die Dauer ihrer Glücks- bzw. Elendsgefühle schätzen. Es zeigte sich, dass Menschen die Dauer ihrer Euphorie angesichts eines Erfolgserlebnisses realistisch einschätzen können. Angesichts eines Schicksalsschlages aber überschätzen sie die Dauer ihrer Depression erheblich.

Man kann fragen, ob die Angst der Agent eines Realitätsverlustes im Negativen ist, während die Lust an die positive Realität bindet. Eindeutig ist der Angstnutzen: Wenn wir wüssten, wie gut wir auch mit unangenehmen Dingen fertig werden, würden wir uns weniger bemühen, sie zu vermeiden. Die Angst steigert ihre Macht, indem sie unser Wissen um die Mittel verdüstert, diese Macht einzuschränken.

Angst vermindert sich durch Gewöhnung und/oder durch Flucht. Wo wir nicht fliehen können, müssen wir auf die Gewöhnung vertrauen. Jede Angst, an die wir uns gewöhnen, stärkt unsere Möglichkeiten, Angst zu beherrschen, während jede Angst, die Flucht durchgesetzt hat, in ihrer Macht bestehen bleibt.

Eine psychoanalytische Ergänzung dieser einfachen Grundgesetze (auf denen ein großer Teil des aus der Lerntheorie abgeleiteten, therapeutischen Standardumgangs mit der Angst beruht) betrifft die Angstvermeidung durch Unbewusstmachen: durch Verdrängung, Verleugnung oder Kombinationen beider. Zu verdrängen ermöglicht eine Flucht nach innen. Wie durch jede Flucht wird auch durch diese der Sicherheitsabstand wiederhergestellt und so die Empfindung der Kontrolle über die Umwelt erneuert. Aber das Verdrängte ist nicht bewältigt. Wenn es wiederkehrt, plagt es das Ich aufs Neue. Gegen die Verdrängung mobilisieren wir die Einsicht: Sie erlaubt dem verdrängten Inhalt die Existenz im Bewusstsein unter der Bedingung , dass er keinen Schaden anrichtet. Daher ist die Einsicht auch dem Affekt ebenso unterlegen, wie der Diplomat dem Soldaten.

Die menschliche Kulturentwicklung ist eine Geschichte von Versuchen, Ängste zu binden. Der Betrachter von Küstenlandschaften des Mittelmeers wird nicht begreifen, weshalb früher die Bauern ihre Dörfer weitab von ihren Feldern in der Ebene am Meer auf schwer zugängliche Hügel bauten, von denen sie weite Wege zu ihren Äckern hatten. Erst wenn ihm erklärt wird, dass seit Jahrtausenden Piraten wechselnder Herkunft – Phönizier, Griechen, Wikinger, Sarazenen und Türken – diese Küsten heimgesucht haben, wird der Sinn dieser Dorf-Festungen klar. Wer das Meer aus sicherer Entfernung überblicken kann, fühlt sich vor den Feinden geschützter, die ihn von dort überfallen könnten. Seit Touristen die Piraten abgelöst haben, verfallen die Dörfer in den Bergen. Ihre Bewohner ziehen in die Küstenstädte.

# 3. Der Mitmensch als Angstquelle

Das Beispiel der Piraten zeigt, dass der Mensch für den Menschen immer beides ist: die wichtigste Quelle von Angst und die wichtigste Quelle von Sicherheit. Der Dörfler fürchtet sich vor dem Fremden und sucht Schutz bei seinem Nachbarn hinter einer gemeinsam erbauten Mauer. Im Märchen wird dieses Thema etwa so dargestellt: Der verirrte Wanderer ist angesichts seiner Ängste im finsteren Wald entzückt, das Licht einer Köhlerhütte zu sehen. Er eilt darauf zu – und sieht sich dort von Räubern umringt, die ihm ans Leben wollen.

Dieser Wanderer symbolisiert das Kind, das zu weit vom Vertrauten entfernt ist. Wer sich fern der Heimat verirrt hat, weiß nicht, ob die Menschen, auf die er trifft, ihm die Sicherheit spenden können, nach der er sich sehnt. Aber wir dürfen auch nicht übersehen, dass diese Sicherheit von einem gesunden Kind als beengend erlebt wird. Die ersten Schritte führen in der Regel von der Mutter weg.

Der Erwachsene erinnert sich an beides: an die schreckliche Angst, die Mutter zu verlieren, das Wesen einzubüßen, dessen Anwesenheit Sicherheit verheißt, und ebenso an die Angst, eingesperrt zu sein, gefesselt, angeödet, ohne Möglichkeit, etwas Neues zu erleben und zu erobern. In den narzisstischen Störungen, die früher vor allem als „Angstneurosen" beschrieben wurden, sind beide Formen übersteigert. Diese Menschen binden sich manchmal extrem schnell und behaupten schon nach wenigen Tagen, sie würden einen Partner nie wieder verlassen. Diese Beziehung beruht gewissermaßen auf der Abspaltung alles Trennenden, das nicht integriert ist und zu plötzlichen Trennungen oder impulsiven Ausbrüchen von Hass führen kann. In der Therapie macht sich das dadurch bemerkbar, dass die Patienten scheinbar wahllos von Arzt zu Arzt gehen und auch Quacksalber keineswegs verschmähen. Nicht selten versuchen sie, „mehrere Eisen im Feuer" zu haben, d.h. mehreren Helfern (oder auch Geliebten) zu beteuern, sie seien die einzig wichtigen. Ein gemeinsamer Nenner dieser Probleme ist das ängstliche Bestreben, schnell eine „gute" und „richtige" Situation zu finden. Im Grunde traut sich der narzisstisch Gestörte die gute Beziehung, die er ersehnt, gar nicht zu. Und je mehr das Gute, das wir haben könnten, überhand nimmt, desto häufiger müssen auch diese Störungen werden.

Probleme, deren ungünstigen Ausgang wir fürchten, ohne dass wir sogleich etwas unternehmen können, werden in einer komplexen, materiell reich versorgten Kultur immer häufiger. Wer auf dem Boden schläft, kann nicht aus dem Bett fallen, wer kein Auto hat, fürchtet sich nicht vor dem Unfall und vor der Panne. Wer das Geld nicht kennt, den kümmern keine Schulden; wer nicht weiß, was ein Computer ist, hat auch keine Angst vor dem Virus, der seine Daten frisst.

Wenn der Steinzeitjäger sich von einem Feind bedroht fühlte, musste er kämpfen oder fliehen. In beiden Reaktionen baute sich seine Angst ab. Wenn der moderne Angestellte sich vor einem Kollegen bedroht fühlt, kann er meist weder das eine noch das andere. Er muss morgen wieder ins Büro und den Menschen höflich begrüßen, den er im Verdacht hat, eine feindliche Intrige zu spinnen, die ihn den Arbeitsplatz kosten kann.

„Höflich" ist hier ein Schlüsselwort. Unsere moderne Kultur im Umgang mit Affekten ist an den feudalen Höfen entstanden, in denen rangniedrige Männer lernen mussten, mit ranghohen Frauen umzugehen – während doch in der „unhöflichen" Vorzeit der Stärkere (also der Mann) notfalls mit Fäusten sein Recht schaffen konnte. Norbert Elias hat viel Material gesammelt, das belegt, wie aus den Regeln für den „Hofmann" die bürgerliche Höflichkeit entstand, ohne die eine moderne Gesellschaft undenkbar wäre.[10] Mit und dank dieser Höflichkeit ist sie aber auch

---

[10] Elias, Norbert (1997), Über den Prozess der Zivilisation, Frankfurt a. M.

eine Veranstaltung, welche Neurosen und psychosomatische Erkrankungen fördert.

Je weiter der „Prozess der Zivilisation" voranschreitet, desto stärker prägen sich Aufschübe in der unmittelbaren Umsetzung von Affekt zur Handlung aus. „Selbstbeherrschung" ist gefragt. Der mittelalterliche Krieger schlug jeden mit dem Schwert nieder, der ihn beleidigte. Der moderne Soldat trägt den Konflikt einem Ranghöheren vor.

Die Entwicklung der Höflichkeit zeigt, dass der Mensch als Angstquelle die „wilde" Natur zu ersetzen beginnt und nun mehr und mehr Regeln benötigt, um die aus dieser neuen Abhängigkeit stammenden Ängste zu bändigen. Historisch ist der Zusammenhang zwischen der Geburt von solchen Ritualen und der Verschärfung der Verteilungskämpfe deutlich, die anbrechen mussten, sobald eine Stammesgesellschaft nichts mehr zu erobern hatte. Ein Feudalherr war darauf angewiesen, seine Diener durch großzügige „Lehen" bei der Stange zu halten (die ja ursprünglich die Fahnenstange war, die er im Kampf mit sich führte).

Die Angst in einer traditionsbestimmten Gesellschaft hatte zwei wesentliche Quellen: die Gefahren, welche von der Natur ausgingen, und die Gefahren, welche die Kultur mit sich brachte, indem sie jene bedrohte, welche nicht in einer der angebotenen Rollen zufrieden waren. Der Sohn des Handwerkers musste ein Handwerk erlernen, der Hoferbe wurde Bauer, die unverheiratete Tochter Magd oder Klosterschwester.

In den Freisetzungsprozessen der Industriegesellschaft sind solche Ängste vergleichsweise harmlos und selten, verglichen mit der zentralen neuen Angstquelle, der narzisstischen Angst. In ihr wird eine Beeinträchtigung des Selbstgefühls gefürchtet. Reale, öfter noch imaginäre Dritte, vor denen ich mich schäme, denen gegenüber ich mich schuldig fühlen muss, bedrohen mich mit Entzug von Liebe, Bewunderung, Aufmerksamkeit. Irgendetwas, das ich angefangen habe, wird nicht gut ausgehen, wenn ich nicht ständig dabei bin und aufpasse.

Auch hier spielen kulturelle Faktoren eine wichtige Rolle. Je weiter sich der Mensch von der Natur entfernt und in riesigen Städten lebt, desto weniger kann er sich auch auf seine Umwelt verlassen. Er müsste sie kontrollieren, kann es aber nicht. Er müsste Einfluss nehmen, ist jedoch unsicher, ob es gelingt.

In einer traditionellen Kultur, gleichgültig ob von Pflanzern, Hirten oder Bauern, gibt es lange Perioden, in denen organisches Leben wächst, nach seinem eigenen, vom Menschen nur wenig beeinflussten Rhythmus und Tempo. Es macht, wie das chinesische Sprichwort sagt, keinen Sinn, an den Halmen zu ziehen, damit der Reis schneller wächst.

In einer modernen, gemachten, konstruierten, gebauten Umwelt ist das bereits ganz anders, noch viel mehr aber in einer, in der entscheidende Eindrücke von einem neben dem wirklichen Leben ablaufenden, enorm beschleunigten virtuellen Leben ausgehen. Diese Erfahrung multipliziert in der Phantasie die Möglichkeiten, Aufmerksamkeit zu gewinnen, bewundert zu werden, glücklich zu sein, parallel dazu aber auch die Gefahren, solche Ziele nicht nur nicht zu erreichen, sondern einer der ebenso vielen negativen Inszenierungen zum Opfer zu fallen.

Die Zukunft der meisten Menschen und damit auch der menschlichen Ängste liegt in Mega-Citys wie Istanbul, Mexiko City, Kalkutta, São Paulo, Lagos, Manila, Kairo oder Schanghai. Während vor hundert Jahren noch weitaus die meisten Menschen in Dörfern lebten, hat sich die Verstädterung gerade in den Entwicklungsländern rapide beschleunigt. Die meisten Städte mit über 10 Millionen Einwohnern sind gegenwärtig von chronischen Krisen und chaotischen Zuständen belastet, was die Versorgung, den Verkehr, die Luftverschmutzung und die Kriminalität angeht. Eine junge Brasilianerin aus begüterter Familie erzählt, dass es in ihrer Heimat selbstverständlich ist, vor der Heimkehr in die umzäunten und wie eine Festung bewachten Wohnanlagen der Reichen mit dem Handy den Wachdienst zu verständigen, der die sensiblen Augenblicke beschützt, in denen ein Auto mit reichen Insassen darauf wartet, dass sich das bewachte Tor öffnet.

So verwundert es nicht, dass die Angstbereitschaft enorm angewachsen ist und viele Menschen chronisch in einem Zustand des latenten Alarms leben. Sie halten ständig innere Übungen ab und erschöpfen sich darin wie der Kapitän eines Schiffes, der jeden Tag eine Seenotübung veranstaltet, bis seine Mannschaft so müde ist, dass sie im Ernstfall versagt. Diese Form der ängstlichen Suche nach Gründen für die eigene Angst kann zu einem Teufelskreis werden: Sie schwächt das Selbstgefühl und muss dann gesteigert werden, um es vor einem Zusammenbruch zu bewahren. In milderen Fällen führt sie nur dazu, Gutes zu „verbessern" und dadurch kostbare Ressourcen zu verschwenden.

## Das Hai-Syndrom oder die Verbesserung des Guten

„Wir halten es für durchaus normal, dass das Mädchen von vier Jahren schmerzlich weint, wenn ihm eine Puppe zerbricht, mit sechs Jahren, wenn ihm die Lehrerin einen Verweis gibt, mit sechzehn Jahren, wenn der Geliebte sich nicht um sie bekümmert, mit fünfundzwanzig Jahren vielleicht, wenn sie ein Kind begräbt … Es würde uns aber auffallen, wenn dies Mädchen als Frau über die Beschädigung einer Nippessache weinen würde. So benehmen sich aber die Neurotiker … sie halten an allen früheren Angstbedingungen fest."[11]

Hochseehaie unterscheiden sich von anderen Fischen in zwei Merkmalen: durch ein leichtes Knorpelskelett und durch das Fehlen einer Schwimmblase. Dieser regulierbare Luftbehälter dient den Fischen dazu, im Wasser stehen zu bleiben, ohne zu sinken. Nur Grundfische (wie etwa Schollen) können auf ein solches

---

[11] Freud, Sigmund (1926), Hemmung, Symptom und Angst, GW. XIV, London, S. 178.

41

Organ verzichten. Haie hingegen müssen schwimmen, um nicht unterzugehen. Sie können nicht anders, es muss immer vorwärts gehen.

Mit dem Begriff des „Hai-Syndroms" suche ich nach einer Metapher für die Unfähigkeit, etwas „gut sein zu lassen", wie die Redensart sagt. Im Hai-Syndrom äußert sich eine ängstliche Spannung indirekt. Sie führt dazu, dass ein Zustand verbessert werden soll, der an sich gut ist, um in der Zukunft drohende Gefahren gleichsam vorbeugend zu bekämpfen.

Das Hai-Syndrom hat viel mit dem Zwang zu tun, etwas oder sich zu beweisen. Diese Beweisnot hängt mit dem Perfektionismus zusammen, der dazu dienen soll, Selbstgefühlsmängel auszugleichen und traumatische Belastungen der Psyche ungeschehen zu machen.

Ein Kind kommt von der Schule nach Hause.

„Wie war's denn?" fragt seine Mutter

„Wie soll's schon gewesen sein?" gibt das Kind trotzig zurück.

„Warum bist du nur so unfreundlich!" sagt die Mutter. „Es interessiert mich eben, vielleicht kann ich helfen."

„Warum lässt du mich nicht in Ruhe!"[12]

Untersuchen wir den Hintergrund dieser Szene, entdecken wir vielleicht eine Mutter, die dadurch verunsichert ist, dass ihre Kontrolle über das Leben des Kindes schwindet und sie nicht mehr die wichtigste, allwissende Person in dessen Leben ist. Dieser Bedeutungsverlust weckt bei der Mutter narzisstische Ängste, die sich darauf beziehen, dass er zunehmen, sich vertiefen, schlimmer werden könnte. Dagegen will sie etwas unternehmen. Sie stellt die Kontrollfrage und erlebt sich bemüht, auf dem Sprung, dem Kind zu helfen.

---

12 Natürlich ist diese Frage im Kontext zu sehen; es gibt durchaus auch Situationen, in denen sich Kinder sehr wünschen, dass sich ihre Eltern endlich dafür interessieren, wie es ihnen in der Schule ergangen ist.

Das Kind hingegen erlebt keineswegs die Mutter, die sich ihm zuwendet und es unterstützt. Es findet nicht, dass die Mutter ihm etwas Gutes tut, sondern dass sie Aufmerksamkeit fordert und das Kind überlastet, das mit einem ganz anderen Prozess beschäftigt ist, in dem die Werte und Wünsche der Mutter es nur verwirren würden.

Warum lässt sie mich nicht los, denkt es, warum stört sie mich dabei, selbst die komplexen Wahrnehmungen zu ordnen, die jeder Schultag mit sich bringt? Für das Kind geht es darum, sich gegenüber Freundinnen und Lehrern zu positionieren, deren Verhalten einzuschätzen, sich zu überlegen, ob und wie sich die Beziehungen in der Schule gestalten lassen.

So lässt sich die Mutter am ehesten mit einem Zuschauer vergleichen, der dem Maler über die Schulter schaut und ihn fragt, was er da macht. Picasso hat gegen solche Zudringlichkeit die Plakette aus dem Bus zitiert: „Es ist verboten, während der Fahrt mit dem Chauffeur zu sprechen!"

Eine von Depressionen und Ängsten belastete Frau hat mir einmal erzählt, wie sie sich als Kind jeden Tag davor fürchtete und schämte, aus der Schule nach Hause zu kommen. Sie hatte bemerkt, dass die Mutter es nicht vertrug, wenn sie das tat, was sie am liebsten getan hätte: für sich zu behalten, was im Unterricht und in den Pausen geschehen war. So hatte sie sich daran gewöhnt, der Mutter Lügenmärchen aufzutischen, in denen die Tochter sich so darstellte, wie sie glaubte, dass die Mutter sie sich wünschte.

An dieser Szene lässt sich die Dynamik der Überbeschützung ablesen. Sie wurzelt darin, dass eine Person nicht sicher ist, gut genug für eine andere zu sein, und daher von sich und/oder von ihrem Gegenüber einen Beweis fordert bzw. einen autonomen Akt als Gegenbeweis deutet. In unserem Beispiel ist sich die Mutter nicht sicher, dass sie eine gute Mutter ist. Sie kann die Tatsachen – das Kind ist gesund, geht in die Schule, kommt heim, isst und schläft – nicht als ausreichenden Beweis deuten, dass alles in Ordnung ist, kann sich nicht selbst als gute Mutter und das Kind als gutes Kind bestätigen, kann sich nicht freuen und sehen, wie viel schlechter sie es treffen könnte.

Um die Kraft zu haben, sich überbeschützend in einen anderen Menschen einzumischen, muss es den Beteiligten relativ gut gehen. Die ängstliche Mutter hat viele Energien frei, die sie nicht sinnvoll einsetzen kann und daher verwendet, um sich schuldig für Probleme zu fühlen, die sie selbst inszeniert hat. Sehr treffend charakterisiert das der Witz von den zwei Krawatten, welche die Mutter dem Sohn geschenkt hat. Am nächsten Tag trägt er die eine, woraufhin die Mutter sagt: „Deine dumme alte Mutter hat keinen Geschmack, die andere Krawatte gefällt dir nicht!"

Die vom Hai-Syndrom Betroffenen müssen immer nach Beweisen suchen, dass sie „gut" sind, oder Deutungen entkräften, die sie selbst vornehmen und die in ihnen einen Selbstzweifel geweckt haben. Häufig entfalten sie besonders hektische Anstrengungen, um Spaltungen zu „überwinden" bzw. sich für imaginären Heroismus anerkennen zu lassen. Gerade in Beziehungen mit „guten", versorgenden Partnern fühlen sich Personen mit Selbstgefühlsproblemen unsicher und stören oft das Gute, das sie haben, durch den Versuch, es zu verbessern, bis sich schließlich niemand mehr wohl fühlt. Ein Beispiel:

Eine ängstliche und unsichere Frau heiratet nach der ersten Liebesenttäuschung den braven Beamten, der um sie geworben hat. Er bietet ihr ein solides Leben an seiner Seite, geht aber in seinem Dienst auf und hat nur sehr wenige Interessen außerhalb seiner Arbeit. Er hat bald erkannt, dass sie seine Wünsche durch ihre Wünsche überschreibt, aber die Ängste, in seiner Arbeit den geringsten Fehler zu machen, absolut respektiert. So zieht er sich oft hinter Fachzeitschriften zurück und weist Reisepläne für die Familie, die er zu kostspielig findet, mit dem Hinweis auf Dienstverpflichtungen ab.

Der gemeinsame Sohn wird zum teilnahmsvollen Zuhörer der Mutter, die ihm fast jeden Tag schildert, wie sie neben diesem Pedanten emotional verkümmert. Er versucht, sie aufzuheitern, ist Sonnenschein und Musterschüler, erkrankt während des Studiums an Angstzuständen und behauptet im Alter von 35 Jahren, er wisse einfach nicht, ob er homo- oder heterosexuell sei, er könne sich nicht vorstellen, das eine oder das andere zu probieren.

Wenn die Mutter den Vater entwertet und den Sohn in ihren Liebesbekundungen und Liebesforderungen an dessen Stelle setzt, reagiert dieser auf die Forderungen, erwachsene Sexualität zu leben mit schwer überwindlicher Angst. Sie mündet oft in das Bestreben, sich erst dann auf eine Beziehung einzulassen, wenn er ganz sicher ist, dass alles perfekt funktioniert. Er kann seine Erotik nicht spielerisch erproben und aus Rückmeldungen lernen.

So entsteht die für die Näheangst charakteristische Mischung aus heftiger Sehnsucht nach dem Unerreichbaren, verknüpft mit destruktiver Entwertung des Möglichen. Die Mutter wollte den Sohn zu einem viel besseren Mann machen, als es sein Vater war. Ihre Absicht bewirkt aber das Gegenteil: Der Sohn wundert sich, wie es sein Vater so lange mit einer Frau ausgehalten hat, und kann sich ein solches Leben nicht vorstellen.

Die nach dem Sohn geborene Tochter hat es leichter und schwerer zugleich. Sie erlebt sich zurückgesetzt und von der Mutter mit Vorwürfen überhäuft, dass sie nicht so lieb, nicht so brav wie der Bruder ist. Sie nähert sich dem Vater, der freilich in seinem Einfluss geschwächt ist, wenn die ganze Familie etwas unternimmt, aber doch bei der Tochter auf langen Wanderungen Freude an der Natur weckt. Sie wird Biologielehrerin, geht in ihrem Beruf auf und meidet Beziehungen zu Männern, in denen sie unbewusst eine Wiederholung der Entwertung und Fesselung durch die Mutter erwartet.

Das Hai-Syndrom lässt dort Angst stärker werden, wo Ruhe wäre; umgekehrt wird aber häufig auch die Anstrengung beklagt, die darin liegt, ständig nach Beweisen Ausschau zu halten und sich bemühen zu müssen. Während die Umstehenden denken, warum diese Person einfach nicht Ruhe geben kann, warum sie, wenn etwas gut und geordnet funktioniert, alles von Grund auf umstürzen möchte, sieht es für den Betroffenen anders aus. Er fürchtet sich, er glaubt, ins Bodenlose zu sinken, nutzlos zu sein, völlig allein und verlassen, weil es nichts zu kämpfen gibt und keine Not nach ihm schreit. Da erzeugt er lieber selber eine solche, als die Stille zu ertragen.

In Liebesbeziehungen führt das Hai-Syndrom dazu, dass die Erotik von dem Augenblick an nicht mehr so schön und aufregend ist, in dem das Paar sozusagen eine friedliche Bucht erreicht – zusammenzieht, heiratet, so eindeutig wird, dass beide entschlossen sind, zusammenzubleiben. Oft dauert es eine Weile, bis sich die Partner das gestehen können; manchmal wird die grausame Wahrheit über Jahre hin durch geschickte Täuschungen verschleiert und tritt erst ans Licht, wenn eine Geliebte oder ein Geliebter plötzlich die frühere Dynamik belebt.

Das Hai-Syndrom gehört zur Generation Angst. Es ist Ausdruck der Steuerung des Lebens durch narzisstische Ängste, die – anders als die primitive Steuerung durch Hunger und durch Liebe – buchstäblich unersättlich sind. Ruhm und Sicherheit bzw. ihre Symbole (deren erstes heute das Geld ist) kann ich nie genug haben, während ich vom Essen satt und von der Liebe müde werde – bis zum neuen Erwachen des Hungers, der Libido. Was die narzisstischen Ängste so quälend macht, ist die inszenierte Gefahr, die an Stelle der realen Gefahren durch Hunger oder Raubtier tritt. Diese Angst schärft den Geist und steigert die Wachsamkeit so sehr, dass keine Ruhe mehr möglich ist, weil es keine Triebziele gibt (wie bei Hunger und Sexualität), sondern eine unerschöpfliche Kette von Szenarien, die alle das Selbst bedrohen könnten.

Es ist wie Lampenfieber ohne Auftritt; jedes der unendlich vielen Übel, die den Menschen befallen können, muss erkannt und überwunden werden. Die Zahl dieser Übel hat sich mit unserem Reichtum an Wissen über Krankheiten, Unfälle und Gefahren ständig vermehrt. Wir denken an immer ausgefallenere Risiken.

Ein Vater findet nach dem Gartenfest, dass seine 14-jährige Jüngste veranstaltet hat, ein Fläschchen ohne Etikett, gefüllt mit kleinen weißen Pillen. Er schluckt zwei und ist überzeugt, sich ganz merkwürdig zu fühlen – es muss Ecstasy sein! Später fasst er sich ein Herz, stellt seine Tochter zu Rede. Sie ist froh und höchst amüsiert, denn ein Mitschüler hat sein homöopathisches Medikament schon vermisst.

Eine Mutter reist weit, um einen Spezialisten und Autor eines Buches über Rauschdrogen auszuhorchen, welche Gifte ihr Sohn, ein guter Schüler und Fan von Heavy Metal Rock, einnimmt. Sie hat leider in seinem Zimmer nichts gefunden, wie könnten die bösen Designer-Drogen denn aussehen, soll sie einen heimlichen Urintest machen? Der Sohn leugnet alles, sie aber weiß es besser.

Das Hai-Syndrom signalisiert den Perfektionismus des verletzten Selbstgefühls, das nach Halt sucht. Am stärksten ausgeprägt ist es bei seelisch Traumatisierten. Wenn sie untätig sind, gewinnen Angst und Unruhe in ihnen quälende Macht. Unvergesslich ist mir Matusseks Bericht[13] über einen Juden, der das KZ überlebte und als Friseurmeister in Deutschland blieb. Unter seinen Kunden waren sogar frühere SS-Leute. Er arbeitete von früh bis spät in seinem Laden, den er putzte und aufräumte, wenn die Angestellten gegangen waren.

Schrecklich dehnten sich die Wochenenden: Es gab nichts zu tun! Als Lösung fand er einen Schrebergarten, in dem er nun auch seine Freizeit mit körperlicher Arbeit verbringen konnte – dem einzigen Mittel, das ihn von seinen Ängsten ablenkte, die Vergangenheit könne wiederauferstehen.

Eine ähnliche Geschichte stammt von einem engagierten Journalisten, der mit seiner Frau ein Waisenkind aus Kambodscha adoptierte, das in den Todeslagern der Roten Khmer Eltern und Ge-

---

[13] Matussek, Paul (1971), Die Konzentrationslagerhaft und ihre Folgen, Berlin.

schwister verloren hatte. Die liebevollen deutschen Eltern verzagten fast, weil das Kind nicht sprach und emotional nicht auf ihre Zuwendung reagierte. Es war von Angst wie gelähmt und schien sich erst dann ein wenig zu entspannen, wenn es im Garten arbeiten konnte; darin war es unersättlich und hätte am liebsten das schon einmal umgegrabene Beet noch ein zweites Mal mit dem Spaten bearbeitet.

Der Hai symbolisiert das Unheimliche: Unheimlich ist die Ruhelosigkeit der Traumatisierten, ihre Unfähigkeit, einen Erfolg anzunehmen, sich für Mühe durch Genuss, für einen anstrengenden Kampf durch friedliche Tage zu entschädigen. Wir denken an das narzisstische Motto des (fast) unsterblichen, (fast) unverwundbaren Highlanders in dem gleichnamigen Film mit Christopher Lambert: „Es darf nur einen geben!" Wir erinnern uns an den frenetischen Beifall, den die Ober-Haie einst für ihre Hai-Frage „Wollt ihr den totalen Krieg?" erhielten, und können schließlich der Frage nicht mehr ausweichen, ob angesichts der Konkurrenz in der Konsum- und Leistungsgesellschaft ein Nicht-Hai viel Aussicht auf politische Macht und wirtschaftlichen Einfluss hat.

Die Ruhelosigkeit hängt mit der Abwehr von Regression zusammen. Stillstand ist Rückschritt; wer nach hinten blickt, verliert das Ziel, erstarrt zur Salzsäule. Perfektionismus setzt voraus, dass eine Kultur Schrift besitzt: ein Medium, hinter das nicht zurückgekehrt werden kann, eine Norm, die fest steht, die sich unerreichbar und überfordernd über das menschliche Gefühlsleben legt, das doch stets träumerisch und verspielt von Schlaf und Überschwang heimgesucht wird.

In unserem Beispiel von der Mutter, die wissen will, was in der Schule war, sehen wir aus einer gemeinschaftlich getragenen und gemilderten Angst zwei Ängste von zwei Individuen werden. Das Kind ahnt, dass es die Ängste allein bewältigen muss, die durch den Schritt fort von der Mutter, hin zur Gruppe der Gleichaltrigen entstehen. Es kann nicht in diese Gruppe finden, ohne sich von der Mutter zu distanzieren.

Die Mutter hingegen muss ertragen, dass ihr Kind jetzt neue Normen gefunden hat, welche ihre Normen zum Teil ungültig machen. Die Situation ist paradox: je mehr die Mutter auf ihrer Normenkontrolle beharrt, desto unglaubwürdiger wird sie; je sicherer sie im Loslassen ist, desto eher wird das Kind ihre Nähe suchen, wenn es eine Atempause angesichts der neuen Forderungen und neuen Ängste braucht.

Dieses Paradox gilt allgemein im Umgang mit dem Hai-Syndrom. Wer sich über den Rastlosen beklagt und sein Verhalten unerträglich findet, steigert dessen Unsicherheit und damit auch sein Bemühen, diese Unsicherheit auszugleichen.

Wenn wir uns den altsteinzeitlichen Jäger vorstellen, lässt sich auch der Zusammenhang zwischen der Intensität von Rastlosigkeit und der Differenzierung des kulturellen Gehäuses rekonstruieren. Wenn der Jäger erwacht, wird er in seinen Körper horchen – schmerzt etwas? Eine alte Narbe? Liegt eine Mahlzeit schwer im Magen, oder hat er heftigen Hunger? Er wird seinen Bogen, seine Fallen prüfen, wird sehen, wie es seinen Angehörigen geht und dann hinausziehen, allein oder mit anderen.

Der Raum, in dem wir uns geistig bewegen und den wir nach Gefahren absuchen, ist gegenüber dieser archaischen Situation enorm gewachsen. Er ist nicht mehr überschaubar. Wir werden, je kritischer wir ihn prüfen, umso sicherer sein, dass wir nicht sicher sein können, dass uns gewiss etwas entgangen ist. Es gibt große Organisationen und viele Experten, die uns Sicherheit oder Vorsorge anbieten. Sie machen uns einerseits auf Gefahren aufmerksam, an die wir sonst gar nicht denken würden („Was passiert, wenn Sie durch einen Unfall arbeitsunfähig werden? Wenn Ihnen ein Reh vor das Auto springt? Wenn die Badewanne überläuft und einen Millionenschaden anrichtet?"). Um diese abzuwehren, fordern sie Opfer an Zeit und Geld. Auch im Körperinneren genügt es nicht mehr, hinzuspüren, ob Atem und Verdauung ihren Dienst tun; wir müssen uns untersuchen lassen, um rechtzeitig Gefahren zu finden, von denen wir noch gar nichts wissen.

Im Hai-Syndrom werden solche kulturell vorgegebenen Szenen verinnerlicht und übersteigert. Das verbindet es mit den zwanghaften Mechanismen. Auch hier wiederholen sich Gedanken oder Handlungen, manchmal bis zur völligen Erschöpfung. Sie überwältigen das Ich, und wenn dieses versucht, dem Zwangsimpuls zu widerstehen, wird es von so heftigen Ängsten gequält, dass ihm der sinnlose Zwang zum kleineren Übel wird.

So lässt sich das Hai-Syndrom als milde, alltagsnahe Form der Zwangskrankheit beschreiben, und diese als übersteigertes Bestreben, das Gute so zu bessern, bis es zum Übel wird. Wer sich die Hände nicht wäscht und die Tür nicht absperrt, ist nachlässig und geht überflüssige Risiken ein; wer aber die Hände so lange wäscht, bis sie schmerzen und die Tür so oft absperrt, dass er jede zweite Woche ein neues Schloss benötigt, der schadet sich mehr, als ihm die Nachlässigkeit jemals schaden könnte.

Freud hat in seiner großen Arbeit über „Hemmung, Symptom und Angst"[14] beschrieben, wie sich äußere von inneren Gefahren unterscheiden: Das Raubtier würde uns anfallen, gleichgültig, wie wir uns benehmen und was wir ihm versprechen, während die geliebte Person, die wir zu verlieren fürchten, uns nicht bedroht, solange wir nicht von ihr unerwünschte Gefühle und Absichten in unserem Inneren nähren. Diese werden dann zum Bestandteil einer äußeren Gefahr.

Die Angst wird in der Psyche verarbeitet, und im Zug dieser Prozesse entstehen neue seelische Gebilde. Das hängt damit zusammen, dass die Angst vor der äußeren Gefahr – dem Raubtier – eine Grenze hat, der Rückzug in einen schützenden Raum das angsterfüllte Ich beruhigt, wie wir es uns vorstellen können, wenn wir nach einem nächtlichen Gang, auf dem wir uns von einem Unbekannten verfolgt fühlten, aufatmend die Haustür hinter uns verriegeln.

Sobald es sich um innere Gefahren handelt, können wir nicht

---

[14] Freud (1926), Hemmung, Symptom und Angst, in: GW. XIV

mehr fliehen und uns nicht mehr schützen. Wir sind Jäger und Gejagte zugleich. Diese Situation entsteht, weil sich in uns aus den verinnerlichten, für unsere seelische Entwicklung lebensnotwendigen Elternbildern Strukturen entwickelt haben, die das Ich bedrohen und verfolgen, wenn es von einer Norm abweicht.

Der treulose Ehemann mag seine Frau täuschen; diese Instanz in seinem Inneren täuscht er nicht. Oft erlebt er ihre Kritik, die sich als Schuldgefühl äußert, mit solcher Angst, dass er sozusagen zu seiner Partnerin flieht und sie bittet, ihn vor diesen Schuldgefühlen zu schützen, er hat es ja nicht so böse gemeint. In anderen Fällen ist die Szene weitgehend unbewusst: Der Verbrecher verrät sich selbst, um durch die dann von außen kommende Verfolgung die inneren Strafen zu mildern. Auch die bereits beschriebenen Selbstverletzungen enthalten den Versuch, eine innere, unsichtbare Angstdynamik in eine sichtbare Wunde zu verwandeln, die dann gepflegt werden kann.

Das Ich, in dem die Angst entsteht, und das Es, welches die gefährliche Wut gegen das Liebesobjekt entwickelt, sind beide Teile unserer Psyche. So verwundert es nicht, wenn aus dem Einwirken des Ich auf das Es (und umgekehrt) Neubildungen entstehen. Zwangssymptome sind ein Beispiel dafür; sie deuten den Triebcharakter durch ihre Impulsivität an, den Einfluss des Ichs durch ihre Gestalt (eben die Verbesserung des Guten) und die Abkunft von der Angst dadurch, dass diese sich bemerkbar macht, wenn der Vollzug der Zwangshandlung blockiert wird.

In dieses Bild fügt sich die Beobachtung, dass in dem Augenblick, in dem reale Gefahren drohen, das Hai-Syndrom ebenso verschwindet wie viele Zwangssymptome. Daraus lässt sich auch der ebenso wichtige wie schwer zu befolgende Rat an Angst- und Zwangskranke ableiten, von dem wir schon sprachen: die Angst und den Zwang möglichst zu ignorieren, sich in keiner Entscheidung von ihnen beeinflussen zu lassen und nicht durch Vermeidungsverhalten zu zeigen, dass ihre Macht stärker ist als die der Vernunft.

Wer erlebt, dass er an seiner Angst nicht stirbt, kann auch in anderen Bereichen dem Leben mehr Platz schaffen. Der perfektionistische Teufelskreis will uns erklären, dass wir erst dann einen Schritt tun dürfen, wenn wir ihn nicht mehr fürchten; die Analyse der Angst aber belehrt uns, dass wir den Schritt umso weniger fürchten werden, je eher wir ihn tun, gleichgültig, was die Angst zu vermeiden gebietet. *Am Anfang war die Tat,* das gilt überall, besonders jedoch in Bezug auf die menschliche Angst.

# 4. „Kann ich diese Welt einem Kind zumuten?"

Wenn die Angst zum bestimmenden Affekt der Moderne geworden ist, hängt das vor allem damit zusammen, dass in ihr jeder seines Glückes Schmied ist und sein Leben von Hab und Gut, Handwerk und Stand der Eltern befreien kann. Diese Freisetzungs- und Individualisierungsprozesse haben die Zahl der Wahlmöglichkeiten multipliziert und werden sie global weiter steigern.

Jede weitere Wahlmöglichkeit ist eine womöglich verpasste Chance, die das Ich ängstigt: Es hätte dort, wo es mich nicht hingelenkt hat, vielleicht ein größeres Glück, wenigstens ein geringeres Unglück gefunden.

Da Angst in Vermeidung phobisch gebunden werden kann und dann dem erlebenden Ich keine Probleme macht, fallen viele Ängste der Moderne nicht weiter auf und sind auch nicht auflösbar. Oft werden solche Vermeidungen rationalisiert, d.h. durch Argumente unanfechtbar gemacht.

Wenn beispielsweise jemand behauptet, er lehne Flugreisen aus ökologischen Gründen ab, wird er sich nicht mit seiner Angst auseinandersetzen müssen, ein Flugzeug zu besteigen. Wenn ein Ehemann behauptet, eine Scheidung komme für ihn aus moralischen Gründen nicht in Frage, geht ihn seine Angst, die ihn hindert, sich von seiner untreuen Partnerin zu trennen, nichts mehr an.

Ein typisches Beispiel, wie solche gebundenen Ängste moderne Gesellschaften belasten, ist der dramatische Geburtenrückgang in den reichen Ländern Europas. Man sollte meinen, die sichere Versorgung durch staatliche Hilfen und der allgemeine Wohlstand würden den Entschluss zu einem Kind erleichtern. Die Statistik belehrt uns aber darüber, dass das nicht der Fall ist, und die analytische Untersuchung der Motive zeigt, wie viele Ängste hier am Werk sind.

Im Grunde überfordert bereits die Möglichkeit, sich für oder gegen eine Schwangerschaft zu entscheiden, sehr oft beide Geschlechter. Die biologische Regelung sieht anders aus. Im sexuellen Begehren liefert sich das „typische" Säugetier einem Gesetz aus, das die unbedingte Leidenschaft, sich zu vereinigen, ebenso enthält wie die Wut gegen den Rivalen, der die Vereinigung streitig macht, und die Hast, ihm zuvorzukommen. Schwangerschaft, Geburt und Pflege des Nachwuchses werden von einem neuen System diesmal zärtlicher, beschützender und belehrender Verhaltensimpulse gelenkt.

Der Mensch kann durch seine Intelligenz leidenschaftliche und zärtliche Impulse verbinden. Das entstehende Ganze nennen wir „Liebe" und glauben, es werde von einem Kind bekräftigt. Aber seine Intelligenz ist nicht die Herrin in seiner inneren Welt, so gerne sie ihn das oft glauben macht, sondern eher – wie es Thomas Hobbes lange vor Sigmund Freud formuliert hat – Kundschafter und Diener seiner Leidenschaften. Daher hat die traditionelle Kultur die Schwangerschaft zu einem Ereignis in größeren Gruppen, zwischen Clans, Totembruderschaften, mindestens zwischen bäuerlichen oder nomadischen Großfamilien gemacht. Die Schwangere erfüllte dort praktisch nie einen Auftrag, den sie aus einer Zweierbeziehung ableitete oder gar ganz allein zu verantworten hatte.

„Wenn du das Kind haben willst, ist das deine Sache, mir ist es eigentlich zu viel, aber ich werde dich natürlich unterstützen!" sagen etwa „moderne" Männer angesichts eines positiven Schwangerschaftstests. Sie fühlen sich dabei fürsorglich, liebevoll, ehrlich. Sie wollen der Partnerin Raum für ihre eigenen Entscheidungen lassen: „Du kannst es dir ja noch vier Wochen überlegen!"

Durch die Möglichkeiten der Empfängnisverhütung ist die Schwangerschaft zur Entscheidungssache geworden; durch die Möglichkeit der Abtreibung auch das Kind. Damit werden aber solche einschneidenden lebensgeschichtlichen Ereignisse auch zur Brutstätte von Ängsten. Wir wissen unendlich viel, kennen unendlich viele Möglichkeiten, was alles schief gehen könnte, und müssen im Zustand der Angst jede einzelne von ihnen vor unserem inneren Auge erscheinen lassen, so lange, bis uns diese Geis-terbahnfahrt völlig deprimiert und entmutigt hat, wenn es uns nicht gelingt, narzisstische Gegenkräfte zu mobilisieren.

Diese stecken vor allem in einer gelungenen Identifizierung mit einem Elternteil. Wenn ein Kind erlebt hat, dass die Eltern ei-nander in ihren Aufgaben liebevoll bestätigt haben, dann kann es später als erwachsener Mensch die modernen Angstmöglichkei-ten durch Zuversicht bekämpfen – es wird schon alles gut gehen.

Wenn die Vernunft die Angst bändigt, gilt die normale Risiko-abschätzung. „Objektiv" ist es gefährlicher, mit dem Auto hun-dert Kilometer zu fahren als tausend Kilometer zu fliegen. Steige ich deshalb beruhigt ins Flugzeug und zittere, wenn ich die Auto-tür öffne? Zumindest fürchte ich mich nicht bis zu Schweißaus-bruch, Vermeidung oder Besäufnis vor dem Fliegen.

Schwangerschaft ist in der traditionellen Kultur meistens eine ersehnte Realität, welche über Frauen und Männer hereinbricht; sie müssen sich damit abfinden und das Beste daraus machen. In der modernen Gesellschaft ist sie ein Ereignis der Selbstverwirk-lichung in Individuen und Paaren. Sie wird dadurch mit Bewer-tungen und Phantasien überlastet; der Therapeut lernt Frauen kennen, die in Panik geraten, weil sie schwanger sind, und andere, die in Panik zu ihm kommen, weil sie auch in diesem Zyklus wie-der nicht schwanger geworden sind.

Die Schwangerschaft ist eine Art Gottesgericht geworden, nicht zuletzt, weil sich auch voreilige Tiefendeuter in das Gesche-hen um Konzeption und Geburt einmischen und dadurch Ängste, Schuld- und Schamgefühle wecken oder verstärken. Eine Fehlgeburt z.B. ist ein sehr komplexes Geschehen, meist durch eine Störung im intrauterinen Entwicklungsprozess oder eine ge-netische Fehlschaltung bedingt. Aber viele moderne Frauen erle-ben sie als persönliches Versagen, als Zeichen, dass sie sich zu am-bivalent auf das Kind eingestellt, irgendeine medizinisch angera-tene Maßnahme versäumt haben.

Es ist, als ob sich die NASA, wenn sie aufgrund eines Defekts in irgend einem der zahlreichen, jeweils störanfälligen Systeme den Countdown zum Start einer Raumfahrt abgebrochen hat, jetzt verdächtigen müsste, sie habe das Ganze nicht wirklich gewollt und es daher nicht „richtig" betrieben.

Zur Illustration ein Bericht aus einer Paartherapie:

Gerda und Daniel sind Lehrer, sie leben seit fünf Jahren zusammen und suchen Hilfe, weil sie sich gegenwärtig verängstigt und frustriert fühlen. Vor zwei Jahren war Gerda schwanger; sie hatte die Pille weggelassen. Daniel hatte mitgemacht, er war eigentlich nicht begeistert, aber vielleicht würde es ja so schnell auch nicht klappen, Gerda war schließlich schon 38. Er wollte durchaus irgendwann Kinder, aber ob die Beziehung wirklich schon gut und tragfähig war? Gerda hatte oft keine Lust, mit ihm zu schlafen, und er wollte doch nicht sein Leben mit einer Frau verbringen, die nur einmal im Monat …

Als Gerda tatsächlich schwanger wurde, hatte sich Daniel nach dem ersten Schrecken aufrichtig gefreut. Viel schneller als er es sich selbst zugetraut hätte, war das Kind akzeptiert, wurden Heiratspläne geschmiedet. Es würde finanziell enger werden, aber irgendwie musste es machbar sein. Dann kam die Fehlgeburt. Gerda wäre jetzt auf einen Daniel angewiesen gewesen, der das Ereignis verharmlost und sie zum nächsten Versuch ermutigt hätte; Daniel auf eine Gerda, die ihm nicht ihre Enttäuschung über sein Zögern und seine Unsicherheit vorhielt.

Unbewusst gab es eine große Gemeinsamkeit: Gerda und Daniel zweifelten aneinander, fürchteten sich, ihr stabiles Selbstgefühl zu verlieren, waren unsicher, ob „Weiblichkeit" und „Männlichkeit" wirklich den Ansprüchen genügten. Jeder von ihnen wünschte sich daher vom Partner sehr viel Bestätigung und Schutz.

Wenn Daniel mit Gerda schlafen wollte, sagte sie etwa, sie wisse nicht, ob sie das jetzt könne – es war ihre Art, ihm zu sagen, sie wisse nicht, ob sie attraktiv sei. Er hätte jetzt um sie werben, ihr Zuversicht einflößen, sich durch ihr Zögern nicht entmutigen lassen sollen. Aber Daniel war in solchen Situationen extrem verunsichert, ratlos und insgeheim wütend. Er durfte doch eine Frau nicht bedrängen und seine sexuellen Bedürfnisse durchsetzen! Jetzt würde er warten. Warten, bis Gerda käme und etwas wolle, und dann vielleicht selbst noch einmal so tun, als habe er keine Lust!

Gerdas Vater, ein Alkoholiker, hatte die Familie terrorisiert und schließlich verlassen – erst später erfuhr Gerda, dass er im Gefängnis gewesen war. Gerdas Mutter war eine verängstige Frau, die insgeheim die Sexualität hasste, welche sie diesem Partner ausgesetzt hatte, und ihrer Tochter die Angst vermittelt hatte, sich hinzugeben. Gerda war in der Schule aufgeblüht, sie lernte schnell und leicht, fühlte sich dort sicher, wo sie die geistige Kontrolle hatte; die Schule war für sie eine Zuflucht aus einem belasteten Elternhaus.

Daniels Mutter hatte den Erstgeborenen sehr an sich gebunden. Sie hatte ihm oft gesagt, er sei ein ganz Lieber, völlig anders als der brutale Vater. Daniels Vater war ein tüchtiger und ehrgeiziger, gutmütiger, aber cholerischer Handwerker, der seiner eloquenten Frau nicht gewachsen war. Er beklagte sich beim Sohn, dass er mit fünfzig doch nicht so alt sei, dass er problemlos auf Sexualität verzichten könne, während die Mutter den Vater anschuldigte, er scheue sich nicht, von einer blutenden Frau Sex zu fordern. Man könnte sagen, dass es bereits Daniels Eltern nicht gelungen war, gemeinsam die archaische Angst zu bewältigen, welche das sexuelle Begehren in der menschlichen Psyche weckt.

Der Perfektionismus, den Gerda und Daniel entwickelt hatten, um die frühen Verunsicherungen ihres Selbstgefühls auszugleichen, überlastete ihr Leben mit Ängsten, zu versagen, nicht attraktiv zu sein, „es nicht zu schaffen". Diese Ängste lähmten angesichts der biologischen „Niederlage" der Fehlgeburt jede Unbekümmertheit.

Gerda wünschte sich von Daniel jene Zuversicht, zu der sie selbst nicht in der Lage war; „psychosomatische" Hypothesen spukten in ihrem Kopf herum – angesichts des zweifelsüchtigen, unsicheren Daniel, der fürchtete, ein Kind könne alle seine Defekte (er hatte eine helle Haut, bekam leicht Sonnenbrand, hatte Heuschnupfen und Krampfadern) erben, hatte sich vielleicht ihr Körper gegen das Kind entschieden, hatte sie sich etwas vorgemacht, als sie gedacht hatte, das sei nun einmal ein Wunsch, über den sie sich klar sei.

Daniel hingegen zweifelte mehr denn je an Gerda. Er wünschte sich eine unbekümmerte, leidenschaftliche Frau voller Erotik und Zuversicht, aber solche Frauen interessierten sich wohl kaum für einen ängstlichen, pflichtbewussten Studienrat! Er konnte ihr doch nicht sagen, wie sehr sie ihn nervte, immer diese praktischen Hemdblusen und flachen Schuhe, nie ein ausgeschnittenes Kleid! Wie sehr im andere Frauen gefielen! Aber verlassen konnte er Gerda auch nicht, sie war die beste Kameradin, die er je gehabt hatte.

So wartete Gerda auf die Zuversicht und Unbekümmertheit, die Angstfreiheit Daniels – und er auf dieselben Qualitäten bei ihr. Wenn Daniel die Fehlgeburt als Bruch der Normalität, als Ausnahme definiert hätte, wäre Gerda wieder in die Lage gekommen, sich ihm gegenüber als Frau zu fühlen, ihn zu begehren, erneut schwanger zu werden und umzusetzen, was ihr Frauenarzt sagte: „Jede Fehlgeburt ist ein Schritt zu einer Schwangerschaft, sie zeigt doch, dass die meisten Voraussetzungen schon funktionieren, je mehr Fehlgeburten, desto höher auch die Wahrscheinlichkeit, dass ein Kind ausgetragen wird!"

Aber in dem Angstklima, das zwischen diesen beiden in ihrem Selbstgefühl belasteten und daher besonders von narzisstischen Ängsten gequälten Menschen entstanden war, konnte sich diese naturwissenschaftlich fundierte Aussage nicht behaupten. Beide verhielten sich, als hätte ein Orakel ihnen nicht gesagt, sie seien auf dem richtigen Weg, sondern als hätte es ihnen jeden Schritt in diese Richtung verwehrt.

Weil er Gerda und sich das so schnell nicht noch einmal zumuten wollte, griff Daniel zu einem Kondom, als Gerda wieder mit ihm schlafen wollte. Gerda sah darin eine böse Zurückweisung ihrer Wünsche nach einem Kind und verlor jede Lust. Als die beiden in Therapie kamen, war die Erotik zwischen ihnen seit einem Jahr wie ausgelöscht.

Jeder der beiden verwirklichte in dieser depressiven, wohlkontrollierten Zweisamkeit einen Elternwunsch: Gerda hatte den verlässlichen, aggressionsgehemmten Mann, den sich ihre Mutter immer gewünscht hatte; Daniel war der ruhige, intellektuelle Partner, der keine sexuellen Ansprüche stellt, den seine Mutter ersehnte. Aber diese Elternwünsche waren narzisstische Projektionen, sie beruhten auf einer Spaltung: Die Eltern hatten bereits gewonnen, was die Sexualität schenkt, ihre Kinder, auch wenn die Sexualität nachher entwertet wird. Gerda und Daniel aber wünschten sich nach wie vor Kinder und fürchteten sich vor einem einsamen, leeren, wohl kontrollierten Alltag.

„Ich habe einfach zuviel Angst, ein Kind zu kriegen", sagte Daniel einmal. „Ich weiß nicht, ob ich dafür sorgen kann, wir hätten dann nur noch ein Gehalt, es könnte krank sein oder behindert."

Solche Ängste muten paradox an in einem Land, das zu den reichsten der Welt gehört, vor allem wenn sie ein Beamter mit gutem Gehalt äußert. Ein Kind von Gerda und Daniel wäre materiell besser versorgt als 99 Prozent der Kinder, die zur selben Zeit geboren würden. Dennoch – oder gerade deshalb? – fühlt sich Daniel bedroht.

Daniels Angst verdeutlicht, dass für die Ängste die biblische Geschichte von den ausgetriebenen Teufeln gilt, welche in das gereinigte Haus mit zehnfacher Macht zurückkehren. Indem die Industriekultur die menschlichen Möglichkeiten multipliziert hat, alle Ängste zu vertreiben, die eine traditionelle Gesellschaft plagen – Hunger, Kälte, materielle Not, wilde Tiere – hat sie uns auch eine neue Angst beschert: Es ist die Angst, eine falsche Wahl zu treffen, etwas von den unendlich vielen Möglichkeiten der Selbstverwirklichung einzubüßen, sich festzulegen und nie wieder die ersehnte Palette der Wahlmöglichkeiten vor sich zu haben.

Wenn sie eingesetzt wird, um Ängste zu bekämpfen, führt die Ideologie der Selbstverwirklichung zu problematischen Folgen. Wie ein guter Schachspieler immer darauf achtet, sich angesichts einer unsicheren Situation durch seinen nächsten Zug möglichst viele günstige Optionen offen zu halten, so planen gerade die ehrgeizigen und erfolgreichen Individuen ihr Leben so, dass sie Festlegungen und echte oder vermeintliche Sackgassen möglichst vermeiden.

In einen solchen Lebensplan passen dann zunächst keine eigenen Kinder. Sie verlangen eine Entscheidung, die sich nicht einfach rückgängig machen lässt. Die Angst vor einer solchen Bindung lässt sich bequem verleugnen. Später ist immer noch Zeit, eigene Kinder zu haben. Eine hochintelligente Wissenschaftlerin gesteht während einer Analyse, sie habe einfach nicht realisiert, dass die ihr wohlbekannte biologische Tatsache einer Erschwernis der Schwangerschaft im Alter über 45 Jahren auch für sie gelte. An sich hätte sie immer Kinder gewollt und sich vorgestellt, irgendwann welche zu haben, aber jetzt noch nicht.

Vielleicht sei es auch so gewesen, dass sie auf den Mann gewartet habe, der ihr Zögern überwunden und die Kinderfrage nicht ihr überlassen hätte. Freilich, nüchtern betrachtet, sei der Mann auch nicht leicht zu finden, der einer erfolgreichen Wissenschaftlerin erkläre, er wünsche sie sich als Hausfrau und Mutter seiner Kinder. Er hätte mindestens so erfolgreich sein müssen wie sie, denn einen Hausmann, einen brotlosen Künstler als Partner wie eine ihrer Freundinnen, das habe sie sich nie vorstellen können.

Solche Szenarien werden oft erst aufgedeckt, wenn es für eine Veränderung der realen Situation zu spät ist. Wie sehr ihr Kinder fehlten, bemerkte die erwähnte Patientin erst, als ihr letzter Freund, mit dem sie vor einigen Jahren als damals 48-jährige einige Monate zusammengewesen war und auch ungeschützt verkehrt hatte, mit seiner neuen Freundin ein Kind gezeugt hatte. Damals hatte sie eine Art Orakel erwartet; die Auskunft war „nein", und sie beruhigte sich – es sollte eben nicht sein. Als sie jetzt erfuhr, dass eine andere Frau bekam, wonach sie sich sehnte, erkrankte sie an Panikzuständen und fühlte ihr Leben verpfuscht.

Es ist durchaus möglich, solche Reaktionen erfolgreich zu behandeln, auch wenn der Kinderwunsch unerfüllt bleibt. Aber kaum ein existenzielles Problem macht deutlicher als der Kinderwunsch, wie sehr sich in der Konsumgesellschaft Anspruchsdenken und Angst ergänzen, wie groß das Risiko ist, durch dieses unheilvolle Bündnis von Verwöhnung und Vermeidung reale Entwicklungsmöglichkeiten einer imaginären Vielfalt zu opfern.

Ähnlich heftige Ängste entstehen, wenn sich eine Frau damit auseinandersetzt, dass sie ganz gegen ihre Absicht kinderlos bleiben soll. Die Vorstellung einer Machbarkeit des Lebens, die durch den technischen Fortschritt stimuliert wird, bereitet sie schlecht darauf vor, dass die wichtigsten Dinge nicht zu haben sein sollen, wo es doch so unendlich viele unwichtigen gibt, die sich mühelos erwerben lassen.

Die Möglichkeiten der Fertilitätsmedizin belasten Paare oft extrem. Sie ersetzen den bewussten Verzicht durch Erschöpfung, wenn auch die zehnte Implantation eines künstlich befruchteten Eis misslungen ist. Die unbewusst fortbestehende Erwartung, ein Kind müsse in Liebe gezeugt worden sein, führt zu traumatischen Störungen der sexuellen Beziehung. In glücklicherweise seltenen Fällen entwickeln sich wahnhafte Bindungen an den Arzt, der dort Fruchtbarkeit verspricht, wo der Partner gescheitert ist.

So stehen Mann und Frau mit ihrem Kinderwunsch zwischen narzisstischen Ängsten wie Odysseus zwischen Skylla und Charybdis: Auf der einen Seite droht das Kind sie wichtiger Selbstverwirklichungsmöglichkeiten in Reise und Beruf zu berauben; auf der anderen droht die Kinderlosigkeit als narzisstisches Versagen in der Selbstverwirklichung als Mann oder als Frau. Grenzen sozusagen liebevoll als ein Ausdruck dessen anzunehmen, was individuell hat sein sollen, ist in unserem gegenwärtigen Lebensgefühl nicht vorgesehen.

# 5. Der Angstkreis des Perfektionismus

Angst ist so konstruiert, dass sie immer eine Grenze bewacht, an der unser Sicherheitsbedürfnis verletzt werden könnte. So ist sie der Motor der narzisstischen Entwicklung. Je größer nun der Bereich wird, den wir durch unsere materielle Ausrüstung und soziale Position kontrollieren und aus dessen intakten Grenzen wir unsere Sicherheit gewinnen, desto zahlreicher werden auch unsere Spannungen und Ängste.

Wer in ein Entwicklungsland reist, wundert sich über die Fröhlichkeit der Menschen dort. In materieller Not und größter Unsicherheit darüber, wie sie in den nächsten Tagen das Lebensnotwendige herbeischaffen sollen, nutzen sie doch jede Gelegenheit, einen Scherz zu machen oder zu lachen. Der erste historische Bericht über dieses Phänomen stammt von Pater Le Jeune, einem Jesuiten, der bei indianischen Jägern missionierte und 1634 darüber berichtete.

Le Jeune, Sohn einer wohlversorgten Europäerin, begriff nicht, wie die Indianer so fröhlich sein konnten, wenn am Morgen nichts Essbares in ihrem Lager war. Er hatte inzwischen erfahren, wie unsicher das Geschäft der Jagd auch für den geschicktesten Jäger ist, und diese Primitiven lachten und scherzten und taten so, „als sei ihr Wild in einem Stall eingeschlossen", wie der fromme Pater schrieb, dessen Sicherheitsbedürfnisse von einer agrarischen Kultur geprägt worden waren. Die Indianer belehrten ihn, zur Rede gestellt: Sie wüssten sehr wohl, dass sie einige Tage Hunger leiden könnten, aber wer den Gram darüber in sein Herz einkehren lasse, der werde erkranken. Er solle nicht niedergeschlagen sein, wenn der Schnee komme (und die Spuren leicht lesbar würden), dann gäbe es wieder reichlich zu essen.[15]

---

[15] Kenton, E (Hg.)(1927): The Indians of North America, New York, S. 129.

Die Welt dieser Jäger war eine Welt, in der narzisstische Ängste eine sehr viel geringere Rolle spielten als in einer agrarischen Kultur. Der Ackerbauer kann (und muss) Überschüsse erwirtschaften. Daher muss er sich sehr viel stärker an der Angst orientieren, dass ihm etwas misslingt, dass er schlecht ackert oder sät, einen Fehler beim Füttern des Viehs macht. Vor allem dauert es oft sehr lange, bis er die Folgen eines Fehlers bemerkt und etwas gegen sie tun kann. Der größeren Sicherheit des Ackerbaus durch die Möglichkeit, Vorräte zu produzieren, entspricht eine höhere seelische Belastung. Der Bauer darf sein Saatgut nicht essen. Er muss etwas lernen, was Jäger und Sammler überhaupt nicht können müssen, weil es ihnen die Natur abnimmt: Sich beherrschen, wenn die Lust groß ist.

Es gibt eine tragische Geschichte, welche diesen Mangel an Hemmungen illustriert. Als einige Missionare einem inzwischen ausgestorbenen Stamm kalifornischer Eingeborener einen Sack Zucker schenkten, aßen diese so viel davon, dass einige von ihnen ihren Stoffwechsel derart überforderten, dass sie an einem hypoglykämischen Schock starben.

Unter altsteinzeitlichen Bedingungen ist es „richtig", soviel hochkalorische Nahrung aufzuessen, wie man gerade kriegen kann. Der nächste Hunger kommt bestimmt, und gerade Süßes ist so selten und schwer zu bekommen (wie der Honig wilder Bienen), dass die Menschen keine Hemmungen entwickeln müssen.

Ich vermute, dass in der Jungsteinzeit, in der die paläolithischen Jägerkulturen in den fruchtbaren Stromtälern den Ackerbau und die Viehzucht entdeckten, auch eine menschliche Eigenschaft entstand, die zur Vorbedingung narzisstischer Ängste wurde: der Perfektionismus. Er ist ein Risiko der menschlichen Existenz, die er ebenso beflügeln wie lähmen kann, je nachdem, ob er die Vernunft besiegt oder diese ihn zu zügeln und zu lenken vermag.

Der Jäger, der am Morgen erwacht, hat nicht Angst, zu verhungern, sondern er hat Hunger. Der Bauer hingegen hat keinen Hunger, denn sein Kornspeicher ist voll – aber er hat Angst, dass etwas geschehen könnte, was ihm den Kornspeicher leert oder der nächsten Füllung im Weg steht. So plakativ ist es in der Realität gewiss nicht immer, aber das Prinzip ist erkennbar. Wer hungrig aufwacht, hat eine klare Orientierung: er muss etwas Essbares ersammeln oder erbeuten. Wenn ihm das gelingt, ist er für diesmal satt. Vorräte anzulegen ist in den Lebensräumen der Altsteinzeit – den tropischen Wäldern und Savannen – nicht möglich, da Fleisch und die meisten essbaren Pflanzenteile sehr schnell verderben.

Der Schlaf des Jägers mag von Träumen großer Beute oder Ängsten vor dem Rachen des Tigers gestört sein, aber er ist doch weitgehend frei von den Ängsten, die im Perfektionismus wurzeln und im Morgengrauen den Schlaf des Universitätsprofessors stören:

Hat er in jenem Gremium seine Meinung nachdrücklich genug vertreten? Wenn nicht, dann werden seinem Lehrstuhl die Mittel gekürzt, und wie steht er dann da? War die Note für die Promotion von F. zu gut, wird er sich den Ruf einhandeln, ein laxer Zensor zu sein? War sie zu streng, wird er sich mit einer Beschwerde, gar einem Prozess herumschlagen müssen? Warum wird sein letztes Buch so wenig rezensiert und gekauft? Kollege B. ist neulich eindeutig zur Schule von C. übergelaufen, wo er doch lange Jahre die gemeinsame Richtung – oder das, was er für gemeinsam hielt – unterstützt hat, wie kann man sich da derart irren? Soll er versuchen, ihn umzustimmen? Und seine Frau – es fühlt sich so an, als hätte sie jedes Interesse an ihm verloren, hätte mit dem Sexualleben abgeschlossen. Dabei könnte man doch einen neuen Anfang machen, jetzt, nachdem die Kinder aus dem Haus sind. Früher war es auch leichter, sich mit der einen oder anderen jungen Kollegin auf ein Kongresswochenende zu verabreden. Sollte das alles gewesen sein, was das Leben noch für ihn bereit hielt? Vielleicht müsste er mal wieder den Blutdruck messen lassen, die Darmspiegelung, die wäre auch nötig, oder soll er einfach kommen lassen, was kommen wird?

Aus diesem inneren Monolog wird deutlich, wie die Ängste in der gegenwärtigen Gesellschaft beschaffen sind. Es geht um Entscheidungen, ob und wie auf vorliegende oder drohende Kränkungen reagiert werden soll. Diese Kränkungsgefahren enthalten rollenspezifische narzisstische Werte. Sie warnen vor ihrer Einschränkung, ihrem Verlust. Das angstgeplagte Ich des Gelehrten gleicht einem aufgeblasenen Ballon: Es ist sehr groß, es hat sich sehr weit von seinem vitalen Kern entfernt und wertet Einschränkungen als bedrohlich, die jenem lächerlich scheinen, der ums Überleben kämpft.

Zur menschlichen „Natur" gehört es, dass Angst und Kränkung kulturabhängig sind und sich auf der jeweiligen Stufe von Sicherheit und Reichtum neu formulieren. Der Leutnant wird überzeugt sein, dass ein Dreisternegeneral mit seiner militärischen Laufbahn höchst zufrieden sein muss, schließlich erreichen nur wenige Leutnants einen solchen Rang. Aber der große Dreisternegeneral kann daran denken, sich zu erschießen, wenn er bei einer von ihm erwarteten Beförderung übergangen wird, wie der kleine Leutnant.

*Kulturspezifische Angstquellen*

Die Konsumgesellschaft ist reich an Dingen und an Möglichkeiten, sich öffentlich zur Geltung zu bringen. Damit entstehen auch viele Gefahren von Verlust und Kränkung. Aber das ist nur die eine Seite der wachsenden Ängste. Sie gelten allgemein für alle hochentwickelten Gesellschaften und führen zu strukturellen Gemeinsamkeiten in diesen, beispielsweise zum Bestreben, sich gegen möglichst viele Risiken zu versichern und (wie es die Verleugnung der Finanzkrise der Rentenversicherung zeigt) entsprechende Ansprüche zu zementieren.

Eine zweite, mindestens ebenso wichtige Seite betrifft kultur- und gesellschaftsspezifische Strukturverluste in der Vermittlung von Werten zwischen den Generationen und in den Familien. Hier sind Deutschland, Italien und (in weniger ausgeprägtem

Maß) die einst sozialistischen Länder besonders betroffen. Nur wenn sie angemessen idealisiert, für stabil und gut gehalten werden, können Wertstrukturen von einer Generation auf die nächste übertragen werden. Erweist sich ein System gesellschaftlicher Werte als menschenverachtend und verbrecherisch, können die Eltern nur noch wenig Begeisterung und innere Haltung vermitteln; was sie weitergeben, ist vor allem ihre Angst, Fehler zu machen, etwas Schlechtes zu tun.

In Deutschland war der Verlust an Wertvertrauen und Wertzuversicht durch den Missbrauch fast aller nationalen (Vaterlandsliebe, Treue, Stolz) und zum Teil auch männlichen (Mut, Zuversicht, Begeisterungsfähigkeit) Werte durch die NS-Propaganda dramatisch. Eine ganze Elterngeneration hat in unterschiedlichen Ausprägungen von Resignation, Nostalgie und materialistischem Erfolgsdenken ihren Kindern keine gelebten und lebendigen Ideale anbieten können.

Um nicht einem Übermaß an Ängsten ausgesetzt zu sein, braucht das Menschenkind einen Vorgang, den Freud als „Identifizierung" beschrieben hat. Nach dem klassischen, klinisch bewährten, freilich ergänzungsbedürftigen Modell der Psychoanalyse sieht die Identifizierung so aus: Das Kind entwickelt im „ödipalen" Alter verwirrende Leidenschaften, die es bändigen lernt, indem es sich mit dem gleichgeschlechtlichen Elternteil identifiziert.

Das gelingt nicht immer. Während Freud in diesen Fällen eher besonders hartnäckige Leidenschaften („Fixierungen der Libido") vermutet, ziehe ich es (mit vielen anderen Narzissmusforschern und analytischen Familientherapeuten) vor, ein derart fatalistisches Modell zu verlassen und die strukturellen Angebote zu studieren, mit denen das Kind umgehen soll.

Hier kommt das Schicksal der Eltern, ihre eigene Kindheit, ihre seelischen Traumatisierungen und die Qualität ihrer Liebesbeziehungen ins Spiel. Nur was ein Kind als positiv erlebt, was es selbst bewundern kann, wird es verinnerlichen und so eine innere Struktur finden. Wenn aber die Eltern sich gegenseitig entwerten, wenn sie mit ihrer Rolle als Frau oder als Mann nicht zurecht-kommen, dann fehlen diese strukturbildenden Anregungen für das seelische Wachstum.

Damit ist die Psyche weder krank noch bleibend geschädigt. Es *fehlt* nur etwas, es muss oft mühsam erarbeitet und zusammen-gesucht werden, was sonst wie selbstverständlich bereitliegt. Auch nach einer Hungerperiode oder schwerem Vitaminmangel kann ein Mensch gesund weiterleben. Aber er braucht unter Umstän-den lange, um sich zu erholen, muss sorgfältig und bedacht mit Situationen umgehen, in denen sich weniger beeinträchtigte Per-sonen unbekümmert entfalten können.

Es gibt zwei Wege, Sicherheit zu gewinnen und Angst zu ver-meiden: den Austausch oder die Gewalt. Beide Wege vermitteln ein Gefühl der Kontrolle über die Umwelt, doch während der Austausch sich selbst stabilisiert, gehören zur Gewalt auch die Es-kalation oder das prekäre Gleichgewicht. Dieses Grundgesetz lässt sich auch in der Lösung des Problems der strukturbildenden Identifizierung beobachten.

Die günstigsten Entwicklungsbedingungen stellt zweifellos das Elternpaar dar, welches dem Kind vermittelt, dass es in einem liebevollen Austausch entstanden ist. Die Eltern gehen wertschät-zend miteinander um, das Kind gewinnt die Möglichkeit, seine ei-genen Wünsche wahrzunehmen, sie zu akzeptieren und sie so zu steuern, dass es ebenfalls in einen konstruktiven Austausch mit seiner Umwelt tritt.

Dieses Grundgefühl, das man Austauschvertrauen nennen könnte, formuliert sich auf jeder Entwicklungsstufe neu – in der oralen Phase heißt es beispielsweise, dass die Mutter gerne stillt und das Kind gerne trinkt, später die Eltern gerne etwas zu essen anbieten und das Kind gerne isst, bis es satt ist. In der analen Phase heißt es, dass das Kind die Vorstellungen der Eltern über Ordnung und Leistung ernst nimmt, und umgekehrt die Eltern akzeptieren, wenn das Kind andere Wege geht als sie. In gestörten Familien stürmt die Mutter in das Kinderzimmer und fängt an, nach ihren Prinzipien Ordnung zu schaffen – oder aber das Kind vermüllt das eigene Zimmer und will dann dort nicht mehr Hausaufgaben machen, sondern auch noch das Wohnzimmer besetzen.

Insgesamt bedeutet dieser strukturbildende Austausch, dass Eltern und Kind im Lauf ihrer gemeinsamen Entwicklung einander vorwiegend bestätigen – das Kind vermittelt den Eltern, gute Eltern zu sein, und die Eltern vermitteln dem Kind, ein gutes Kind zu sein. So entwickelt sich eine Austauschkultur.

Diese ist in den Fällen gefährdet, in denen Perfektionismus eine beherrschende Rolle gewinnt. Wer sich in der Wirklichkeit austauschen will, ist niemals ganz zufrieden, es fehlt immer etwas, es muss gefeilscht, auch gestritten werden, umso größer ist dann die Freude, wenn man sich wieder einigt. In solchen Beziehungen sind Aggressionen kein Tabu, sie können zugelassen werden, weil die positiven Gefühle stark und die Sicherheit über das gemeinsame Interesse an stabilen Austauschbeziehungen groß ist.

Wenn aber die Eltern unsicher sind, ob sie das Kind genug lieben, weil sie ein extremes Bedürfnis nach einer perfekten Beziehung haben, dann kann es geschehen, dass es keine Konflikte geben darf. Die Harmonie, die Kindes- und Elternliebe sind perfekt und ohne Makel. In diesen Fällen kann Idealisierung leicht in Entwertung kippen. Das beste aller Kinder, die liebste aller Mütter sind einander dann plötzlich spinnefeind. Ich war einmal Zeuge, wie eine solche perfekte, aufopfernde, überoptimale Mutter in einem Konflikt ihre Tochter anschrie: „Was bist du ohne mich? Ein Nichts!"

Diese Tochter war die Frucht einer außerehelichen Beziehung mit einem Geliebten, der die Mutter noch während der Schwangerschaft verließ. Die Mutter entschied sich gegen eine Abtreibung; sie hatte zwei Töchter aus einer Ehe mit einem Mann, der sie oft betrogen hatte, jetzt aber ihren Seitensprung nutzte, um sich scheiden zu lassen.

Es war klar, dass die Mutter ihren Perfektionismus brauchte, um ihre Schuldgefühle auszugleichen, dass sie ihre beiden älteren Töchter einer Stiefmutter überlassen musste. Die Beziehung zwischen Mutter und Tochter war extrem eng; in Loslösungssituationen reagierte die (psychotische) Tochter mit heftigsten Ängsten und/oder Wutausbrüchen bis zu Tätlichkeiten, die man bei dem sonst in süßlichem Überschwang zugetanen Paar nie vermutet hätte.

Wer Gewaltverbrechen – eine Vergewaltigung, Eltern, die ihr Kind prügeln, Männer, die ihre Frauen schlagen – untersucht, findet fast immer, dass die Täter sich nicht in der Lage fühlen, einen konstruktiven Austausch zu regeln. Sie können nur ihre eigene, narzisstisch besetzte Vorstellung wahrnehmen: Es muss genau so sein und geschehen, wie sie es sich wünschen. Wenn Gewaltverbrecher so oft glauben, ihre Opfer hätten „gewollt" oder „verdient", was sie ihnen angetan haben, zeigt das die gestörte Fähigkeit zum Austausch ebenso deutlich wie eine absurde Sehnsucht, doch noch als jemand zu erscheinen, der zum Austausch fähig ist.

Während in dem klassischen Modell der Psychoanalyse die strukturbildende Identifizierung mit einem sozusagen isolierten Elternteil vorgenommen wird, halte ich den *Austausch zwischen den Eltern* bzw. bei einem alleinerziehenden Elternteil mit dessen sozialer Umwelt für den wesentlicheren Faktor. Kinder bemerken früh, wie stabil die Beziehungen ihrer Eltern sind. Es verunsichert sie zutiefst, beobachten zu müssen, dass zwischen den Eltern ein Klima der Entwertung den Austausch reduziert, ihn versachlicht und seiner emotionalen, zärtlichen oder leidenschaftlichen Qualitäten beraubt.

Oft hängt ein solches Klima der Entwertung indirekt mit der Geburt des Kindes zusammen. In einer traditionellen Gesellschaft festigen Kinder eine Ehe, weil beide Eltern im Familienverbund jetzt ein höheres Prestige haben. In einer individualisierten Gesellschaft hält eine belastbare Austauschbeziehung zwischen den Eltern Schwangerschaft und Geburt gerade noch aus, während perfektionistische Ansprüche meist dazu führen, dass die

Liebesbeziehung mit der ersten Schwangerschaft endet und nicht wieder hergestellt werden kann.

Das Kind verändert den Austausch zwischen den Eltern. Es beraubt ihn der symbiotischen Qualitäten, deren Magnet das Baby wird. Paare brauchen Humor und die Fähigkeit zum liebevollen Streit, um damit fertig zu werden, dass jetzt geteilt werden muss, vor allem, dass es einen Konkurrenten gibt, dessen kindliche Bedürfnisse weit eindrucksvoller legitimiert sind als die eigenen.

Wenn eine junge Mutter ihren Mann anherrscht, sie könne kein zweites Kind brauchen und *ihn* damit meint, dann bedeutet das für die Ehe Alarmstufe rot. Im Kampf gegen die infantilen Wünsche des Partners reagiert diese Frau selbst infantil. Sie beansprucht seine Einfühlung, sein Verständnis für ihren Stress, ohne im guten Austausch zu bleiben und selbst Einfühlung für seinen Stress anzubieten. Der Partner wird zum Sündenbock für die Wut, die gegen das Baby nicht bewusst werden darf.

Wo ich solche Konflikte genauer untersuchen konnte, fand ich einen durch Schwangerschaft und Geburt verschärften Konflikt mit der eigenen Mutter, der auf den Partner verlagert wurde. Er wurde als forderndes, inkompetentes Baby kritisiert, weil sich die Mutter alleingelassen und der neuen Aufgabe schutzlos ausgeliefert fühlte. Vergeblich hoffte sie, außen, bei ihrem Partner, jenen Halt zu finden, der ihr innen, in ihrer seelischen Struktur fehlte.

In dieser Reaktion lässt sich die Handschrift des Perfektionismus erkennen: In ihrer Gnadenlosigkeit gegen die kindlichen Bedürfnisse und offenkundigen Schwächen ihres Partners, mit seinen neuen Aufgaben zurechtzukommen, drückt die junge Mutter ihren Anspruch an einen perfekten Mann aus, der ihr Selbstgefühl in jeder Hinsicht festigt. Und weil sie seine Unvollkommenheit nicht ertragen kann, trennt sie sich von ihm.

Sie ist unfähig, ihre Interessen angesichts einer Kränkung zu wahren, kurz: sie opfert den Egoismus dem Narzissmus. Auch ein unvollkommener Partner, der gutwillig versucht, seinen Beitrag zu leisten, könnte sie schließlich entlasten – wenn sie die Angst beherrschen kann, welche sie antreibt, durch eine radikale Trennung jede Auseinandersetzung mit ihrer Kränkbarkeit zu vermeiden. Der reale Partner stört sie im Traum über den idealen. „Ich ertrage ihn nicht mehr!"

Die Konsumgesellschaft hat solche Formen einer perfektionistischen Selbstschädigung indirekt unterstützt. Sie fördert den Perfektionismus angesichts der Ansprüche an Befriedigung, an Komfort. Mein Auto wird mit jedem Modell besser und bequemer, die Technik komfortabler, fährt schneller, verbraucht weniger. Mein Partner hat immer dieselben Macken. Der Vergleich ist simpel, erläutert aber, weshalb die Toleranz für Schwächen des Partners und die Zuversicht, eine gemeinsame Lebensperspektive zu stabilisieren, in den letzten Jahrzehnten ebenso abgenommen hat, wie die Zahl der Single-Haushalte wuchs. Singles sind in den Industriestaaten schon seit einigen Jahren die am stärksten wachsende Bevölkerungsgruppe.

Noch drastischer gesagt: Die moderne (Konsum)Gesellschaft unterwirft sich in vielen Bereichen einem Suchtmodell. Auch Drogenabhängige suchen das Heil angesichts ihrer Probleme zunächst und bis zum völligen Zusammenbruch in einer Steigerung der Dosis und in der Suche nach „besseren" Drogen, niemals im Verzicht, in einer Aufmerksamkeit für den normalen Austausch zwischen Organismus und Umwelt, der durch die Droge scheinbar perfektioniert, in Wahrheit aber vergewaltigt und schließlich zerstört wird. Und auch in der Sucht spielt die Angst eine zentrale Rolle, einen Zustand ohne die vertrauten Werkzeuge des seelischen Überlebens nicht zu ertragen.

Aus der Therapie Drogenabhängiger ist mir eine Haltung vertraut, der zufolge ein Erfolg „eigentlich" unmöglich sei und doch gelingen könne. Das Paradox liegt darin, dass der Abhängige nicht behandelbar ist, solange er die Droge konsumiert, aber auch nicht aufhören kann, die Droge zu nehmen, solange er nicht behandelt wird. Der Alkoholiker will vom Therapeuten die Kraft, von seiner Sucht zu lassen. Er fühlt sich im Stich gelassen, wenn er hören muss, dass die Therapie erst dann wirkt, wenn er nicht mehr trinkt.

Dennoch hat eine geduldige Therapie Erfolge, oft erst nach einigen Rückfällen. Das belegt die banale Weisheit, dass Menschen, im Guten wie im Schlechten, stets für Überraschungen gut sind. Es zeigt auch, dass wir in der Lage sind, zwei Dinge gleichzeitig zu tun, die sich scheinbar widersprechen, indem wir mit Bedeutungen spielen. In der Drogentherapie sieht das so aus, dass der Abhängige, dem die Droge sein perfektionistisches Bild von sich rettet, in der Lage ist, einem Drogenersatz dieselbe Funktion zuzutrauen.

Wenn dieser Ersatz niemand ist, der diese Hörigkeit ausnützt, kein Sektenführer oder Zuhälter, sondern ein kundiger Therapeut, kann es geschehen, dass der Perfektionismus bzw. die narzisstische Störung in der Therapie eine Neuauflage erlebt, die jetzt aber zu einem Austauschprozess umgeformt und abgemildert wird. Wir können den Satz abwandeln, den Shakespeare im „Hamlet" den Polonius sprechen lässt: „Ich will mit dem Lügenköder den Wahrheitskarpfen fangen!" Wir versuchen, mit dem Perfektionismusköder den Austauschkarpfen zu erbeuten; darauf läuft auch die Heilung durch eine Übertragungsanalyse hinaus.

Wie sollen wir uns den Zusammenhang von gestörtem Austausch, mangelnder Strukturbildung, Perfektionismus und Angst in der individuellen Geschichte vorstellen? Eine Fallgeschichte:

Susanne ist die jüngere von zwei Schwestern. 1950 wurde sie geboren, als der Vater aus der Kriegsgefangenschaft heimgekehrt war und die Mutter lange Zeit mit ihrer ersten Tochter, die noch vor dem Krieg geboren war, weitgehend allein gelebt hatte. Die Eltern fanden nicht mehr richtig zusammen. Der Vater hatte die völkischen Ideale, die ihn zu einem begeisterten Nazi gemacht hatten, durch zynisches Karrieredenken ersetzt. Er war selten zu Hause , arbeitete intensiv und ehrgeizig, zunächst in seinem Beruf als Lehrer und später als Lokalpolitiker und Unternehmer.

Die Mutter war eine eher ängstliche Frau. Sie hätte nie offen gesagt, dass sie die Idylle mit ihrer Tochter nur ungern gegen die Ehe mit dem Kriegsheimkehrer und die zweite Schwangerschaft eingetauscht hatte. Sie hielt Susanne immer vor, wie brav und vernünftig die große Schwester sei; die Schwester ließ keine Gelegenheit aus, der Rivalin zu zeigen, dass sie stärker und klüger war.

Susanne suchte die Nähe zum Vater, dieser aber hatte wenig Zeit. Susanne fing an, Nägel zu beißen. Jetzt erhielt sie Zuwendung vom Vater, freilich in sadistischer Form. Er kontrollierte die Hände jeden Samstagmorgen, und wenn die Nägel abgebissen waren, „durfte" Susanne selbst zum Angelschrank des Vaters gehen und sich die Rute aussuchen, mit der sie für jeden abgebissenen Nagel einen Schlag auf den nackten Po bekam.

Susanne fühlte sich von der Mutter verlassen; sie bemerkte wohl, dass diese dem Vater nur gehorchte, ihn aber nicht liebte, aber auch nicht fähig war, die drängenden Fragen der heranwachsenden Tochter zu beantworten. Sie entwickelte perfektionistische Kompensationen, einige davon glückten – sie lernte Geige und spielte im Schulorchester – andere brachten sie in gefährliche Situationen. Während der Pubertät fühlte sich Susanne zu dick; sie entwickelte eine Anorexie, die von ihren Eltern nicht ernst genommen wurde und die Susanne schließlich selbst überwand, als sie soweit abgemagert war, dass sie ihre Periode wieder verlor und der Frauenarzt sie über den Zusammenhang zwischen ihrem „Schlankheitsfimmel" und ihrem Zyklus aufklärte.

Solche Verläufe an sich bedrohlicher Erkrankungen sind viel häufiger, als es in den Lehrbüchern steht. Sie werden übersehen, weil die Betreffenden niemals psychologische Hilfe beanspruchen. Die Arbeit mit Selbsterfahrungsgruppen, in denen an sich „Gesunde" über ihre emotionalen Probleme berichten, zeigt immer wieder, wie schwere neurotische Symptome und extrem belastende Traumatisierungen überwunden wurden, ohne dass sich die Betroffen jemals für psychisch „krank" hielten.

Die Essstörung Susannes war verschwunden, nicht aber ihr Perfektionismus und ihre Angst. Sie konnte kein Studium finden, das sie interessierte und wählte schließlich Wirtschaftswissenschaften, weil ihr Vater die von ihr mehr geschätzte Germanistik als brotlose Kunst verspottete. Danach trat sie in die Firma ihres Vaters ein. Einmal berechnete sie in einer Kosten-Nutzen-Analyse, dass ein besonders beliebtes Produkt der Firma in der Herstellung zwei Pfennige mehr kostete, als es einbrachte. Sie legte ihre Rechnung dem Vater vor, der einen Wutanfall bekam, das Blatt zerriss und schrie, so neumodisches Zeug könne er hier nicht brauchen.

Susanne war eine attraktive junge Frau, sie hatte viele Bewerber, konnte sich aber auch hier nicht entscheiden. So kam es, dass sie einen Mann heiratete, den sie nicht liebte, der sie aber sehr verehrte und um sie warb, der gut in die Firma passte, gut Klavier spielte und nicht schlecht aussah.

Kein Beobachter würde in einer solchen Lebensgeschichte die Angst entdecken. Sie ist in Vermeidungen verschlüsselt. Susanne kann sich nicht an ihren Wünschen orientieren, sondern sie sucht nach einer perfekten Lösung. Sie will einen Beruf, gegen den es keine Einwände gibt, und wenn sie diesen nicht findet, dann ist es ohnedies egal, dann studiert sie, was ihr Vater für richtig hält. Sie kann nicht essen, wann und wie viel sie Lust hat, sondern sie sucht nach dem Idealgewicht, zählt Kalorien, strebt nach der perfekten Figur. Sie riskiert den Konflikt mit dem Vater nicht, der notwendig wäre, wenn sie sich beruflich entwickeln will: Sie müsste aus dem Familienbetrieb aussteigen, eine Stelle in einer Firma suchen, in der ihre Qualifikation respektiert wird.

Es dauerte relativ lange, bis die in Vermeidungen gebundene Angst Susannes freigesetzt wurde. Das geschah erst, als ihr Vater starb. Susanne erbte ein beträchtliches Vermögen und verlor die Person, an der sie sich immer orientiert hatte. Sie begann, ihren Partner Peter immer kritischer zu sehen. Sie hatte ihn verwöhnt, hatte seinetwegen den Beruf aufgegeben, hatte die Söhne erzogen, war monatelang im Krankenhaus geblieben, weil der jüngere immer wieder wegen einer Gaumenspalte operiert werden musste.

Jetzt wäre sie dran gewesen. Sie wollte endlich das machen, was sie interessierte, sie wollte Yoga erlernen und vielleicht selbst einmal Yogakurse anbieten, wollte einen Kurs in kreativem Schreiben belegen und sich in die Homöopathie einarbeiten, vielleicht sogar Heilpraktikerin …? Und immer sagte Peter, das ist doch irrational, das ist doch unwissenschaftlich, das ist doch hinausgeworfenes Geld, ich schufte zehn Stunden am Tag, meine Frau pflegt ihre esoterischen Hobbys, ich soll mir am Ende wohl auch noch die Hemden selbst bügeln.

Seit Susanne ihr eigenes Vermögen hatte, war sie nicht mehr bereit, sich Peters Vorbehalten gegen ihre beruflichen Pläne zu unterwerfen. Die Söhne studierten beide, sie war noch jung genug, um noch einmal etwas Neues zu lernen. Sie wollte einen eigenen Bereich, etwas, das nur ihr gehörte. So kaufte sie sich von einem Teil des Erbes ein Haus in Ligurien. Es lag wunderschön über dem Meer, von Terrassen umgeben, auf denen verwilderte Ölbäume wuchsen. Peter fand das Ganze eine Spinnerei, er wollte nichts damit zu tun haben.

Susanne war einverstanden mit seinem Rückzug, denn er ließ ihr mehr Raum für ihre Phantasien. Sie lebte jetzt in zwei Häusern und fühlte sich in ihrem Zufluchtsort sehr wohl. Sie ließ das alte Haus restaurieren, eine Heizung einbauen, richtete es liebevoll ein, wobei sie viel Aufmerksamkeit auf ein Arbeitszimmer für Peter verwendete, ihm sogar einen eigenen Anschluss für einen Computer legen ließ.

Sie stellte es sich schön vor, mit einem verständnis- und liebevollen Peter hier zu wohnen, seine Entschuldigung anzunehmen, dass er sie so schlecht behandelt habe. Es störte sie nur gelegentlich, dass er nie kam – denn sie ahnte wohl, es hätte dann ein hässliches Erwachen gegeben. Mit diesem Peter hätte sie auch gerne etwas von den erotischen Phantasien ausprobiert, die in den lauen Sommernächten kaum abzuweisen waren. Aber wenn sie dann nach Hause kam, in seinen verlotterten Junggesellenhaushalt, wenn sie seinen spöttischen Gruß hörte und die vielen leeren Weinflaschen sah, die überall verstreuten Zeitschriften, Bücher und CDs, dann verlor sie jede Lust auf ihn. Manchmal, wenn er etwas getrunken hatte, kam er noch in ihr Schlafzimmer und wollte zu ihr ins Bett. Aber sie konnte es nicht leiden, den Alkohol in seinem Atem zu riechen, und schickte ihn weg.

Einmal kam sie einen Tag zu früh, weil eine Freundin, die sie besucht hatte, mit dem Auto gekommen war und sie mitnahm. Susanne war wieder in einer freundlichen Stimmung, sie wollte Peter überraschen, hatte eigens noch einen Karton Wein gekauft. Aber Peter war nicht da. Susanne wartete und wartete. Als Peter im Morgengrauen nach Hause kam, sagte sie: „Du hast eine andere!" Peter war so überrascht, dass ihm keine Ausrede einfiel – vielleicht war er auch der Lügen müde, wollte reinen Tisch machen.

Susanne kannte sich nicht mehr. Sie wollte doch eigentlich nichts mehr von Peter. Was er sagte, langweilte sie, er trank zuviel und war nie ein guter Liebhaber gewesen. Sie hatte vor Jahren eine heiße Affäre gehabt, war jede Woche am Nachmittag auf einen Waldparkplatz gefahren, wo sie den Mann ihrer Freundin traf, mit deren Familie sie seit der Kindergartenzeit der Söhne gemeinsam in Urlaub fuhren. Niemand hatte etwas gemerkt. Nach einem Jahr machte sie Schluss. Es reichte. Es wurde zuviel. Es wurde gefährlich. Nur wegen der Kinder war sie so lange bei Peter geblieben.

Erst dachte sie, ihre quälenden Gefühle würden verschwinden, wenn alles klar wäre, die Scheidung durchgezogen, das gemeinsame Vermögen verteilt. Es gab ein wenig Streit, Peter sah nicht ein, dass er schließlich schuld an der Misere hatte, er kämpfte um jedes Stück Möbel und feilschte um den Unterhalt. Sie konnte es sich leisten, großzügig zu sein, aber es ging ums Prinzip, und so wurde eine Weile gestritten, bis die Anwälte den Vertrag ausgehandelt und ihr Honorar kassiert hatten.

Susanne fuhr in ihr geliebtes Haus in Ligurien. Dort über dem Meer zwischen ihren Ölbäumen würde sie ihre Ruhe wieder finden und planen, was sie mit der geschenkten Freiheit machen wollte. Aber jetzt störte sie alles an dem Haus, die feuchten Mauern, die Ameiseninvasion, die Stechmücken, der unzuverlässige Landarbeiter, der die Oliven nicht geschnitten und gedüngt hatte.

Die Spannung hing wie eine düstere Wolke über ihr, die sich dann ohne weiteren Anlass in einer Nacht entlud. Susanne, eine durchtrainierte Fünfzigerin, schlank und immer noch jugendlich aussehend, bemerkte, wie ihr Herz unregelmäßig schlug. Jetzt war es so weit, ein Herzinfarkt, sie würde sterben.

Sie hatte in den letzten Monaten oft an Selbstmord gedacht, um die Quälerei zu beenden und Peter noch einmal richtig zu zeigen, was er angerichtet hatte – der Gedanke an die Kinder und etwas wie Neugier auf ihr künftiges, angeblich freies Leben hatten sie immer wieder zurückgehalten. Aber jetzt halfen ihr die Suizidphantasien nicht, um ein wenig fatalistischer mit ihrer Herzangst umzugehen. Sie musste sofort in Behandlung. Den italienischen Ärzten traute sie nicht, so räumte sie hastig auf, setzte sich in den Zug und fuhr nach Hause.

Ihr Hausarzt konnte nichts finden; er schickte sie in eine Spezialklinik, und da Susanne Privatpatientin war, wurde keine Untersuchung ausgelassen. Aber es gab keinen Befund. Mit diesem Herzen, sagte der Chefarzt väterlich bei der Abschlussbesprechung, könne sie neunzig Jahre alt werden. Es sei eine funktionale Störung. Aha, Scheidungsstress. Das werde sich geben, wenn sie sich erst einmal eingewöhnt habe.

Er verschrieb ihr zwei Medikamente, falls die Beschwerden wiederkämen. Das eine war ein Betablocker gegen hohen Blutdruck, das andere ein Beruhigungsmittel. Ihr Hausarzt, der wusste, wie sehr sie die Chemie hasste, gab ihr zusätzlich noch Baldrian und Johanniskraut. Sie musste nach Ligurien, es gab soviel dort zu tun, aber wenn ihr dort, in dieser Einsamkeit, doch etwas zustieße? Wenn sie da nun hilflos daliegen würde – egal ob durch den Herzinfarkt, von dem die Ärzte gesagt hatten, der wäre nicht zu erwarten, oder durch etwas anderes, es gibt ja so viele

Krankheiten! irgendetwas musste es doch gewesen sein! – wenn sie also hilflos wäre, das Telefon nicht erreichen könnte (man las manchmal von den Rentnerinnen, die ihr eigenen Hunde …) – nicht auszudenken!

In diesem Zustand suchte Susanne therapeutische Hilfe. Als ich ihr angesichts ihrer traumatischen Vorgeschichte und des offensichtlichen Mangels an einer strukturbildenden Identifizierung eine Psychoanalyse vorschlug, war sie schockiert, dass eine solche Behandlung rund dreihundert Sitzungen beansprucht und daher mehrere Jahre dauert. Sie wollte ihre Symptome so schnell überwinden, wie sie gekommen waren, interessierte sich zwar durchaus für meine Deutungen, wollte aber selbst arbeiten und sich nicht noch einmal abhängig machen.

Wir erarbeiteten also erst einmal die Bedeutung des Symptoms. Susanne sah, wenn ich es ihr erklärte, durchaus ein, dass ihr Herz gesund war und sie Ängste auf dieses Organ projizierte. Aber diese Einsicht erwies sich als flüchtig; beim nächsten Anfall war wieder der Notarzt im Haus, ein EKG wurde geschrieben, der eine Arzt fand Extrasystolen, die man vielleicht doch behandeln sollte, der nächste erklärte das für Unsinn, dann müssten drei Viertel der Bevölkerung unter Medikation. Ich enthielt mich der Stimme und blieb bei meiner Diagnose: Angst.

Wann trat die Angst auf? Vor allem, wenn Susanne wütend war. War sie überhaupt wütend? Eigentlich nicht. Sie kam doch mit allen Menschen aus, sie war überaus höflich und charmant. Der Rückzug aus der Ehe nach Ligurien war schließlich ein Mittel gewesen, Peter gegenüber höflich und charmant zu bleiben. Nur langsam konnte sich Susanne dem Thema ihrer gestörten Aggressionsverarbeitung nähern, die sich sozusagen zuverlässig als Folge des Mangels an strukturbildender Identifizierung einstellte.

Wenn ein Kind nicht sicher ist, dass es nach einer Irritation den Austausch mit den Eltern wiederherstellen kann, darf es auch nicht mit seinen Affekten experimentieren. Nach außen liebenswürdig, bescheiden, brav hat es von seinem Inneren den Eindruck, dass dort buchstäblich der Teufel herrscht. Da dieser Teufel nie ans Licht kommt, wird auch nie klar, wie harmlos er ist. Und da er im Inneren ständig rumort, wird die Außenwelt durch Projektionen gefährlich gemacht – woher soll ich wissen, dass andere Menschen so zuverlässig die Riegel vor dem Aggressionskerker bewachen, wie ich das tue?

Susanne erzählte, wie sie sich wundere, dass sie in öffentlichen Toiletten immer ein besonders großzügiges Trinkgeld gebe. Dahinter stand die Phantasie, die Toilettenfrau könne neidisch darauf sein, dass Susanne keine Klos putzen müsse, und ihr deshalb etwas antun, wenn sie nicht beschwichtigt werde. Es wurde auch deutlich, weshalb Susanne in ihrer Fähigkeit, Männer in ihre Nähe zu lassen, so eingeschränkt war.

Sie konnte die Phantasie kaum unterdrücken, dass ein Mann sich in dem Augenblick, in dem sie sexuelle Erregung zulasse, in einen Mörder vom Typus Jack the Ripper verwandle. „Bei Peter hatte ich diese Angst nie. Vielleicht habe ich ihn auch deshalb geheiratet. Er ist eben ein Langweiler. Das habe ich zumindest geglaubt. Bei den interessanten Männern war immer diese Angst, sie fesseln mich und hacken mich in Stücke. Komisch, ich habe die ganze Zeit nicht mehr dran gedacht."

Nach zwanzig Stunden reiste sie während meines Sommerurlaubs nach Ligurien und genoss zum ersten Mal wieder die Landschaft, ihr Haus, die Abendessen in dem Fischlokal an der Marina. Sie sagte den Termin im September ab. Sie wollte länger bleiben, sie brauche jetzt keine Therapie mehr, sie danke mir sehr, die abgesagte Stunde gehöre natürlich auf die Rechnung.

Therapeuten arbeiten in einem wenig durchschaubaren Feld und sind nur dort in der Lage, ein Stück Wahrheit zu finden, wo sich ihr Klient mit ihnen darauf einigen kann. Daher bin ich auch nie von einer Diagnose und einer Behandlungsindikation so überzeugt, dass ich sie nicht revidieren würde, wenn sich eine Therapie anders entwickelt als erwartet. Es gehört zur Berufsauffassung, die kürzere Behandlung mit dem gleichen Effekt der längeren vorzuziehen. So war ich zufrieden, Susanne durch eine Kriseninterventions „geheilt" zu haben – wenn es denn dabei bleiben würde.

Anderseits wunderte ich mich auch nicht sonderlich, als Susanne im Winter wieder anrief und um einen Termin bat. Sie wirkte unsicher, ängstlich, beschuldigte sich gleich selbst, abgebrochen und mich verärgert zu haben, ob ich sie überhaupt wieder nehmen wolle? Ich erklärte etwas flapsig, ich sei ein Dienstleistungsunternehmen und keine moralische Institution.

Der Erfolg hatte nur so lange angehalten, wie er sozusagen Susannes Perfektionismus bestätigte, dass sie viel schneller als andere gesund werden könne. Der Sommer war schön gewesen, aber als sie im Herbst wieder nach Deutschland kam und das inzwischen von Peter geräumte Haus in Besitz nahm, fühlte sie die Spannung erneut wachsen.

Sie räumte, sie putzte, sie erledigte den Garten, sie ging wieder in ihr Fitnessstudio, sie verwaltete ihr Erbe und redete dem Sohn gut zu, der sein Studienfach wechseln wollte. Aber nichts davon füllte sie aus, befriedigte sie, sie wurde viel seltener eingeladen als früher, und wenn doch, dann wurde sie an den Katzentisch gesetzt, zu den Verwitweten und Geschiedenen.

So wollte sie Schifahren gehen, das hatte immer geholfen, da ging es ihr nach ein, zwei Tagen auf der Piste richtig gut. Aber am zweiten Tag, genauer: in der zweiten Nacht, kam die Angst, das Herz drohte stillzustehen – Notarzt, Klinik, kein Befund. Sie brach den Urlaub ab und meldete sich bei mir, fest entschlossen, jetzt eine richtige Analyse zu machen.

In dem schillernden Übertragungsszenario, das jetzt durchgearbeitet werden musste, war ich bald die gleichgültige und selbstbezogene Mutter, ein kalter Arbeiter am Unbewussten, der Susanne einer feindlichen Realität und inkompetenten Ärzten so ähnlich überließ, wie die Mutter Susanne der sadistischen Prügelstrafe durch den Vater ausgeliefert hatte. Dann wieder war ich der Vater, anziehend und gefährlich. Um mich zu neutralisieren, musste sie so werden wie ich. Der Gedanke, Heilpraktikerin zu werden, wurde neu belebt. Susanne bewältigte sogar die strenge Zulassungsprüfung, übte dann aber den neuen Beruf nicht aus und ließ manchmal den Vorwurf durchblicken, das ganze Unternehmen, das doch mit mir verknüpft sei, habe nichts gebracht. Eilig setzte sie meist hinzu, es sei alles ihre Schuld.

Aber die Arbeit an dem Alles-oder-Nichts-Modell machte Fortschritte. Susanne gewöhnte sich daran, ihre Entwicklung nicht mehr an der Häufigkeit und Heftigkeit ihrer Panikzustände zu messen, sondern an der Auseinandersetzung mit dem Perfektionismus, der ihr Leben einschnürte und sie dazu brachte, sich nach winzigen Kränkungen zurückzuziehen oder einem inkompetenten Vermögensverwalter nachzugeben, weil sie den armen Mann ja nicht beleidigen durfte. Nach dem ersten Jahr der Analyse begann Susanne, ihre Schwester und ihre früheren Freunde mit anderen Augen zu sehen. Sie fühlte sich viel gelassener und konfliktfähiger, sie kam und ging, wenn es ihr passte, und musste sich nicht ständig versichern und beteuern lassen, es sei so recht. Sie fuhr in den Ort, in dem der längst verkaufte Familienbetrieb stand und tauschte sich mit einigen Angestellten aus, die sich noch an ihre Zeit in der Firma und an ihren Vater erinnerten.

Ihr Wissen über ihre Eltern vertiefte und erweiterte sich beträchtlich, weil sie die Klischees, die sie während ihrer Adoleszenz aufgebaut hatte, jetzt mit ihren Kindheitserinnerungen und mit dem verglich, was sie später über die Lebensgeschichte der Eltern und die Entwicklung ihrer Ehe erfahren hatte. Es zeigte sich beispielsweise, dass die Mutter überraschende Stärken hatte, die sie durchaus wehrhaft gegen den Vater vertreten konnte – diese Seite der Mutter hatte Susanne zugunsten des Bildes einer schwachen, dummen, unsicheren, abhängigen Frau unterdrückt.

Hatte sie bisher den Vater als cholerischen Patriarchen wahrgenommen, der Frau und Töchter dominierte, erkannte sie jetzt einen Machtkampf, in dem oft genug der Vater ganz gegen seine Wünsche handeln musste, weil die Mutter geschickt wusste, wie sie ihn dazu brachte. „Wenn ich mehr von meiner Mutter gelernt hätte, wäre es in der Ehe mit Peter viel besser gegangen. Ich habe ihm einfach das Feld überlassen, weil ich so froh war, dass er keine Wutausbrüche hatte wie Vater!"

Die schwierigste Aufgabe für Susanne war, sich mit ihren Ängsten vor starken Gefühlen auseinander zu setzen. Sie motivierte sich mit dem (wie sie selbst zugestand: naiven) Modell, dass sie jedes Mal, wenn sie wieder freundlicher, braver, zurückhaltender war, als sie es sein wollte, eine Schicht mehr auf den Angstberg legte, bis schließlich die Lawine losbrach und sie mit sich riss. Immer wieder kritisierte sie sich (und allmählich auch deutlicher mich), dass sie in der Analyse ein geschöntes, von ihren wirklichen Nöten gereinigtes Bild von sich entwarf. Damit war auch ein erster Schritt zur Loslösung von mir geleistet.

Diese Angst vor starken Gefühlen ist ein wichtiges Signal des Mangels an einer strukturbildenden Identifizierung. Das Selbstgefühl hat keinen Spielraum. Wer an einem Austausch orientiert ist, findet erst einmal seine Emotion gut und wichtig und legt sie sozusagen als Verhandlungsgrundlage vor – ich freue mich, ärgere mich, ich liebe, ich hasse, ich will haben, ich möchte geben. Was weiter geschieht, ist Verhandlungssache. Aber die Verhandlung wird erst einmal mit dem eröffnet, was problemlos da ist, nicht mit etwas, das erkünstelt und perfektioniert sein muss.

Der normale Austausch lässt sich mit der unbefangenen Fähigkeit vergleichen, sich in einer fremden Stadt zu orientieren, indem man die Einheimischen höflich anspricht und nach dem Weg fragt. Perfektionisten hingegen sind überzeugt, sie würden ohnedies keine vernünftige Antwort bekommen oder würden die Passanten durch ihre Frage verärgern. Sie müssen sich deshalb mit Orientierungshilfen ausrüsten.

Das Modell von der strukturbildenden Identifizierung, dem Prinzip des Austauschs (der gelingenden Rückkopplung) und dem Perfektionismus als Kompensation einer Traumatisierung verbindet psychoanalytische mit systemischen Gesichtspunkten. Psychoanalytisch ist die Suche nach den unbewussten Einflüssen, nach Strukturen, die nicht erlebt werden, sondern aus Erlebnissen erschlossen werden, die sonst unverständlich bleiben.

Von den frühen Psychoanalytikern hat Alfred Adler in seinen Konzepten vom „Gemeinschaftsgefühl" und dem kompensatorischen Machtstreben, wenn der emotionale Austausch mit der Umwelt misslingt, manches von dem vorweggenommen, was heute in der Narzissmusforschung neu entdeckt wird. Gemeinschaftsgefühl ist eine Basis von emotionalem Austausch; Machtstreben eine Erscheinungsform des Perfektionismus.

Wer anderen Menschen vertraut, weil er ein strukturierendes Bild des gelingenden Austauschs mit anderen Menschen in sich trägt, kann die anderen so sein lassen, wie sie sind, und das von ihnen annehmen, was sie zu geben vermögen – er wird ihnen dasselbe tun. Die strukturbildende Identifizierung ist die psychologische Voraussetzung, dass eine Person die goldene Regel der Ethik („was du nicht willst, das man dir tu ...") überhaupt in ihrem tiefen Sinn erfassen und anwenden kann. Wer das Vertrauen in die primäre Richtigkeit seiner eigenen Emotionen nicht hat, muss den Austausch kontrollieren, berechnen – und oft auch ängstlich meiden, wenn ihm diese Kontrollmöglichkeiten fehlen.

Während Freud in den Identifizierungen, durch welche der Gesunde die kritische Zeit des Ödipuskomplexes bewältigt, vor allem ein Geschehen zwischen Vater und Sohn, Mutter und Tochter sah, rückt in der hier vorgeschlagenen Betrachtungsweise die *Interaktion* zwischen den Eltern in den Mittelpunkt der Aufmerksamkeit. Der Blick weitet sich auf die Familiendynamik bis hin zu den Großeltern, zu den kulturellen und gesellschaftlichen Veränderungen, welche die Familie geprägt und ihre Mitglieder unter Umständen auch traumatisiert haben.

Das Konzept der strukturbildenden Identifizierung ermöglicht einen Blick hinter die Kulissen von Ängsten, Panikzuständen und vor allem Vermeidungen. Zugleich weist es Wege zu einer

Korrektur. Der erste Schritt ist, sich einzugestehen, dass die eigenen hohen Ansprüche an Normalität und stete Verbesserung nicht Ausdruck einer Überlegenheit, sondern Versuche sind, einen Mangel an Unbefangenheit und Weltvertrauen auszugleichen. Viel ist gewonnen, wenn sich die Betroffenen soweit von ihren Ansprüchen distanzieren können, dass sie ihr Scheitern nicht mehr verbissen wettmachen oder verleugnen müssen, sondern es gelassener, vielleicht sogar mit Humor zur Kenntnis nehmen.

Es gibt einen Witz, der von Psychotherapiekritikern erzählt wird, die vermutlich gar nicht verstehen, wie tiefgründig er ist: Der kleine Moritz trifft einen Freund und erzählt ihm, dass er jetzt wegen seines Bettnässens in Psychoanalyse gegangen ist. Nach drei Jahren treffen sich die beiden wieder, und natürlich kommt das Gespräch auf die Psychoanalyse. Wie war die Therapie? Hatte sie Erfolg? „Schön war sie", sagt der kleine Moritz, „ich habe von meiner Mutter geredet und von meinem Vater, wen ich mehr lieb habe und was meine Träume bedeuten!" „Und das Bettnässen?" will der Freund wissen. „Das Bettnässen ist immer noch", sagt der kleine Moritz. „Aber es macht mir nichts mehr aus, ich schäm' mich nicht mehr!"

Natürlich tut dieser Witz den Analytikern unrecht, die so gut wie andere Therapeuten Bettnässen auch manchmal heilen. Aber wir müssen nur andere Symptome an dessen Stelle setzen, und schon bemerken wir, wir bedeutungsvoll die Distanz von einem naiven Perfektionismus werden kann. Der Errötungsängstliche, der seit Jahren alle Kontakte vermieden hat, macht den entscheidenden Schritt nicht dadurch, dass er seine Gefäßreaktionen besser kontrollieren kann, sondern dadurch, dass es ihn nicht mehr beschämt und blockiert, wenn er rot wird. Er hat seine Schwäche akzeptiert und sieht sie als eine Eigentümlichkeit neben vielen anderen. Die Asthmakranke, die meint, sich erst dann ihren Kinderwunsch erfüllen zu können, wenn das Asthma verschwunden ist, überwindet in der Analyse nicht das Asthma, aber diese Einschränkung ihrer Entscheidungskraft.

Indem wir die inneren Strukturen erkennen, die uns anfällig machen für Ängste, haben wir nicht den Schlüssel in ein angstfreies Paradies gefunden, wohl aber einen Ansatzpunkt, trotz dieser Ängste handlungsfähig zu bleiben und uns darin anzunehmen, dass uns manche Entscheidungen mehr Mühe kosten als anderen. Umgekehrt wird sich vielleicht unser Blick auch weiten und wir werden erkennen, dass wir zwar nicht so perfekt sind, wie wir sein wollen, aber dafür auch Vorzüge haben, von denen wir bisher nichts ahnten.

Denn der Perfektionismus ist immer undankbar: Er ignoriert die Seiten des Selbst, die sich gut entwickeln konnten, in denen sich Gesundheit und Zuversicht durchgesetzt haben. Er konzentriert sich ausschließlich auf Mängel und Schwächen, eigene und fremde. Wer Abstand von seinen Ängsten gewinnt, erkennt auch dankbar, dass er in vielen Bereichen Glück hatte, sich entwickeln konnte oder dass ihm Leid erspart blieb, das andere traf.

# 6. Rituale gegen die Angst

Sinn der Angst ist es, Gefahr zu meiden. Aber in den Aufbau dieses Vermeidungsmechanismus haben die Konstrukteure der Evolution den menschlichen Geist offensichtlich nicht mit einbezogen. Die Angst ist älter als der Geist, und es war anscheinend nicht vorherzusehen, wie sehr Angst durch ein erlebendes und reflektierendes Ich verstärkt und vorweggenommen werden kann. Die Angst vor der Angst entsteht so, ebenso die narzisstische Angst vor der Kränkung, vor Schmerz, Hilflosigkeit und Tod, ausgelöst durch kleinste Zeichen, dass die Kontrolle über die Umwelt entgleitet, die Sicherheit des Ichs gefährdet ist.

Gegen diese Steigerung der Angst durch das sich selbst mit Hilfe der Sprache reflektierende Ich haben die Menschen schon immer Schutz gebraucht, ihn gesucht, entwickelt und vor allem überliefert. Riten, magische Bräuche, später religiöse Traditionen haben als zentrale Funktion die Aufgabe, Ängste zu binden, das Unkontrollierbare kontrollierbar, das Versagen der Kontrolle erklärbar zu machen. So entsteht eine geistige Welt, in der dem Menschen wieder das gelingt, was ihm in der Realität so häufig, schmerzlich und angsteinflößend scheitert. Er kann Sicherheit gewinnen, indem sich Erwartungen erfüllen.

Unter den magischen Riten gibt es einleuchtende und verwirrende. Wenn zum Beispiel ein Jäger das Bild des Beutetiers an die Höhlenwand zeichnet und es mit einem Pfeil durchbohrt, leuchtet uns ein, dass ihm das die Angst vor dem Erfolg seines Jagdzuges am nächsten Tag nimmt. In vielen Kulturen gibt es den höchst einleuchtenden Aberglauben, dass die Frauen zu Hause bescheiden und keusch leben müssen, wenn sie wollen, das ihre Männer in der Jagd erfolgreich sind oder im Kriegszug überleben. Es ist durchschaubar, dass sich die Jäger und Soldaten nichts anderes wünschen als das, was dieser magische Glaube vorschreibt.

Warum aber gibt es in so vielen Kulturen und in manchen religiösen Traditionen bis heute Rituale, die mit Verlust und Schmerz zusammenhängen? Ist es möglich, dass auch hier Ängste verarbeitet werden? Warum entwickelt eine Gymnasiastin folgendes Ritual gegen ihre Panik: Sie greift zur Rasierklinge und schneidet sich so tief in die Unterarme, dass ihre Eltern sie in die Notaufnahme bringen und die Wunden genäht werden müssen? Warum versammeln sich Schüler auf Friedhöfen, nennen sich Grufties, wühlen im Erdaushub von Gräbern nach menschlichen Knochen und suchen sich gegenseitig in makabren Erzählungen von Vampiren und Zombies zu übertreffen? Was macht jene Filme so anziehend, in denen es nur darum geht, auf möglichst gruselige Weise möglichst viele Opfer aus heiterem Himmel abzuschlachten?

Das Ritual bindet die Angst, indem es uns erklärt, es trage zur Sicherheit in unserem Leben bei. Aber was bewegt Menschen, sich selbst anzutun, was sie „an sich" fürchten müssten, oft auch tatsächlich fürchten? Der in unserer Sprache gesammelte Erklärungsschatz bietet hier die Formel von der „Flucht nach vorne" an, die sich als Reaktionsbildung, d.h. als (übertriebenes) Gegensteuern angesichts eines abgelehnten, schambesetzten Wunsches verstehen lässt.

Eine Szene, die jeder kennt, der einen Revolverkampf in einem Western aufmerksam beobachtet hat: Der ängstlichere Schütze zieht immer zuerst. Er erträgt die Spannung nicht, die von dem improvisierten Duell ausgeht und beginnt den Kampf. Die Flucht nach vorne verspricht, eine Angstsituation zu beenden, nach dem Motto: Besser ein Ende mit Schrecken, als ein Schrecken ohne Ende.

Das Kind, das eine Strafe fürchtet, steigert seine Provokationen, bis es tatsächlich verprügelt wird; der Angestellte, der eine Entlassung befürchtet, provoziert seinen Chef, der Liebhaber, welche eine Abfuhr fürchtet, wird zudringlich. Der ängstliche Soldat schießt blindlings in die Richtung des Feindes oder springt aus dem Graben in den sicheren Tod, weil er die Spannung des Wartens nicht erträgt.

Unser Glaube an die vernünftige Einfühlung lässt uns erwarten, dass geprügelte Kinder, wohl wissend, wie beschämend und schmerzlich diese Erfahrung ist, ihren Kindern Prügel ersparen werden. Aber eben diese Kinder werden, einmal Eltern geworden, sich oft nicht mehr an ihre Scham und Verletztheit erinnern, sondern selbst zuschlagen und als Erklärung hinzusetzen, die Prügel hätten ihnen nicht geschadet.

Im Augenblick der größten Angst blickt das gemarterte Ich um sich und sucht nach irgendetwas Starkem, mit dem es verschmelzen kann, um daraus ein wenig mehr Sicherheit zu gewinnen. Was es sieht, ist der Angreifer. So wird es wie dieser, in dem Wahn, dadurch die Angst zu besiegen. Ähnlich kann, wer selbst den Tod oder den Teufel spielt, auf diese Weise die Angst vor solchen Gespenstern bannen.

In den Subkulturen, die sich mit schwarzer Magie, Vampirismus und Satanismus beschäftigen, findet dieses Muster der Angstabwehr eine soziale Form. Sie hat für die Jugendlichen den Vorzug, dass sie Ängste mildert, abgelehnt oder ausgegrenzt zu werden. Wer sich mit schwarzen Klamotten und umgekehrt getragenem Kreuz ausrüstet, zu Satan betet und lustvoll von verschiedenen Formen des Selbstmords redet, muss sich nicht mehr schämen, dass er seinen Eltern Kummer macht, weil seine Schulnoten so schlecht sind. Er fürchtet sich nicht mehr vor der Depression, er ist die Depression.

In Europa und Nordamerika scheint sich eine Form der Angstbewältigung auszubreiten, die an sich nicht neu ist, jedoch ganz und gar nicht zu der hedonistischen Tendenz der Konsumgesellschaft passt. Während auf der einen Seite mehr Psychopharmaka, Schmerz- und Schlafmittel konsumiert werden als je zuvor und Zahnärzte schmerzfreie Behandlungen anbieten, ist eine Gegenströmung nicht zu übersehen.

Tätowierungen, früher ein Zeichen harter Knastbrüder oder gelangweilter Matrosen, sind heute ein gefragter Schmuck, nicht nur die Imitationen in der Art von Abziehbildern, sondern die durchaus schmerzhafte Injektion ins Unterhautgewebe, die nur mit großem Aufwand wieder gelöscht werden kann. Ähnliches gilt für das Durchbohren von dazu mehr oder weniger geeigneten Körperteilen. Während in den Ärztezeitschriften erbarmungslose Bilder zeigen, wie ein infiziertes Zungen- oder Genitalpiercing aussieht, treten in den Talkshows Personen auf, die stolz ihre Bereitschaft zu Schau stellen, sich verstümmeln zu lassen.

## Die Beschneidung

Damit ist ein Ritual wiederbelebt worden, das sehr alt und sehr geheimnisvoll ist: die Verletzung des eigenen Körpers bzw. des Körpers Schutzbefohlener. Während die kreatürliche Angst es dem Menschen nahe legt, Schmerz zu meiden, so gut es geht, entwickelt die Kultur ein Ritual, das Ängste bannen soll, indem es das Ich anleitet, über diese Angst zu triumphieren. Der Indianer, so das Karl Mays Reisemythen entlehnte Sprichwort, kennt keinen Schmerz, und wer sich vor dem Schmerz nicht mehr fürchten muss, der hat auch die Angst besiegt.

Das wichtigste Beispiel eines Rituals der Schmerzzufügung und Angstbewältigung im Kulturkreis der Bibel wie in dem des Koran ist die Beschneidung. Ein unbeschnittener Mann war in vielen Kulturen einfach kein „richtiger" Mann. Die Operation war früher blutig und nicht selten tödlich, da sie als Initiationsritus an Adoleszenten vorgenommen wurde. In der Bibel ist eine Kriegslist beschrieben, in der die Männer einer Stadt mit einem Bündnisversprechen überredet werden, sich beschneiden zu lassen. Als sie im Wundfieber liegen, werden sie niedergemacht.

Manche dieser Riten sind extrem grausam und höchst gefährlich. Noch um 1920 wurde in arabischen Stämmen im Jemen eine archaische Form der Beschneidung praktiziert, bei welcher der Penis buchstäblich aus der gesamten Haut, die ihn umgibt, ausgeschält wird. Das Ritual wird bei jungen Männern vorgenommen, die häufig an Infektionen sterben oder Fisteln der Harnröhre und andere Schäden entwickeln. Sein Ablauf zeigt deutlich, wie hier der Sieg über den Schmerz und die Angst ein kulturelles Ideal der Männlichkeit formen.[16]

Bei den Massai werden Männer wie Frauen beschnitten; damit endet auch eine Zeit der freien Sexualität, die den unbeschnittenen, noch nicht menstruierenden Mädchen erlaubt ist. Manche Genitalverstümmelungen bei Frauen gehen noch erheblich weiter; die Scheide wird zugenäht (Infibulation), nur der Ehemann hat das Recht, dieses Hindernis zu beseitigen.

Diese Praktiken verwandeln die Lustmöglichkeiten durch das Genitale in Schmerz. Das gilt im Grunde auch für die Beschneidung von männlichen Säuglingen, die heute manchmal mit hygienischen Gründen gerechtfertigt wird. Diese halten aber einer genaueren Prüfung nicht stand.[17]

Kein nachdenklicher und einfühlender Mensch wird es gutheißen, dass Säuglingen ein Teil ihres Körpers – meist ohne Nar-

---

[16] Dr. Y. V. Chabukswar (Civil Hospital, Aden): „A Barbaric Method Of Circumcision Amongst Some Of The Arab Tribes Of Yemen", in: Indian Medical Gazette (Calcutta), vol. 56, no. 2 (February 1921): S. 48–49.
Aus dem Text: Unless the man is circumcised in this particular manner, he cannot obtain a bride. … He is well dressed like a bride-groom, the guests, males and females, together with other spectators watching him …; the victim is made to stand with his right arm lifted up, holding a dagger and looking straight forward with steady eyes. One Arab is appointed to watch the movements of his face and eyelids, and the operator, called Rayis (barber) or Khadim, commences the operation of circumcision at about one inch below the umbilicus, dissecting the skin downwards, peeling off the entire skin of the penis, leaving that of the scrotum intact, without any local or general anaesthetic. If, during this operation, the man undergoing the circumcision even winks a little, or shows any sign of pain of the operation, it is at once abandoned, and one of the following punishments is given to the victim: (a) killed on the spot; (b) deported from the district in disgrace; or (c) sold as a slave to outsiders. Of course, the bride, for the sake of whom he was undergoing circumcision, is totally lost to him. Very often the would-be bride is also one of the spectators. If the operation is successfully finished, and the man goes through the ordeal with courage and without showing signs of pain or cowardice, the occasion is celebrated with great rejoicings and feasting, with beating of drums and firing of arms.
[17] Es gibt eine breite wissenschaftliche Literatur, welche die Bedenkenlosigkeit sehr in Frage stellt, mit der vor allem in den USA Männer aus „hygienischen" Gründen als Säuglinge beschnitten werden. Erwachsene Männer können bewusst oder unbewusst unter dem Gefühl leiden, es sei ihnen ohne ihr Einverständnis etwas weggenommen

kose – weggeschnitten wird und sie später in ihren sexuellen Funktionen beeinträchtigt leben müssen. Noch viel weniger akzeptabel ist es, wenn Mutter und Tante ein siebenjähriges Mädchen packen, es in eine Beschneidungshütte schleifen, wo eine „erfahrene" Frau mit einer Glasscherbe Klitoris und Schamlippen amputiert.

Das Ritual lehrt die Macht des Narzissmus über die Angst. Wenn sich diese Rituale energischer und grausamer als gegen alle anderen Organe gegen die Sexualorgane richten, hängt das damit zusammen, dass gerade an dieser Stelle die höchste Lust und die tiefste Kränkungswut zusammentreffen.

Die Beschneidungsrituale Erwachsener prüfen das Selbstgefühl. Wenn sie – wie es oft vorgeschrieben ist – ohne Schmerzensschrei erduldet werden, zeigen sie die Macht des Ich über den Körper, den Triumph des Willens, der als seelisches Thema nicht weit vom Sadismus anzusiedeln ist. Magische Rituale sollen das

worden. Die Vorhaut hat wichtige erotische Funktionen: Sie erleichtert die Penetration und erhält die sexuelle Erregbarkeit.
Routine infant circumcision (RIC) – routinemäßige Neugeborenenbeschneidung – nennt sich die Praxis, die um die Mitte des 18. Jahrhunderts eingeführt wurde, um die in der prüden viktorianischen Gesellschaft verpönte Masturbation zu erschweren. Auch in Großbritannien, Kanada, Australien, Neuseeland und Südafrika war bzw. ist RIC verbreitet, doch nirgendwo auf der Welt war der Siegeszug so gewaltig wie in den USA, wo in den 1970ern unter der weißen Bevölkerung Raten von deutlich über 90 Prozent erreicht wurden.
Die Beschneidung von Säuglingen ist invasiver als die von Erwachsenen oder älteren Kindern: Da Vorhaut und Eichel bei fast allen Neugeborenen noch fest verwachsen sind, ähnlich wie Fingernägel mit dem Nagelbett, müssen diese beiden Strukturen zunächst einmal auseinandergerissen werden. Danach wird – je nach Methode – die Vorhaut längs abgeklemmt und eingeschnitten, mit einem Beschneidungsinstrument rundum für mehrere Minuten gequetscht und schließlich mit einem Skalpell amputiert. Die gesamte Operation dauert bis zu 20 Minuten. Obwohl in medizinischen Studien bewiesen wurde, dass die Neugeborenen extreme Schmerzen erleiden, ist eine adäquate Betäubung auch heute noch eher die Ausnahme als die Regel. Ethisch besonders bedenklich wird RIC zudem dadurch, dass es sich um einen medizinisch unnötigen, kosmetischen Eingriff an einem nicht zustimmungsfähigen Patienten handelt.
Vgl.: Goldman, R. (1997): „Circumcision – The Hidden Trauma", Boston, Gollaher, D.L. (2001): „Circumcision: A history of the world's most controversial surgery", New York. Ich verdanke diese Hinweise Frau Meike Beier.

menschliche Bewusstsein schützen, das durch seine einzigartigen Qualitäten der Selbstreflexion enorm bedroht ist: „Wie die Klappen in seinen Venen dem Menschen dazu verhelfen, dass sich trotz des aufrechten Ganges das Blut nicht in den unteren Gliedmaßen staut, so war es die Magie, welche den vom aufflackernden Licht des Bewusstseins geworfenen Schatten durchdrang und ordnete. Vielleicht wären die ersten Menschen, die ein reflektierendes Bewusstsein kennen lernten, von den Schattenseiten dieser revolutionären Entwicklung gelähmt worden, hätten sie nicht die Magie entdeckt. Ihr danken wir es dann, dass unser Bewusstsein, kaum geboren, nicht schon wieder erlosch, weil es ein zu kühner Entwurf der Baumeister des Lebens war."[18]

Die Botschaft der Beschneidungen läuft auf Abhärtung gegen die (Kastrations)Angst, auf Symbolisierung des Verlusts der sexuellen Lust und Potenz hinaus. Sie tönt ähnlich wie das „Gedenke, dass du sterblich bist", welches im römischen Ritual des Triumphzuges dem gefeierten Feldherrn ständig ins Ohr geflüstert werden musste.

Das ethnographische und religionsgeschichtliche Material weist darauf hin, dass die Menschen in ihrer kulturellen Evolution große Anstrengungen unternommen haben, die traumatischen, ängstigenden Qualitäten der Sexualität rituell zu unterstreichen. Es ging darum, für etwas, das unsichtbar von innen heraus wirkt, sichtbare Zeichen zu formen, die mit oft großer Grausamkeit gesetzt werden. Der Beginn des Rituals verliert sich im Dunkel mythischer Anfänge, aber irgendwann kam ein nichtbeschnittener Vater, eine nicht klitoral verstümmelte Mutter auf den Gedanken, an ihren Söhnen (oder Töchtern) diese Rituale vorzunehmen.

Die Beschneidungsrituale der Stammeskulturen wirken wie Vorläufer jener Männerbünde, in die nur aufgenommen wird, wer Kastrations- und Todesängste (symbolisch) überwindet. Solche

---

[18] Schmidbauer, W. (1998), Vom Umgang mit der Seele, München, S. 24.

Riten überleben in Jugendbanden, „schlagenden" (Studenten)Verbindungen und militärischem Drill. Man muss sich prügeln, mit dem Degen verletzen oder sexuell erniedrigen lassen, um aufgenommen zu werden. Zum Klischee der Grundausbildung in der amerikanischen Armee gehört es, Rekruten als Weiber zu beschimpfen, die erst zu Männern gemacht werden müssen.

Wenn wir von einer archaischen Phantasie ausgehen, dass der Sohn der Feind des Vaters ist, der diesen entthronen wird, können wir eine rituelle Milderung der väterlichen „Rache" an diesem Sohn konstruieren. Die Beschneidung ist ein Kompromiss zwischen dem radikalen Impuls, den Sohn zu kastrieren, und der reifen Verarbeitung des Lebenszyklus, in der ein Vater liebevoll sein Erbe an den Sohn weiterreicht. Viele Männerbünde pflegen die Phantasie, dass jeder, der in sie eindringen will, wie ein Angreifer behandelt wird und sozusagen Federn lassen muss, bis ihm das gelingt und er jetzt, zum Mitglied der Gemeinschaft geworden, anderen Novizen eben das antut, was ihm angetan wurde. Wer Berichte aus Internaten liest, in denen Schüler der höheren Klassen die Anfänger erziehen, findet auch hier eine sadistisch anmutende Bereitschaft, die jüngeren Mitglieder der Gemeinschaft in irgendeiner Form zu ängstigen, häufig durch sexuelle Demütigung.

Solche psychologischen Mechanismen mögen zu der Ausbreitung der Beschneidungsrituale beigetragen haben, mir scheint aber auch eine andere Komponente bedeutungsvoll: der Versuch, seelische Wunden dadurch „pflegen" zu können, dass sie in körperliche verwandelt werden. Das wirkt bizarr und hilflos, aber manche Aspekte der menschlichen Psyche sind durchaus so beschaffen. Ödipus hat sich selbst geblendet, um seine emotionale Krise in eine körperliche zu verwandeln; heute kennt (und fürchtet) der Therapeut Patienten, die sich selbst verletzen, wenn eine seelische Spannung ihr Selbstgefühl überfordert.

Müssen wir daraus schließen, dass nicht die Verstümmelung der zentrale Inhalt archaischer Riten sexueller Initiation ist, sondern die Fürsorge für die Verletzten, die Pflege ihrer Wunden, die Erfahrung, dass seelische Verletzungen heilen, wenn sie geduldig gepflegt werden und in eine soziale Gemeinschaft eingebettet sind?

Vermutlich war eine Steigerung der kriegerischen Tendenzen ein vorbewusst gesuchter Nebeneffekt, welcher in der kulturellen Evolution die Ausbreitung grausamer Beschneidungspraktiken förderte. James Prescott[19] hat beobachtet, dass Kulturen, die ein sehr freizügiges Sexualleben gestatten, in der Regel längst nicht so kriegerisch sind wie andere, welche die Sexualität strikt regeln. Wenn Sexualität mit Schmerz und Kastration verknüpft wird, verwandelt sich ein Teil der Libido in Angst und Aggression.

## Schönheitsverletzungen in der Generation Angst

In seinem Roman „Nachsommer" lässt Adalbert Stifter seinen Helden mehrmals verwundert zur Kenntnis nehmen, dass die Schönste der Schönen, seine angebetete Natalie, keine Ohrringe trägt. Nach vielen hundert Seiten kommt endlich die Aufklärung, als die bisher aus der Ferne Bewunderte einem Gespräch zugänglich wird. Sie trägt grundsätzlich keinen Schmuck, zu dessen Verbindung mit dem Körper dieser die geringste Verletzung erleiden müsse.

Diese kulturelle Geste ist heute verschwunden. Jungen wetteifern mit Mädchen in den Grundschulklassen, wer unerschrocken genug ist, sich die Ohren stechen zu lassen; Tipps kursieren, wie dieses mit Hilfe eines Eiswürfels aus dem Kühlschrank und einer ausgeglühten Nadel zu bewältigen sei.

---

[19] Prescott, J. W. (1971): „Early somatosensory deprivation as an ontogenetic process in abnormal development of the brain and behavior", in: Goldsmith, I. E.; Moor-Jankowski (Hg.): Medical Primatology, Basel, S. 357–375; und Prescott, J. W. (1974): „Cross-cultural studies of violence", in: Aggressive Behavior: Current Progress in Pre-Clinical and Clinical Research, Brain Information Report No. 37, Los Angeles, Ca., S. 33–35; ferner: Prescott, J. W. (1975): "Body pleasure and the origins of violence", in: The Bulletin of The Atomic Scientists, November, S. 10–20.

Der junge Mann mit mehr als dreißig Piercings allein in den Ohren ist in der U-Bahn einer Großstadt ein normaler Anblick. Unter den Jugendlichen verbreiten sich Formen einer weit ernsthafteren Selbstschädigung. Wer sie genauer erforscht und nach den Kräften sucht, die im Hintergrund wirken, findet auch hier, dass beispielsweise Drogenkonsum oder Essstörungen sehr oft die Funktion haben, Ängste zu binden und das Selbst zu schützen.

In derselben Zeit, in der Ärzte ihre Patienten schmerzfrei zu behandeln trachten, Bürgerinitiativen gegen Prügel in der Erziehung kämpfen und engagierte Frauen afrikanische Mädchen von den dortigen Beschneidungstraditionen befreien wollen, haben in der Konsumgesellschaft Schönheitsverletzungen Konjunktur. Hier spielt das Motiv der demonstrativ überwundenen Angst eine wichtige Rolle.

Der gesellschaftliche Wandel ist so schnell und unübersichtlich geworden, dass viele Jugendliche sich nicht mehr an ihre Eltern anlehnen können. Diese müssen ein hohes Maß an Ausdauer aufbringen, um über die unweigerlichen Kränkungen der pubertären Konflikte hinweg eine haltgebende und doch liebevolle Beziehung zu pflegen.

Drogenexperimente sind wahrscheinlich die beliebteste Form der Selbsttraumatisierung, um sich auf die Ängste vor der Sexualität vorzubereiten. Sich während der Adoleszenz bis zum Erbrechen oder zur Bewusstlosigkeit zu betrinken („Komatrinken"), ist ein inzwischen „normales" Ritual. Bedenkenlos und mit manchmal schweren körperlichen Folgeschäden die verschiedensten Gifte zu probieren[20], ist ein anderer Weg. Eine Funktion dieser Selbstverletzungen ist der Kampf gegen Ängste vor innerer Leere.

---

[20] In eine Schule in dem schwäbischen Landkreis Aichach-Friedberg bringen im Sommer 2000 zwei 14-jährige einen Pflanzentee mit. Einer von beiden nimmt einen tiefen Schluck und wird bewusstlos. Der aufgeregte Freund gesteht der Polizei, der Tee sei aus den Blüten der Engelstrompete gebraut. Wenige Tage vorher waren im oberbayerischen Pfaffenhofen an dem Flüsschen Ilm neun Halbwüchsige auf die Intensivstationen der umliegenden Krankenhäuser gebracht worden, weil sie die Blüten derselben Pflanze gekaut hatten.

In den Medien sind Gefühle immer deutlich und stark. Was ich aber in mir finde, ist unsicher, verschwommen, gemischt, von Zweifeln durchsetzt. Ist es Liebe, was ich empfinde, oder bilde ich mir das nur ein? Habe ich die richtigen, die normalen Gefühle.[21]

Im Drogenexperiment und in den „Risikosportarten" erkennen wir die Faszination durch eine (vermeintlich) vom bewussten Ich beherrschte und regulierte Angst.

Im Kinderspiel geschieht es oft, dass eine Anführerin oder ein Anführer etwas tut, was die anderen fürchten, und dann ein Gruppendruck entsteht, es ihr gleichzutun: den Sprung vom Tisch, den Sprung vom Beckenrand, einen großen Hund streicheln, ein Pferd füttern.

Solche Spiele zeigen, wie sehr Ängste den Menschen beschäftigen, wie sie ihn antreiben, sich und anderen zu beweisen, dass er stärker ist als die Angst, und wie doch jeder dieser Beweise nicht lange vorhält, sondern erneuert, gesteigert werden muss. Angst ist die Erregung, die am billigsten zu haben ist. Ich kann sie kontrollieren, ich kann sie ganz allein inszenieren, es reicht, auf eine Höhe zu steigen und den Sprung zu phantasieren, auf ein Brett über dem Wasserbecken zu klettern und tatsächlich zu springen.

Dieser Sieg über die Angst ist die primitivste und dauerhafteste Form der Selbstbestätigung. Aus seiner Faszination speisen sich Befriedigungen, welche den Beobachter vom Mars gewiss merkwürdig anmuten: Was treibt Erdenmenschen an, Geld dafür zu bezahlen, dass ein Flugzeug sie in einige tausend Meter Höhe schafft, von wo aus sie sich dann herausstürzen, in der Hoffnung, dass ihr Fallschirm funktioniert? Was bewegt sie, sich an Gummiseilen von einer Brücke fallen zu lassen, oder kreischend kopfüber, kopfunter in einer Achterbahn zu fahren?

Man kann hier, wie Michael Balint vorgeschlagen hat, von ei-

---

21 Ganz neu ist dieses Problem nicht – in Figaros Hochzeit wird es in der schönen Arie des Pagen Cherubino formuliert, der die angebeteten Frauen bittet, ihm zu sagen, was er fühlt: Ihr Frauen wisst doch, was Liebe ist, sagt mir, trage ich sie im Herzen …

ner Angstlust sprechen. Sie stärkt das Selbstgefühl, entwickelt aber auch die unersättliche Qualität einer manischen Abwehr. Die Siege müssen größer werden, die Ängste gefährlicher; das Ergebnis sind Extreme – Extrembergsteiger, Extremsportler.

Während die traditionellen Verstümmelungen, die Beschneidungen oder Narbentattoos den kulturell „richtigen" Sexualpartner erst schaffen, spiegelt sich in den modernen Ritualen die Qualität der Subkultur. Wer sie praktiziert, will sich von der breiten Masse unterscheiden, will beweisen, dass er anders ist, eigene Werte hat, eigene Rituale der Macht. Manche finden die Piercings toll, andere ekelhaft, ähnlich wie manche einen durch Bodybuilding veränderten Körper attraktiv finden und andere von ihm abgestoßen werden. Die meisten Menschen werden einen harmonisch proportionierten Körper schöner finden als einen, der durch zuviel Fett oder zuviel Muskulatur entstellt ist. Aber dieser normal trainierte Körper lässt nur wenige Steigerungen und Verbesserungen zu, er befriedigt keinen Ehrgeiz und nützt zu keinem Versuch, Ängste zu kompensieren. Daher die Faszination des Muskelkults, der nach dem bereits beschriebenen Hai-Syndrom das Gute verbessert, bis es hässlich und überladen wirkt.

Eine verwandte Dynamik führt zu dem Boom von „Schönheits"-Operationen. Sie sind sehr häufig ein Ritual, das durch Planung einer Veränderung, Schmerz und Heilung quälende narzisstische Ängste bindet, dadurch aber auch bei gefährdeten Personen Suchtqualität gewinnt. Der Sänger Michael Jackson ist ein tragisches Beispiel.

Die Veränderungen des Körpers durch Operationen sollen einmal sichern, dass ich eine subjektiv quälende Abnormität – ein „zu kleines" Kinn, eine „zu große" Nase – endlich nicht mehr habe. Sie sind ein Ritual der Selbstverletzung mit der Hoffnung auf Perfektion und der Spaltung eines unerträglichen Ist von einem ersehnten Soll, die nicht selten wiederholt wird, wenn aus dem Soll ein Ist geworden ist und neue Unzuträglichkeiten erscheinen. Oder sie sollen dazu führen, dass ich etwas Besonderes werde. Manchmal greift beides ineinander, wie bei der Frau, die im Fernsehen auftreten darf, weil sie durch ein Dutzend Operationen aussieht wie die Barbie-Puppe.

Man könnte gegen solche Betrachtungen einwenden, dass sie Menschen ihre Befriedigungen verleiden und es doch jedem überlassen sei, was er mit sich, seinem Körper und seinem Leben macht, so lange er niemandem dadurch schadet. Und gegen diesen Einwand wiederum, dass die vorgebrachten Bedenken gewiss nicht die Kraft haben, einen Menschen aufzuhalten, der sich nach mächtigen Ablenkungen sehnt und erwartet, seine manische Abwehr im nächsten Extrem definitiv zu festigen.

Wissenschaftliche Nachdenklichkeit ist ohnedies kaum in der Lage, Auskünfte über die richtigen, die guten Rituale gegen die Angst zu geben. Sie kann nur die vorhandenen untersuchen und ihre historischen Wurzeln aufdecken, auch manche Widersprüche zwischen dem vorgegebenen Ziel und dem realen Ergebnis. Aber sie tut sich schwer, eigene Rituale zu erfinden.

Einige allgemeine Aussagen lassen sich immerhin machen: Es ist gut, sich Ängsten zu stellen, sich nicht von ihnen lähmen zu lassen. Wenn die Überwindung von Schmerzen als Hilfsmittel genutzt werden soll, würden wir in jedem Fall erwarten, dass dem Betroffenen eine Entscheidung ermöglicht wird und er nicht lange vor dem Erwerb solcher Möglichkeiten, manchmal in frühester Kindheit, durch Gewalt oder erpresserischen Druck genötigt wird, wie das bei den meisten Beschneidungsritualen der Fall ist.

Ferner würden wir Bedenken anmelden gegen alle Versprechungen, mit einem großen Schlag eine Art Endsieg über die Angst zu erringen. Denn diese Zusagen halten wir nicht für glaubwürdig. Wenn große Opfer verlangt werden, sollte doch ein kritischer Blick klären, ob diese wirklich den Interessen dessen dienen, der sie bringt, und nicht eher den Interessen dessen, der sie fordert.

Was ergibt sich daraus konkret? Konstruktive Rituale gegen die Angst sollten nicht spektakulär sein, sondern kontinuierlich:

Gartenarbeit, ein Handwerk, eine geschätzte Berufsarbeit, Teilhabe an kulturellen oder sozialen Aktivitäten, welche uns hilft, zu verstehen, dass Veränderung nicht nur im Aufbau, sondern auch im Erhalt des Aufgebauten wurzelt. Goethe, der Angstkundigste unter den großen Dichtern hat es so gesagt:

„Strenger Dienste tägliche Bewahrung.
Sonst bedarf es keiner Offenbarung!"

# 7. Angst und Verwöhnung

An der Schwelle zur Moderne entwarf Rousseau das Bild des guten Wilden auf fruchtbaren Inseln in tropischer Wärme. Wenn Feldforscher heute darauf hinweisen, dass die wenigen Jäger und Sammler, die ihre Kultur erhalten haben, nur zwei Stunden am Tag arbeiten (in dem warmen Klima, das die Wiege des Menschen ist) und keinen Krieg kennen, dann schwingt auch hier die alte Sehnsucht mit, die das Paradies immer erst erkennt, wenn es verloren ist.

Denn Vorratswirtschaft, Städtebau, Industriegesellschaft, Massenkommunikation und Konsumgesellschaft sind allesamt große, wunderbare Errungenschaften – ehe wir uns ihrer Nachteile und Schattenseiten bewusst werden.

Für die wachsende Bedeutung seelischer Traumatisierungen und gesteigerter Angstbereitschaft ist eine in den Fortschritten der Industriegesellschaft immanente Verwöhnung mitverantwortlich. In der traditionellen Gesellschaft wurden Kinder ohne besondere pädagogische Bemühung zusammen mit den Haustieren und Dienstboten so lange durchgefüttert, bis sie fähig waren, sich einen Platz unter den Erwachsenen zu erobern. Heute sollen unsere Kinder glücklich und optimistisch sein, weil es den Erwachsenen an diesen Eigenschaften fehlt. Aber sie sollen auch tüchtig sein und die Eltern durch gute Schulnoten beruhigen. Damit werden die Familien überlastet.

Nach den Ergebnissen der Narzissmusforschung wäre eine Erziehung, welche das Selbstgefühl festigt und die narzisstischen Ängste in Schach hält, von dem Gesetz der optimalen Frustration bestimmt. Das Kind wird in seinen Ansprüchen eingeschränkt, und zwar auf eine Weise, die es nicht so verletzt, dass es ängstlich wird, sondern so fordert, dass es lernt, seine Fähigkeiten zu entwickeln und ihnen zu vertrauen.

Über diese Grundhaltung sind sich alle modernen Pädagogen

einig, ebenso Individualpsychologen wie Alfred Adler (der die Mitte zwischen Verwöhnung und Härte zu suchen rät) oder Narzissmusforscher wie Heinz Kohut. Der gelassene Ironiker Freud hat lieber über das Scheitern der „unmöglichen Berufe" (Regieren, Erziehen, Analysieren) räsoniert, als pädagogische Konzepte zu ersinnen.

Das Grundprinzip der optimalen Frustration ist die Versagung passiver Bedürfnisse in einem abgewogenen Ausmaß. Das Kind wendet sich an die Eltern, weil es sich nicht zutraut, die Schuhe selbst zuzubinden. Die Eltern können ihm die komplizierte Aufgabe abnehmen und warten, bis das Kind sie auffordert, es selbst machen zu dürfen. Selbst dann können sie noch sagen: „Lass mich, dann sind wir schneller fertig!" Die Eltern können es allein lassen, bis das Kind weinend mit hängenden Litzen hinter ihnen herläuft, und es dann ausschimpfen, dass es so ungeschickt ist. Oder sie können es ermutigen, die Aufgabe selbst zu erledigen, und beobachten, wie viel Unterstützung es dafür braucht.

Wie meistens, wenn ein Rezept einfach klingt, steckt der Teufel im Detail. Man würde nicht so oft von Hilfe zur Selbsthilfe, von Management durch Coaching, von motivierender Pädagogik oder Menschenführung sprechen, wenn diese Qualität der optimalen Versagung leicht zu haben wäre. Aber sie stellt erhebliche Forderungen an unsere Aufmerksamkeit und Ausdauer.

Vor allem erfordert sie viel Bereitschaft zur Zurücknahme primitiver narzisstischer Bedürfnisse bei dem, der anleiten soll. Denn er muss darauf verzichten, eine Rivalität zu gewinnen (indem er zeigt, wie schnell er etwas kann, was das Kind nicht zustandebringt), er muss geduldig sein, er muss aufmerksam bleiben und darauf verzichten können, einen Menschen, der ihm etwas bedeutet, von sich abhängig zu machen. Denn die optimale Frustration führt dazu, dass ein Mensch selbständiger wird.

Wenn Experten beginnen, Regeln für die Erziehung der Kinder aufzustellen, heißt das auch, dass diese nicht mehr selbstverständlich funktioniert. Die Wissenschaft wird oft dann gerufen, wenn etwas nicht mehr so ist, wie es sein sollte, wenn die Befürchtung wächst, es könnte verloren gehen. So entstehen Trachtenvereine dann, wenn jemand befürchtet, dass – wenn nicht schleunigst etwas geschieht – das malerische Gewand der Tradition aussterben wird. Dann tragen bestimmte Gruppen zu gegebenem Anlass ein speziell gefertigtes Kostüm. Es ist nach dem rekonstruiert, was einmal die reichen Leute im Dorf am Sonntag getragen haben. Der Blick in die Vergangenheit idealisiert, denn die Tracht der Trachtler ist bis ins Detail perfekt und unterscheidet sich sehr von allem, was früher der Dorfschneider gefertigt und geflickt hat.

Die regressiven Reize des Konsums von Waren, von Informationen, Bildern, Freizeitillusionen führen dazu, dass die Anlehnungs- und Verwöhnungsbedürfnisse wachsen. Indem die Konsumgesellschaft die Menschen vor Kränkungen, Schmerzen, Ängsten und Versagungen zu schützen sucht, bereitet sie diese schlecht auf die Realität vor. Der verbreitete soziale Gestus des Jammerns über Einschränkungen und Einbußen hängt damit zusammen.

Wer jammert, will nichts ändern, er will, dass etwas anders ist. Beispielsweise jammern die Bürger so lange über die schlechte Verkehrsanbindung ihres Städtchens, bis der Baufortschritt der Autobahn sie dazu bewegt, jetzt über den Lärm der Schnellstraße zu klagen. Im Jammerton schreiben Journalisten[22] über ihre Beobachtungen zur „German Angst" und beklagen, dass die Deutschen ein Volk von Jammerern werden. Wenn es dafür überhaupt einen kulturellen Hintergrund gibt (in Italien, wo ich längere Zeit gelebt habe, wurde nicht weniger gejammert als in Deutschland; dort galten die Deutschen als das zupackende Volk), dann liegt er vielleicht darin, dass die Deutschen es aufgrund ihrer historisch durch die NS-Zeit bedingten Zusammenbrüche ihrer Wertestruktur besonders gut machen wollen, dass sie also Musterschü-

---

[22] Herzinger, R. (2005): „German Angst", in: Kursbuch „Angst", Heft 159 (März 2005), S. 12.

ler sind, die wie alle Musterschüler besonders viel Grund zur Klage haben, dass ihre Verdienste nicht ausreichend gewürdigt werden.

Psychologisch hängt Jammern damit zusammen, dass ich von einer äußeren Autorität eine Veränderung wünsche, die ich selbst nicht anpacken will, weil ich die dazu notwendige Mühe entweder nicht aufbringen kann oder sie zwar leisten könnte, dies aber ungerecht fände. Wer jammert, wünscht sich Verwöhnung, hat aber das Selbstvertrauen verloren, durch eigene Bemühung aus seiner beklagenswerten Situation herauszufinden.

Sozusagen als Gegenkräfte gegen das Jammern werden in der Psychotherapie die sogenannten „aktiven" oder „konfrontativen" Methoden wichtiger. Freuds klassische Fälle betrafen Menschen, die sich bemühten, zu gut zu sein. Das hinderte sie, mit der inneren Realität ihrer Triebe fertig zu werden. Ein Beispiel aus den „Studien über Hysterie": Eine Frau entwickelt nach dem Tod ihrer Schwester eine seelisch bedingte Lähmung. Sie leidet an einem unbewussten Konflikt zwischen strengen Moralvorstellungen und einem an sich zulässigen Wunsch: Sie kann sich nicht eingestehen, in ihren Schwager verliebt zu sein („jetzt ist er frei und kann mich heiraten"). Das heißt: Sie ist mit sich selbst strenger als es die Wirklichkeit wäre. Diese würde ja nach einem Trauerjahr eine neue Ehe erlauben.

Der Therapeut des beginnenden 20. Jahrhunderts vertrat wohlwollend die Wünsche der Patientin. Er klärt sie, indem er die unbewusste Strenge aufdeckt, auch darüber auf, dass die Wirklichkeit gewährender ist, als sie denkt. Heute hingegen darf der Therapeut, der einen narzisstisch Gestörten behandelt, diesen nicht mehr ermutigen, die Wirklichkeit für gewährend zu halten. Er muss ihn im Gegenteil bewegen, seine grandiosen Ansprüche zurückzunehmen, um nicht am Leid seiner Enttäuschungen zu zerbrechen.

Der narzisstisch Gestörte leidet nicht an einem inneren Konflikt. Er geht nicht mit sich selbst strenger um als die Wirklichkeit, sondern kommt nicht damit zurecht, dass die Wirklichkeit so wenig geneigt ist, ihm entgegenzukommen.

Eine Patientin des 21. Jahrhunderts trennt sich von ihrem Freund, weil er einfach nicht gut genug ist, um ihre Wünsche zu erfüllen, und erkrankt dann an einer Depression. Sie interessiert sich nicht für ihr Studium und verpasst ihre Zwischenprüfungen, aber sie hat sich in den Professor verliebt und leidet Höllenqualen, wenn sie wahrzunehmen glaubt, dass er eine Kommilitonin im Seminar bevorzugt.

Sie weiß, es sei richtig, endlich von zu Hause auszuziehen, aber sie schafft es einfach nicht, eine Wohnung zu finden. Deshalb erträgt sie ihre nervenden Eltern, diese Versager, die so kleinlich sind, sich morgens zu beklagen, weil die bulimiekranke 25-jährige nachts den Inhalt des Kühlschranks in die Toilette verfrachtet hat.

In diesen Fällen geht es nicht um innere Konflikte eines sozusagen krankhaft disziplinierten Charakters, sondern um eine Leistungsschwäche der Persönlichkeit in der Bewältigung der äußeren Realität. Die „klassische" Patientin benötigte eine Deutung ihrer unbewussten Wünsche. Dadurch wird ihr Über-Ich realistischer: es fordert nicht mehr die totale Moral, sondern nur noch eine, in der auch die Triebwünsche zu ihrem Recht kommen.

Dieses Vorgehen wäre bei der Patientin in der Konsumgesellschaft eher schädlich. Sie weiß genug über ihre Wünsche, es fehlt ihr aber die Fähigkeit, ihre Möglichkeiten realistisch abzuwägen und Versagungen zu ertragen, wenn dadurch später eine befriedigendere Situation hergestellt werden kann.

Diese „neuen" Klienten erfordern also Einübung in den Umgang mit Versagungen. Eine Behandlung, die sie verwöhnt, in der ein Therapeut immer auf ihrer Seite ist und sie gegen „böse" Vorgesetzte, Eltern oder Partner unterstützt, kann hier viel Schaden anrichten.

Wenn gar nicht oder schlecht ausgebildete Therapeuten dem Kranken vermitteln, er habe wegen seiner schlimmen Kindheit einen Wiedergutmachungsanspruch an die Realität, wenn sie behaupten, eine Förderung infantiler Verwöhnungsbedürfnisse sei gut für jeden Menschen und führe schließlich zur Heilung, dann schaden sie solchen Patienten mehr als sie ihnen nützen können. Diese profitieren eher von einer bedarfsorientierten Therapie[23], die sie immer dann aufsuchen können, wenn sie mit der Realität nicht mehr zurechtkommen. Dann kann verhindert werden, dass sie in destruktive Mittel der Kränkungsverarbeitung (wie Drogenkonsum, Selbstverletzungen, impulsives Verhalten in Beziehungen) einsetzen. Die therapeutische Intervention sieht dann so aus, dass die Klienten ihren Humor und ihre Kreativität wiederfinden und konstruktiver mit den anstehenden Aufgaben umgehen können.

Vor hundert Jahren verbrachten die meisten jungen Menschen die Zeit mit körperlicher Arbeit. Diese Zeit verbringen sie heute vor dem Bildschirm , wo sie mit kleinen Bewegungen neue Welten erschaffen können. Selbst wenn ein Jugendlicher körperlich arbeiten muss: Seine Welt ist doch nicht mehr dieselbe. Es ist die Welt des Zapping, nicht die der Zappa[24].

Die zentralen Symbole der materiellen Kultur, wie Autos, Fotoapparate, Flugzeuge, Videokameras, Handys und Computer, die heute mit großem Aufwand produziert und vermarktet werden, sind sämtlich immer undurchschaubarer geworden. Sie schwächen nicht nur unsere geistigen Fähigkeiten (denn wir begreifen nur selten, wie sie funktionieren, und können aus ihren Defekten kaum mehr etwas lernen), sondern auch unsere Möglichkeiten, Ängste zu bewältigen.

Wenn ein VW-Käfer durch einen gerissenen Keilriemen ausfiel, wusste der Fahrer meist, dass man mit einer Strumpfhose den Defekt vorübergehend beheben konnte. Heute fühlen sich nicht nur immer mehr Menschen völlig hilflos, wenn die Dinge versa-

---

[23] Vgl. Schmidbauer, W. (2005), Therapy on demand. Narzissmus und bedarfsorientierte Psychotherapie. Düsseldorf.
[24] Zappa ist in Italien die Hacke, früher das wichtigste Werkzeug des Gärtners und Bauern.

gen, in die sie sich spinnen wie die Raupe in den Kokon. Sie sind es auch. Wenn ein modernes „System" ausfällt, ist der Konsument fast immer ohnmächtig, da er es weder durchschaut noch die technischen Arsenale mitnehmen kann, die nötig sind, um es zu reparieren. Selbst die Autowerkstatt tut heute selten mehr, als den Chip auszuwechseln, wenn eine der vielen hundert Funktionen versagt, welche die elektronische Steuerung zu bedienen versprach. Die typischen Dinge der Konsumgesellschaft begünstigen Verwöhnungsbedürfnisse und Regressionen in kindliche Zustände in einer Weise, die man sich vor fünfzig Jahren nicht vorzustellen vermochte.

Illusionen perfekter Symbiose entstehen. Angstbewältigung durch Aktivität und Lernen ist von den Konstrukteuren der modernen „dummen Dinge"[25] nicht vorgesehen. Der Konsument kann nichts machen, darf nichts machen, versteht nicht, was er tun könnte, er hat es nicht üben dürfen. So ist er seinen Ängsten ausgeliefert, wenn etwas nicht mehr funktioniert, wenn der Computer abstürzt oder das Auto stehen bleibt. Nein, er wäre ausgeliefert, wenn auch noch sein Handy versagt.

Das zum Massenphänomen und beliebtesten Zeitvertreib der Jugend gewordene drahtlose Telefonieren wird zum ironischen Ersatz von Zuverlässigkeit. Es begünstigt infantile Erlebnisweisen und verzögert die Autonomieentwicklung. Instant-Kommunikation macht die alten Sekundärtugenden entbehrlich: Ich komme zwar nicht pünktlich, rufe aber von unterwegs an, um die Gründe meiner Verspätung zu erläutern.

Manchmal ergeben sich bizarre Situationen, wie in dem Fall des türkischen Vaters, der über die Tugend seiner volljährigen Tochter wachte, indem er ihr unter Strafdrohung verbot, das Handy auszuschalten und nachts immer wieder durch Kontrollanrufe seine Tochter erschreckte. Diese arbeitete in einem Reisebüro und hatte ein eigenes Apartment in einer anderen Stadt. Sie

---

[25] Vgl. Schmidbauer, W. (2003): Die einfachen Dinge, München.

musste beträchtliches Organisationstalent entfalten, um ihm zu verheimlichen, dass sie ihre Nächte mit einem Freund verbrachte.

Tagsüber verwaiste Kinder tragen nicht mehr den Wohnungsschlüssel an einer Schnur um den Hals, sondern das Handy in der Tasche. Die Eltern haben zwar keine Zeit, sind aber jederzeit erreichbar. Ständig werden elektronische Nabelschnüre von Banalitäten durchpulst. Über die Tragfähigkeit ihrer Beziehungen Verunsicherte müssen die Häufigkeit der Kontaktaufnahme steigern oder ein Gerät erwerben, das nicht nur Ton und Schrift, sondern auch Videos transportiert.

Da es unmöglich geworden ist, sich an den guten alten Satz „no news – good news" zu halten, wachsen Gefühle, bedroht zu sein. Wir erfahren immer schneller immer mehr. Das meiste sind schlechte Nachrichten. Wir leben durch die extreme Multiplikation der Medien in einem globalen Dorf, sagte Marshall McLuhan.[26] Aber während im Dorf gute und schlechte Nachrichten ihre natürliche Balance haben – dort ist ein Kind geboren, dort ist jemand gestorben, in den meisten Häusern ist gar nichts passiert – werden in diesem globalen Dorf ständig Häuser gesprengt, Familien vernichtet, Kinder missbraucht, Frauen vergewaltigt; es herrschen Arbeitslosigkeit und Korruption, auf keinen Experten kann man sich verlassen, die Autowerkstätten und die Zahnärzte denken nur daran, ihre Kunden abzuzocken.

Keineswegs allen Menschen gelingt es, diese Meldungen zu ignorieren oder sie in realistische Urteile einzubauen. Das hängt mit der Struktur unserer Einschätzung von Gefahren zusammen. Wir überschätzen spontan die Gefährdung durch hochdramatische, spektakuläre Ereignisse, die uns emotional ansprechen.

Als ich in den Jemen reiste, warnten mich fast alle Bekannten vor den Gefahren einer Entführung, weil solche höchst seltenen Ereignisse immer wieder in deutschen Medien gemeldet werden und die Phantasie ansprechen. Sinnvoller wäre der warnende

---

[26] McLuhan, M. (1975), Understanding Media, Boston.

Hinweis gewesen, sich bei den Wüstentouren anzuschnallen. Das ist im Jemen nicht üblich. Es gibt keine Sicherheitsgurte auf den Rücksitzen. Als sich der Jeep durch einen Fahrfehler überschlug, hätte das meine zwei nicht angegurteten Mitfahrer fast das Leben gekostet.

Ich erinnere mich an einen Schlager, den ich als Kind öfter hörte:

„Ich zähle täglich meine Sorgen
Und es werden täglich mehr …"

Wenn wir statt Sorgen „Ängste" einsetzen, gilt das als Motto. Was Ulrich Beck die „Risikogesellschaft" genannt hat, kann vom Einzelnen nur durch Abwehr wachsender, sich vervielfältigender Ängste verarbeitet werden.

Die viel zitierte „Rückkehr zum menschlichen Maß" angesichts der unwägbaren Gefahren und der unüberschaubaren Dynamik moderner Großunternehmen, Großstädte und Großtechnologien wäre gewiss auch ein Weg, besser mit diesen Ängsten zurechtzukommen. Die Schwierigkeiten, uns einen solchen Rückbau auch nur vorzustellen, drücken freilich genau das Problem aus, mit dem wir ringen. Die Moderne ist nicht nur unübersichtlich und lebt über ihre Verhältnisse, sie ist auch in ihren Strukturen so komplex, dass beispielsweise kaum ein neues Gesetz, das lange diskutiert und von vielen Sachverständigen mitformuliert wurde, ohne Nachbesserungen in der Praxis funktioniert.

Der Psychologe kann nur konstatieren, dass eine Umwelt, die der Einzelne nicht überschauen und gestalten kann, chronische und schädliche Angstspannungen erzeugt. Er kann weiter darauf hinweisen, dass beispielsweise die Sehnsucht nach einem Haus mit Zaun und Garten, der Albtraum der Stadtplaner, ein Versuch der Angstbewältigung ist.

Dieser Versuch führt zu chaotischen Folgen, weil beispielsweise in den USA jeden Morgen und Abend ein Verkehrschaos entsteht, wenn Gärtner und Hausmädchen, welche die Villen in den Vororten der Reichen pflegen, aus ihren billigen Stadtwohnungen in die Suburbia strömen, während die Angestellten, die es zu einem Häuschen im Grünen gebracht haben, ihre Arbeitsplätze in der City aufsuchen.

Wenn Menschen die Möglichkeit haben, ihr Leben selbst zu bestimmen, mindert das ihre Angst. Theoretisch gehört dieser Grundsatz zur Verfassung der Industriestaaten. Praktisch nützt er aber nicht viel, wenn beispielsweise die Vorschriften, welche die Wirtschaft regeln, so kompliziert sind, dass die Bürger Experten bezahlen müssen, um ihre eigenen Institutionen – den Gesundheitsdienst, das Finanzamt, das Sozialamt, das Arbeitsamt, die Gerichte – zu verstehen.

Wir können nicht viel mehr tun, als den hundertmal geäußerten Wünschen und Absichtserklärungen beizupflichten, der Staat habe für den Bürger dazusein und nicht umgekehrt, die Verwaltung müsse vereinfacht, die Bürokratie eingeschränkt und transparent gemacht werden. Vielleicht können wir noch einen Schritt weiter gehen und versuchen zu verstehen, warum diese Versuche so wenig nützen. Auch das hat mit Angst zu tun: Jede Reform, die vereinfachen soll, weckt den Widerstand derer, die sich mühsam mit den bestehenden Verhältnissen vertraut gemacht haben und jetzt die Vereinfachung umständlicher finden als den ursprünglichen Zustand. Und weil solche Bedenken und die mit ihnen verknüpften Kompromisse meist schon in den Prozess der gesetzgeberischen „Vereinfachung" eingeflossen sind, ist diese schließlich eher noch komplizierter als das System, welches sie ersetzt.

Wenn wir ohne viel Hoffnung auf Gehör unsere Stimme dem Chor derer hinzugefügt haben, die unsere staatlichen Strukturen übersichtlicher, transparenter und eindeutiger machen wollen, können wir vielleicht zu dem übergehen, was der Einzelne tun kann. Es ist wenig und viel zugleich: Er vermag zwar nicht das System zu ändern, zumindest nicht so rasch, so unmittelbar, dass er solche Veränderungen wahrnehmen kann. Aber er kann seine Spielräume nutzen, um sich in seiner individuellen Psyche unabhängiger zu machen.

Es gibt hier drei Aktivitäten, die uns vor Ängsten schützen: Humor, Kreativität und Zivilcourage. Sie hängen unter der psychischen Oberfläche zusammen. Der Humor hilft uns, gerade die Personen und Dogmen, die das unbedingt verlangen, nicht feierlich ernst zu nehmen – einschließlich jenes Teils in uns, der vom Perfektionismus befallen ist. Die Kreativität wächst aus diesem Abstand von Vorschrift, Gewohnheit, Norm. Und die Zivilcourage ermöglicht es, dort zu widersprechen, wo sich andere fügen.

Unsere großen Systeme wünschen sich große Abhängigkeiten: wir sollen unsere ganze Kraft in ihren Dienst stellen. Aber eben diese Abhängigkeit ist eine wesentliche Angstquelle. Allein der Gedanke, etwas zu tun, was dem Chef missfällt, erweckt dann Panik. Folgerichtig ist die Verzweiflung groß, wenn der Vorgesetzte dem Mitarbeiter sein Wohlwollen entzieht und ihn entlässt. Wer bedachtsam mit den Gefahren der Angst umgehen will, sollte sich auf die ungünstige Entwicklung vorbereiten und dann die günstige erhoffen, nicht umgekehrt, sonst trifft ihn die ungünstige unvorbereitet. Das bedeutet vor allem, sich vor den Einflüsterungen der manischen Abwehr zu schützen, es gäbe nichts, was unseren Vorstellungen vom Leben widerspricht, und wir könnten diese durch maximalen Einsatz auf jeden Fall durchsetzen. Ein Urbild dieser manischen Abwehr sind die griechischen Kolonisten, die in einem feierlichen Ritus ihre Schiffe verbrannten, um sicherzugehen, dass jeder Gedanke an eine Rückkehr zu den gefüllten Fleischtöpfen der Heimat ausgerottet sei.

Schiffe aber kann man zu vielem gebrauchen, nicht nur zu feigem Aufgeben. Sicher hat es irgendwann einen klugen Anführer gegeben, der sagte, den Göttern wären für den Opferritus doch schnell gezimmerte Schiffsattrappen genauso recht; mit den richtigen Schiffen aber könne man Handel treiben und neue Küsten erschließen.

In dieser unkontrollierbaren, unüberschaubaren Welt ist es eine Wohltat, die viele Ängste lindert, wenn wir ein Gebiet haben, das wir überschauen und kontrollieren können. Goethe, unser

Angstexperte aus dem Reich der Dichtung, sagte, „Sammler sind glückliche Menschen", denn sie können sich, sooft sie wollen, mit etwas beschäftigen, das sie genau kennen und das sie beruhigt. Das Gleiche gilt für Gärtner, Rosen- oder Bienenzüchter, Baumliebhaber, für Menschen, die sich liebevoll auf Reisen vorbereiten oder aufmerksam um Haustiere kümmern. Wer einen interessanten Beruf und eine glückliche Liebesbeziehung hat, wird solche Künste vielleicht entbehrlich finden. Aber er sollte sie nicht verachten.

Wer unsere Angstneigungen ausbeuten und uns von sich (oder seiner Form des Perfektionismus) abhängig machen will, wird solche Zuflucht abschätzig Mittelchen nennen, Ablenkungen von den erhabenen Zielen, die einzig wert seien, verfolgt zu werden. Dann können wir nachgeben, oder sogleich unsere Zivilcourage mobilisieren und ihn fragen, woher er die Dreistigkeit nimmt, zu behaupten, seine Rede über das Erhabene sichere den Weg in eine goldene Zukunft.

Es lindert die menschliche Angst, sie zu teilen. Gute Beziehungen sind und werden sicher das wirksamste Mittel gegen alle Ängste bleiben. Die Angststeigerung durch den Perfektionismus entsteht, weil dieser gute Beziehungen mehr als alles andere gefährdet: Wer nicht so beschaffen ist, wie es meine Norm verlangt, ist ein Feind.

# 8. Angstabwehr als Beziehungsfalle

Carmen, eine 42-jährige Lehrerin, attraktiv, viel gereist, will in einer Therapie ihr „verkorkstes Verhältnis" zu Männern bearbeiten. Jetzt sei wieder etwas Typisches passiert: Ihr habe der Verkäufer in dem Sushi-Laden so gut gefallen, ein Japaner, sie kenne die Kultur, bewundere sie, sie hätten geflirtet, er packte ihr immer noch etwas zusätzlich ein. Sie lud ihn zum Essen ein. Der Abend endete im Bett. Aber er musste dann noch in der Nacht fort, er müsse für einen Freund arbeiten, Schulden zurückzahlen.

Er bemerkte ihre Enttäuschung. Sie rief ihn dann noch einmal an und wollte sich verabreden. Er sagte, er habe diese Woche nicht richtig Zeit, müsse immer nachts arbeiten. Es sei doch nicht so gut gewesen, dass er noch in der Nacht fort musste.

Für Carmen war das „wieder mal" ein Beweis, dass sie sich „immer die falschen Männer aussuchte" oder sonst irgendeinen Fehler machte. Ihre Beziehungen funktionierten einfach nicht. Sie würde Kim nie wieder anrufen und auch nie wieder in dem Sushi-Laden einkaufen, lieber in einen schlechteren gehen, der weit entfernt war, oder sich überhaupt das Sushi-Essen verkneifen.

An dieser Episode lässt sich die Analyse einer perfektionistischen Kompensation der narzisstischen Angst vertiefen. Carmen erzählt nur den Teil der Geschichte, den sie bewusst erlebt. Wichtige Aspekte sind sozusagen in unsichtbaren Fußnoten verborgen.

Zunächst ist der flirtende Sushi-Verkäufer für eine ernsthafte Liebesbeziehung schon auf den ersten Blick „schwierig". Er ist jünger als Carmen, kommt aus einer anderen Kultur, die sie nur oberflächlich kennt – sie weiß immerhin, dass er zwar japanisch erzogen wurde, aber aus einer Mischehe mit einer Ainu stammt, dass er in Japan diskriminiert wurde, sich in Deutschland aber doch als Vertreter der japanischen Tradition fühlt.

Carmen verleugnet ihre Wünsche, weil sie sich vor einer Enttäuschung fürchtet. Sie schützt sich durch eine Reihe abwertender Klischees vor Enttäuschungen ihrer Sehnsucht nach einem Partner, mit dem sie sich verständigen kann und von dem sie sich angenommen fühlt. Die meisten deutschen Männer ihres Alters, vor allem die Lehrer-Kollegen, seien erotisch total unattraktiv. Wenn so ein bärtiger Müsli mit Jesuslatschen sie zu einem Wochenende in sein Campmobil einlade, dann müsse sie kotzen – nur innerlich, versteht sich, sie könne ihm schon höflich klarmachen, dass sie keinerlei Interesse habe.

Carmen praktiziert hier eine Abwehr narzisstischer Ängste, die schwer aufzulösen ist. Sie stellt dem Therapeuten eine raffinierte Falle. Wenn er in irgendeiner Form andeutet, dass angesichts des beklagten Männer-Mangels in ihrem Leben vielleicht das Angebot des Kollegen mit dem Wohnmobil ein spannenderes Wochenende ergäbe als die Unterrichtsvorbereitungen, mit denen sie, wie sie manchmal klage, nur die Zeit totschlage – dann kann er sicher sein, dass sie ihm in Zukunft vorhalten wird, er verstehe sie nicht.

Der Therapeut versuche, sie zu zwingen, ihren Ekel zu überwinden und sich so weit zu erniedrigen, dass sie mit jedem ins Bett steige und den Sex über sich ergehen lasse wie eine viktorianische Braut: „Schließe die Augen und denke an deinen Therapeuten!"[27]

Dass sich der Therapeut in dieser Szene mit einer Mutter identifiziert sieht, die sich nicht in die Tochter einfühlen kann, ist kein Zufall. Wer öfter mit solchen Störungen des weiblichen Selbstgefühls gearbeitet hat, findet in der Vorgeschichte fast immer Mütter, die ihre Kinder aus eigener Schwäche und Ratlosigkeit zur Anpassung zwangen. Sie waren extrem von ihrem Partner abhängig und vertraten in der Ehe keine selbstbewusste Weiblichkeit.

Oft entwertete die Mutter den Vater indirekt, erklärte den Kin-

---

[27] Nach einer Anekdote sagt die Mutter im England des 19. Jahrhunderts vor der Hochzeitsnacht zur Tochter, die fragt, was sie denn machen solle: „Schließe die Augen und denke an England!"

dern, er sei die Quelle aller Probleme, die Ursache ihrer Depressionen, sei primitiv, gewalttätig, aber sie sei eben zu schwach, sich zu trennen, könne das auch den Kindern nicht antun. In dieser Entwertung steckt also letztlich doch eine Idealisierung. Der falsche Mann ist schuld, wenn eine Frau mit dem Leben nicht zurechtkommt; also müsste der richtige Mann das Paradies auf Erden ermöglichen können.

Der Therapeut sieht sich also einem doppelten Angebot ausgesetzt. Er mobilisiert die Sehnsucht nach einer einfühlenden Mutter und das Begehren, das dem Vater gilt. Wie bescheiden auch immer er auftritt, wie oft er die Patientin daran erinnert, dass sie in der Therapie die Führung hat, das Thema bestimmt, über die Verwendung des Stoffes entscheidet – immer gilt er als übermächtige Autorität. Sein zögernder Deutungsvorschlag, seine vorsichtige Anregung sind Befehle, die entweder befolgt oder zum Anlass für Protest und Rebellion genommen werden.

Carmen ist in vielen Bereichen ihres Lebens belastbar, aufmerksam, humorvoll und kontaktfähig; sie kann die Realität gut einschätzen und Führung übernehmen. So ergibt sich die Frage, weshalb diese Qualitäten verschwinden, wenn der Flirt endet und die physische Sexualität die Bühne betritt. Carmen selbst verbindet ihre verkorksten Männerbeziehungen mit der Beziehung zu ihrem Vater. Dieser hat unter seinem Vater sehr gelitten, der viel getrunken hatte und die Mutter verließ, als Carmens Vater noch ein Kind war.

In angstbelasteten Familien beobachten wir oft ehrgeizige Versuche, von den eigenen Eltern Erlittenes doppelt gut zu machen. Durch diesen Perfektionismus werden neue Probleme geschaffen. Carmens Vater wurde ein sehr fleißiger und häuslicher Aufsteiger, der sich um seine Kinder kümmerte, bis plötzlich doch der Jähzorn durchbrach, den er von seinem alkoholkranken Vater erlebt hatte. Er ließ der Mutter und den Kindern keinen Spielraum und reagierte mit Geschrei und Schlägen, wenn etwas anders war, als er es erwartete.

Aber die Tatsache, dass ein cholerischer Vater der Tochter nicht nur das Ballett oder den Reitkurs verbietet, sondern auch den Kontakt mit jungen Männern, reicht als Erklärung nicht aus. Carmen hatte später eine Zeit lang ein eigenes Reitpferd, sie ist während des Studiums viel tanzen gegangen und hat eine Ausbildung als Tangolehrerin. Dank ihrer Intelligenz und Energie konnte sie die väterlichen Dressate abschütteln. Warum sollte sie in diesem einen Punkt an ihnen festhalten? Warum kann sie nicht die Originalität und Kreativität, die sie sonst auszeichnen, auch hier entfalten?

Nach der klassischen Lehre Freuds könnte das daran liegen, dass Carmen ihre ödipalen Wünsche an den Vater nicht „normal" verarbeiten konnte, indem sie sich mit der Mutter identifizierte und dadurch den notwendigen Abstand zu ihm gewann. Weil sie die Mutter nicht ernst nehmen konnte, weil ihr die Mutter kein Vorbild war, mit dem sie eine strukturbildende Identifizierung herstellen, ein normales, differenziertes Über-Ich entwickeln konnte, musste Carmen die ödipalen Wünsche an den Vater verdrängen.

Was verdrängt wurde, hört nicht auf zu existieren, ist aber von den seelischen Reifungsprozessen ausgeschlossen. Aus diesem Grund verhält sich Carmen immer dann merkwürdig, entwickelt krankhafte Ängste und Überempfindlichkeiten, wenn diese verdrängten sexuellen Wünsche an den Vater geweckt werden. Das geschieht eben dann, wenn sie einen Mann begehrt, wenn sie spürt, dass sie auf ihn und er auf sie Lust hat.

Die ödipale Hypothese hat den Vorzug, dass sie einfach und anschaulich ist. Sie verspricht, die verwirrende Vielfalt des menschlichen Verhaltens und den ganzen Reichtum der seelischen Entwicklungsmöglichkeiten auf das frühe Drama des begehrenden Kindes zwischen den Eltern zu beziehen. Aber eben das macht sie auch unbefriedigend und engt die therapeutische Perspektive ein. Freud war völlig klar, dass nicht die Rekonstruktion der ödipalen Phantasie, sondern die Arbeit in der Übertragung eine Frau wie Carmen verändern kann. Wenn wir von seiner Haltung lernen und seine Modelle als Anregung, nicht als Abschluss eigener Forschung nehmen, können wir gut mit ihnen arbeiten.

Aber die Narzissmusforschung fügt doch sehr wesentliche Ergänzungen hinzu. Über die triebbestimmte Phantasie des Kindes hinaus werden die Einflüsse durch beide Eltern ernst genommen, und weder auf den Trieb noch auf das Trauma reduziert. Carmen hat in ihren emotionalen Wünschen, in ihrer Kreativität nur sehr begrenzt Halt an ihrer Mutter gefunden. Sie musste die Sexualität als Falle erleben, welche sich über den Eltern geschlossen hat: Sie sind durch die Sexualität verbunden, haben Kinder, aber sie freuen sich nicht aneinander, die Mutter scheint den Vater als bedrückend zu empfinden, der Vater die Mutter zu verachten. Was in seiner realen Macht nicht erkannt werden darf, wird zugleich über- und unterschätzt, es darf nicht Teil des Alltags werden.

Genau das gilt für die Sexualität in Carmens Leben. Immer wieder hat sie beobachtet, dass sie die Lust verliert, wenn die Lust bequem möglich wäre. Sie war wahnsinnig in einen Kollegen verliebt, der gebunden war. Dann zerbrach seine Ehe, er hätte gerne mit Carmen eine Beziehung begonnen – wenn diese jetzt noch das kleinste Interesse an ihm gehabt hätte. Aber ihre Verliebtheit war wie weggeblasen, sie konnte gar nicht verstehen, warum sie sich irgendwann einmal für einen solchen Langweiler interessiert hatte.

Im Hintergrund eines derart paradoxen Verhaltens wirken spezifische Ängste: Wer sich an sexuellen Genuss gewöhnt, wer ihn in den Alltag einbettet und nicht ohne ihn leben mag, der lässt sich auch auf eine neue Form von Abhängigkeit ein, die vor allem jene Menschen erschreckt, die angesichts der Verstrickungen ihrer Eltern bewusst oder unbewusst eine Art Eid geschworen haben, sich nie und nimmer auf eine solche Beziehung einzulassen, nie und nimmer ihre Unabhängigkeit aufzugeben.

Der unerreichbare Mann trägt eine Idealisierung, welche der

erreichbare verliert. Die Sexualität darf dazu dienen, den unerreichbaren zu erobern, denn dann ist in ihr etwas Besonderes, ein Glanz. Wenn sie aber nur dazu dient, ein wenig mehr Lust im Alltag zu haben und sich auf dieses Weise für andere Einschränkungen und Härten des Erwachsenenlebens zu entschädigen, dann ist die Sexualität ja nichts besonderes mehr. Diesen Männern und Frauen macht die „schwierige" Sexualität viel weniger Angst als die „einfache"; sie erleben jedoch nicht die Angst, sondern nur eine rätselhafte Lustlosigkeit, die sie befällt, wenn der Sexualakt im Schlafzimmer einer gemeinsamen Wohnung vollzogen werden soll, weil es doch lästig ist, sich auf einem Autositz oder in einem Wald zu lieben.

Erlebt wird nicht die Angst vor dem Genuss, sondern die narzisstische Angst vor der Blamage. Stellen wir uns ein durstiges Kamel vor, das sich einer Oase nähert. Normalerweise wird sich das Kamel freuen, und dorthin eilen, wo es etwas zu trinken gibt.

Wenn aber das Kamel die Phantasie hat, dass nur eine ganz besonders schöne Oase seinem Anspruch genügt, dann kann es sein, dass die jetzt sichtbare Oase viel schlechter ist als eine, die das Kamel vor einigen Tagen verächtlich liegen gelassen hat. Jetzt diese nehmen, die noch elender ist? Lieber nicht, vielleicht ist es besser, noch ein wenig mehr den Umgang mit dem Durst zu vervollkommnen und sich mit der Phantasie zu trösten, wie wunderschön das Leben in der nächsten Oase sein wird, die dann – man kann ja nicht immer Pech haben – endlich perfekt sein wird.

Anders gesagt: Wenn ich glaube, dass meine sexuellen Probleme dadurch entstehen, dass ich den oder die Richtige(n) nicht finde, dann kann ich, wenn ich ein oder zwei Halbrichtige verworfen habe, doch keinen Viertelrichtigen nehmen!

Daher sagt Carmen auch manchmal, nach so vielen verkorksten Beziehungen könne sie sich doch etwas, das von Anfang an derart kompliziert sei, überhaupt nicht leisten. Sie zeigt so die Macht der perfektionistischen Teufelskreise: Weil der unrealistisch hohe Anspruch das Scheitern erzwungen hat, wird er beim nächsten Versuch nicht gemäßigt, sondern gesteigert, um die Einbuße an Selbstgefühl auszugleichen. Mit der Erwartung wächst auch die Angst, einen neuen Versuch zu wagen.

Carmen konnte ihre Mutter nicht bewundern und sich nicht mit ihr identifizieren. Dadurch wurde die Beziehung zum Vater überwertig; die Enttäuschung durch ihn war vorauszusehen. Seither fühlt sich Carmen verängstigt und unsicher, was ihre Männerbeziehungen angeht.

Sie entwickelt narzisstische Kompensationen. Ihre eigene Angst, entwertet, erotisch unattraktiv, langweilig, zu dick oder zu dünn gefunden zu werden, lässt sie überkritisch mit Männern umgehen. Nur das Abenteuer, das Sensationelle, das eigentlich Unmögliche bringt diese Ängste zum Schweigen, nicht zu genügen, verlassen zu werden, nichts zu bedeuten. Daher findet Carmen die Männer, die zuverlässig wären und sie stützen könnten, von Anfang an grässlich langweilig. Narzisstische gestörte Männer, die auf ähnliche Weise wie sie flirtstark und kontaktschwach sind, die ein Feuerwerk abbrennen, aber keine Wohnung heizen können, ziehen sie magisch an und enttäuschen sie umso bitterer.

Wenn man sagt, Carmen sei auf den Vater fixiert, sollte diese narzisstische Ebene unbedingt beachtet werden. Es geht nicht um den realen Vater, sondern um die Idealisierung des männlichen Prinzips, um die Überschätzung des Mannes, von der freilich die Männer wenig haben, mit denen Carmen Kontakte aufnimmt, weil sie vor allem den Schatten der Bewunderung zu spüren bekommen. Manchen Männern mag es ja gefallen, auf einen Sockel gehoben zu werden; wenn sie aber in den Schmutz purzeln, hätten sie doch lieber darauf verzichtet. Im Märchen hat die Prinzessin Glück: der eklige Frosch verwandelt sich in einen Prinzen, als sie ihn frustriert an die Wand wirft. In der Realität suchen meist nur beschädigte Frösche das Weite und lassen eine enttäuschte Prinzessin zurück.

Die Geschichte von Carmen ist eine der vielen, die sich zur Näheangst erzählen lassen. Jede von ihnen ist einzigartig und traurig. Sie macht aus einem schlichten, wohl jedem Menschen eigenen Wunsch, der Sehnsucht nach Wärme, nach Geborgenheit und Lust etwas Kompliziertes. Erst am Ende eines bedrohlichen Weges, sozusagen nur ausnahmsweise, wartet auf den Menschen, was er sich einmal sehr gewünscht hat und was ihm unter beschämenden Umständen versagt wurde.

Wer die Schicksale solcher Menschen verfolgt und versucht, ihnen zu helfen, ist immer wieder in beiden Richtungen überrascht: Wie hartnäckig sich das Muster von Verliebtheit und Entwertung wiederholt – und wie es doch durchbrochen werden kann. Das gelingt, wenn es einmal möglich wird, sich mit dem Partner, der Partnerin über das explosive Gemisch aus Sehnsucht und Angst vor Kränkung, aus Nähewunsch und Abhängigkeitsvermeidung auseinander zu setzen. Dann treten an die Stelle der bisherigen, einsam-freien (Rückzugs)Lösungen neue, gemeinsame Strategien, die kindliche Sehnsucht nach Verschmelzung nicht mehr durch Näheangst abzuwehren, sondern sie anzunehmen und ihr mit Toleranz und Humor zu begegnen.

# 9. Rückzug

Wer Tiere und Menschen beobachtet, sich in sein eigenes Erleben vertieft und nach Gesetzmäßigkeiten sucht, wird irgendwann einmal den Rückzug entdecken und sich fragen, weshalb er so unterschätzt wird. Wenn eine Katze durch meinen Garten streicht, bildet ihre Spur ein Muster zwischen Annäherung und Rückzug. Wenn ein junger Hund zu meinem Badeplatz kommt, nähert er sich, springt zurück, wenn ich mich ihm zuwende, nähert sich wieder. Augenblicklich nähere ich mit dem Thema des Rückzugs, aber nach einer halben Stunde, einer Stunde, je nachdem, wie lange ich meine Konzentration halten kann, werde ich bemerken, dass sich mich von ihm zurückziehe, es loslassen will, etwas anderes tun – beispielsweise nachsehen, ob mir jemand eine E-Mail geschickt hat.

Die Möglichkeit des Rückzugs ist das wichtigste Element der Freiheit. Frei bin ich, wenn ich mich zurückziehen kann. Tiere bewegen sich frei im Wald. Sie werden gefährlich, wenn ihnen der Rückzug abgeschnitten ist oder wenn sie etwas verteidigen. Muttertiere, ob Bär oder Bache, sind aggressiv, weil sie sich durch die Bindung an das Jungtier in ihren Rückzugsmöglichkeiten beschnitten fühlen.

Die menschliche Psyche lässt sich besser verstehen, wenn wir diesen Aspekt des abgeschnittenen Rückzugs beachten. Zur menschlichen Kulturentwicklung gehört der schrittweise Verlust von Rückzugsmöglichkeiten, für den dann Ersatz gebildet werden musste. Auf der altsteinzeitlichen Stufe konnte der Rückzug noch bleiben, was er in der Evolution der Säugetiere geworden war: die konstruktivste Form des Umgangs mit allzu erregenden Eindrücken, die Angst oder Wut wecken. Jäger und Sammler lösen fast alle sozialen Konflikte durch Rückzug: Wer in einem der von losen Sippenverbänden und Großfamilien besiedelten Lagerplätze mit den Nachbarn Streit hat, zieht einfach weiter an einen anderen Ort, zu einem anderen Lagerplatz; die einzelnen Gruppen tauschen ständig Mitglieder aus.

Erleichtert wird diese elegante Lösung von Nachbarschaftsstreit durch die Tatsache, dass auf dieser Kulturstufe Besitz buchstäblich Bürde ist: Jeder kann nur soviel besitzen, wie er, seine Frau, seine Kinder bereit sind zu tragen. Diese mühelose und kostengünstige Konfliktlösung lässt den Mythos vom goldenen Zeitalter, als die Menschen in Frieden lebten von dem, das die Natur ihnen schenkte, als mehr erscheinen denn als frommen Wunsch und paradiesischen Traum. Aber wir sind nicht auf diesem Stadium geblieben, obwohl wir es doch jeden Tag in unseren Genen zu spüren meinen – muss ich zu diesem Familienfest? Soll ich aufstehen? Ich will den Lehrer, der mir eine schlechte Note gegeben hat, nie wieder sehen, nie wieder etwas mit ihm zu tun haben. Und warum kann ich das defekte Auto nicht einfach stehen lassen, sondern muss mich noch darum kümmern, dass es repariert oder verschrottet wird? Warum verschwindet nicht einfach aus meinem Leben, was mich ängstigt?

Seit der neolithischen Revolution, seit der Entwicklung von Viehzucht, Ackerbau, Städtegründung, Krieg und Gesetz, lebt der Mensch in einem Zustand der latenten seelischen Überforderung. Ihm wurden mehr und mehr Rückzugsmöglichkeiten abgeschnitten. Das mag in den traditionellen Kulturen noch radikaler und engherziger gewesen sein als heute, galt aber immerhin für alle gleich und war deshalb durch den Halt unterstützt, den die Menschen aneinander hatten.

Heute müssen wir unseren Rückzug durch Pflicht- und Schuldgefühle selbst aufhalten, müssen täglich an Orte gehen, die wir lieber nicht aufsuchen würden und spüren oft nicht einmal, wie das unseren Blutdruck in die Höhe treibt, bis uns der Hausarzt, zu dem wir schließlich auch nicht gerne gehen, bei der Vorsorgeuntersuchung zur Medikation nötigt.

Bei fast allen wehrhaften Säugetieren gibt es hoch entwickelte Drohrituale. Von unserer Einfühlung her werden der bellende

Hund, der stampfende, zähnebleckende und auf die Brust trommelnde Gorilla sofort zum Angriff übergehen – in Wahrheit aber streben sie nur danach, uns dazu zu bewegen, dass wir uns zurückziehen. Drohungen sind nur selten Ausdruck einer geplanten Aggression, viel häufiger sind sie der Ausdruck des Wunsches, von dem Bedrohten nicht mehr gekränkt oder geängstigt zu werden.

Unsere Nachbarin in Vicchio, eine Süditalienerin, fünffache Mutter, schrie ihre dreijährige Tochter an, die sich die Haare nicht waschen ließ: „Ti amazzo, ti spacco la testa!" („Ich bring dich um, ich spalte dir den Schädel!"). Das drückte keine mörderischen Absichten aus, sondern die mütterliche Verzweiflung, ihre Vorstellungen von Ordnung und Sauberkeit durchzusetzen, den Wunsch, ein wenig mehr Anerkennung für die Bemühungen zu erhalten. Die Tochter sollte den neu entdeckten Widerstand gegen die Mutter aufgeben, sich zurückziehen auf die frühere Position, in der sie die Mutter hatte machen lassen.

Erst ein Verlust der Rückzugsmöglichkeit löst aggressive Ausbrüche aus. In diesen Fällen schlägt der Angstimpuls in Kampfbereitschaft um. Wer sich zurückzieht, muss in Ruhe gelassen werden. Wenn ich den Fliehenden verfolge, kann ich doch noch Schaden leiden. Denn sobald es mir gelingt, ihm die Rückzugsmöglichkeiten abzuschneiden, wird er sich unter Umständen nicht ergeben, sondern kämpfen. „Fight like a cornered rat" sagt das englische Sprichwort. Auch ein so fluchtbereites Tier wie die Ratte wendet sich zum Angriff, wenn es keine Fluchtmöglichkeiten sieht. Sie droht dann nicht, sie beißt.

Während in den Jägerkulturen jeder Krieger jederzeit entscheiden kann, ob er den mühevollen Zug gegen den Feind fortsetzt oder lieber umkehrt, wird in den militärischen Traditionen hingerichtet oder mit Hinrichtung bedroht, wer die Fahne verlässt.

So verwandelt sich eine Kultur des Hungers, der zielorientierten Motive und der offenen Rückzugsmöglichkeiten (Jäger und Sammler) in eine Kultur der Angst vor äußerem Druck und Strafe mit dem Zwang zu Bedürfnisaufschub und dem Verlust der Rückzugsmöglichkeiten. Der Bauer darf seine Scholle nicht verlassen. In der mobilen individualisierten Gesellschaft sind die Rückzugsmöglichkeiten wieder offen: Millionen verarmter Landarbeiter wandern in die Städte. Aber wer Erfolg haben will, muss das Rückzugsverbot verinnerlichen.

Ängste, normal und natürlich, solange es um den Rückzug vor Gefahren und Unannehmlichkeiten geht, werden in der Zivilisation eingesetzt, um eben das zu bekämpfen, was sie ursprünglich einleiten sollten: Die Flucht, den Rückzug von Unannehmlichkeiten. Der pflichtbewusste Angestellte hat umso mehr Angst, seinen Arbeitsplatz zu verlieren, je ausgeprägter ihm seine ursprünglichen Emotionen nahe legen, nie wieder dieses Bürogebäude zu betreten.

Wer seine narzisstische Wut in einen Konflikt projiziert, ist völlig überzeugt, dass die maximale Drohung die beste Strategie ist. „Bedingungslose Kapitulation!" Viel Kraft, Zeit und Blut können gespart werden, wenn wir einem Feind helfen, sich ehrenvoll und geordnet zurückzuziehen. Wir sollten in jedem Konflikt darauf achten, dem Gegner Möglichkeiten zum Rückzug zu bieten – ihm, wie das Sprichwort sagt, „goldene Brücken bauen". Wer das kann, wird viel Streit vermeiden und immer wieder einen gelassenen Umgang mit eigenen Racheimpulsen üben.

Entscheidend für eine Situation, in der sich Menschen entfalten können, ist ein Gefühl des inneren Raums, der Bewegungsfreiheit. Wer unbedingt ein bestimmtes Ergebnis erreichen will, verkrampft. Um sich einem Ziel nähern zu können, muss es auch möglich sein, sich von ihm zurückzuziehen, es aufzugeben.

Untersucht das neugierige Tier einen Gegenstand, den es nicht kennt, entwickelt sich ein charakteristischer Wechsel von Annäherung und Rückzug: Ein junger Hund erlebt das erste Mal, wie der Rasen gemäht wird. Erst ist der Rasenmäher bedrohlich, dann siegt der Impuls, sich ihm forschend zu nähern, der durch kleine Fluchten immer wieder unterbrochen wird.

So richtig es ist, dass wir uns unseren Ängsten stellen müssen und uns konsequente Vermeidung in unserer Angstbewältigung hemmt, so richtig ist es auch, dass traumatische Ängste sehr häufig dadurch ausgelöst werden, dass der Rückzug von der Mutprobe als Feigheit entwertet ist.

Beispiel: Eine Frau sucht den Therapeuten auf, weil ihre Ehe auf dem Spiel steht. Ihr Mann, ein ehrgeiziger Manager, Aufsteiger aus einer Arbeiterfamilie und begeisterter Sportler, wirft ihr vor, den gemeinsamen Sohn zu verzärteln. Sie sei schuld, wenn er weder schifahren noch bergsteigen wolle und selbst mit dem Schwimmen Probleme habe.

Es stellt sich heraus, dass der Vater den Sohn immer wieder überfordert hat. Alle Wünsche, sich dem väterlichen Beispiel („das ist doch kinderleicht, das habe ich in deinem Alter längst geschafft!") zu entziehen, wurden als Feigheit abgewertet. Der Vater beschuldigt die Mutter, sie mache es ihm unmöglich, den Jungen zu einem rechten Kerl zu machen, weil sie Verständnis dafür habe, wenn er eine der vom Vater gestellten Aufgaben verweigere. So falle sie ihm in den Rücken und mache aus dem Sohn einen Weichling.

Es ist eine alte Regel der Strategie, dass der fähige Feldherr eher im Rückzug und in der Niederlage erkannt wird als im Sieg. Diese Regel drückt eine Weisheit aus, die in einer vom Wachstumsehrgeiz bestimmten Gesellschaft oft missachtet wird und dazu führt, dass überall dort, wo die Siege mangeln, der berufliche oder private Burnout droht.

Wir haben schon darauf hingewiesen, wie unklug es ist, die Schiffe zu verbrennen, sich von Rückzugsmöglichkeiten abzuschneiden, Privatleben, Freunde, Hobbies über dem puren beruflichen Ehrgeiz oder über der allein seligmachenden Liebesbeziehung zu vergessen. Gerade die Burnout-Forschung hat gezeigt, dass die Arbeitskraft nicht durch maximale Leistungsforderungen, sondern durch ein Gleichgewicht aus leisten und leben gefördert wird.

„Work-Life-Balance" ist das Schlagwort der Management-Trainer dafür. Ein etwas mechanistisches Bild, denn viele kreative Menschen legen nicht „Arbeit" auf die eine, „Leben" auf die andere Seite einer Waage, sondern bemühen sich, beides so zu durchmischen, dass ein Ganzes daraus wird. Aber angesichts des Ehrgeizigen, der nur seine Karriere im Kopf hat, ist der Gedanke doch hilfreich, dass er ein Gegengewicht braucht.

# 10. Elternängste – Kinderängste

Durch den Verlust einer festen Struktur von Zumutungen, mit denen Kinder und Erwachsene leben müssen, hat die Angstdynamik in der modernen Gesellschaft viele schillernde Aspekte gewonnen. In der traditionellen Kultur lag die zentrale gegenseitige Verpflichtung von Eltern und Kindern darin, einander vor dem Hungertod zu schützen.

Spuren dieser traditionellen Haltung wirken auf uns komisch – wie mein bäuerlicher Großvater, der seine Frau aufforderte, beim Essen zuzulangen, denn eine magere Frau mache den Eindruck, „das ia Mo sie net guat fuadat" (dass ihr Mann sie nicht gut füttert), oder das inzwischen von vielen Frauen abgewehrte und aus der Mode kommende italienische Kompliment für gutes Aussehen: „Lei è ingrassata!" (Sie haben zugenommen!).

Auch das biblische Gebot „Ehre deine Eltern" enthielt ursprünglich nur die Verpflichtung, sie mitessen zu lassen, wie auch der Gast dadurch geehrt wurde, dass er am gemeinsamen Essen teilnahm.

Stürzen wir uns in die Moderne:

● Ein 23-jähriger Student klagt seinen Vater an, er habe ihn sexuell nicht richtig aufgeklärt und sei deshalb für seine Schwierigkeiten verantwortlich, eine Freundin zu finden.

● Eine Mutter wirft ihrer Tochter vor, ihretwegen habe sie ihren Beruf aufgeben und den Vater heiraten müssen. Sie hätte viel lieber ihre Freiheit genossen und gewartet, bis ein besserer Mann auftaucht.

● Eine 34-jährige wirft ihrem 61-jährigen Stiefvater vor, er habe während eines Campingurlaubs mit der Mutter geschlafen; sie habe das im Nachbarzelt miterleben müssen. Ihren eigenen Kindern würde sie solches nie zumuten, sie dürften nicht zu den Großeltern in die Wohnung.

● Eine 35-jährige Frau erkrankt an Panikzuständen, weil ihre Eltern eine Eigentumswohnung in der Stadt kaufen, in die sie gezogen ist, um Abstand zu diesen Eltern herzustellen.

● Ein 17-jähriger beschimpft seine Mutter als Spießerin, weil sie die Entschuldigung nicht unterschreibt, die er benötigt, um während der Schulzeit seinen Job als Verkäufer in einem Handy-Shop ausüben zu können. Zwei Stunden später bittet er sie um die Summe, die sie ihm für eine neue Winterjacke versprochen hat.

● Ein 20-jähriger sagt seinem Vater, die meisten Studenten seien doof, weil sie Turnschuhe und Jeans tragen, er wolle nur mit Menschen zu tun haben, die richtige Schuhe und Anzüge tragen.

● „Ich möchte Verlagslektorin werden, aber ich denke gar nicht daran, den ganzen Tag Manuskripte von Leuten zu lesen, die nicht schreiben können", meint eine 15-jährige Gymnasiastin in einer Debatte über ihre berufliche Zukunft.

● „Wann wirst du endlich lernen, auf deine Sachen aufzupassen", sagt ein Vater, während er den klappernden Kettenschutz am Rad seiner 21-jährigen Tochter befestigt und das defekte Licht repariert." – „Aha, man muss also diesen Draht wieder an die Lampe schrauben?" – „Was hast du denn im Physikuntericht gelernt?" – „Immer nörgelst du an mir herum, ich hab dich nicht gefragt!"

Man möchte den Eltern Gelassenheit wünschen. Das Beste, was sie ihren Kindern mitgeben können, ist das gute Selbstvertrauen, dass diese schon mit der Welt zurechtkommen werden. Dazu müssen sie eigene Erfahrungen machen, und dies wird ihnen erleichtert, wenn sie sicher sind, dass die Eltern sie lieben, auch wenn sie nicht begreifen, was die nächste Generation umtreibt.

In der traditionellen Gesellschaft ist der Mensch das Interessanteste, was es weit und breit gibt. Wer in einer Hütte lebt und mit wenigen Werkzeugen Haushalt, Garten und Feld bearbeitet, das Wasser aus dem Brunnen schöpft und zum Kochen ein Feuer macht, der empfindet den sprechenden, denkenden, erzählenden, erlebenden Menschen erst einmal als Bereicherung.

Kinder toben und spielen – es gibt wenig, was sie kaputtmachen können. Wenn die Menschen am Abend um das Feuer sitzen, sind die anderen Menschen die wichtigste Quelle der Bestätigung. Außer diesem Kreis gibt es wenig, was zum Nachdenken anregt, Lust spendet, Antworten gibt, Sicherheit bietet.

Wir leben buchstäblich in einer neuen Kultur mit neuen Hoffnungen und neuen Ängsten, seit der Bildschirm das Lager- und Herdfeuer ersetzt. Der Blick wandert jetzt nicht mehr zu dem Antlitz gegenüber, welches das Feuer erleuchtet, sondern er versinkt in dem Guckkasten, der täglich viele tausend andere Bilder, Dutzende anderer Welten, andere, interessantere, schönere Menschen anbietet. Sie antworten nicht, aber sie sind da, sie bemühen sich, den Zuschauer zu fesseln. Kinder und Eltern sind nicht mehr aufeinander angewiesen.

Es ist einfach, den Schaden zu erkennen, der durch solche Formen der Verwöhnung, in dem echter Austausch nicht mehr stattfindet, entsteht. Aber die Welt der Dinge ist sehr mächtig, sie scheint allen Versuchen zu spotten, sie zu mäßigen oder zurückzuentwickeln. So können wir zur Illustration eine neue Variante einer alten Geschichte erzählen: Der gottlose Handy-Verkäufer liegt im Sterben; die Angehörigen rufen den Pfarrer. Lange sprechen die beiden; dann geht der Pfarrer mit einem Handy nach Hause.

Die Welt der Dinge hat sich mit der Welt der Altersgenossen verbündet, die schon immer für das Aufwachsen mindestens so wichtig waren wie der Einfluss der Eltern. Dieses Bündnis schließt die Eltern in vielen Fällen aus. Es kann hilflose Feindschaft, böse Kränkung oder stille Resignation wecken. Eltern wollen, dass ihre Kinder erreichen, was sie nicht erreicht haben, dass sie die Eltern in ihrem Selbstgefühl stützen. Die Ansprüche der Eltern wachsen, sich ihrer Kindern und der von diesen kommenden Bestätigung eigener Werte sicher zu sein. Parallel dazu schwinden die realen Vorbild-Möglichkeiten der Eltern. So wird moralisiert, werden Werte gepredigt, nicht gelebt.

Am schönsten wäre es für die Jugendlichen, ganz schnell etwas ganz Besonderes zu sein, das würde die eigene Unsicherheit beheben und die Ansprüche von außen beruhigen. Mit dieser Sehnsucht nach schneller Geltung, nach multipler Bestätigung spielen Werbespots, Gameshows und Wettbewerbe, in denen es darum geht, der Beste in irgendetwas zu sein – in traditionellen Künsten wie Singen und Tanzen, in neuartigen Künsten, die mit Angst und Ekel spielen, wie Regenwurmessen oder Kakerlakenbaden.

Die letztere Konkurrenz, die mit den „Jackass"-Shows begonnen hat und immer beliebter zu werden scheint, ist für eine Betrachtung der Verarbeitung von Angst und Aggression in der Konsumgesellschaft besonders interessant. Geltung und Qual sind verlötet; wer nachher den Arm in Gips trägt, kann wenigstens das Video betrachten, auf dem zu sehen ist, in welchem tollkühnen Stunt er sich den Knochen brach.

In den Ekel-, Angst- und Schmerzshows bestrafen sich die Kandidaten, die es „geschafft" haben, auf dem Bildschirm zu erscheinen, in ihrem Auftritt dafür, dass sie so dreist nach dem greifen, was sich alle insgeheim wünschen. Wie wenig müssen wir uns im Grunde beachtet und anerkannt fühlen, wenn derlei absurde und selbstschädigende Mittel dazu dienen, um jeden Preis aufzufallen.

Kinder, die sich geliebt wissen, müssen nicht zu Extremen greifen, um beachtet zu werden. Das missachtete Kind beginnt, mit Bauklötzen zu schmeißen: die Mutter, die es ohrfeigt, ist ihm lieber als die Mutter, die es ignoriert. Es ist, als ob in der Konsumgesellschaft die Menschen spüren, dass sie im Grunde weniger gelten, weniger interessant und liebenswert sind als Dinge und Leistungen, die dingfest gemacht und objektiviert werden können. Die narzisstischen Ängste wachsen in dieser Kluft: Wenn ich nichts Auffälliges tue, werde ich nicht wahrgenommen; wenn ich etwas Auffälliges tue, werde ich bestraft.

In einer Zeit, in der alle Parteien und sozialen Institutionen nimmermüde versichern, im Mittelpunkt ihrer Arbeit stehe der

Mensch, macht uns die Beteuerung dieser Selbstverständlichkeit misstrauisch. Sie spricht dafür, dass der Mensch nicht mehr ganz selbstverständlich im Mittelpunkt steht, sondern in ausdrücklichem Bemühen dorthin gerückt werden muss. Wenn Politiker ehrlicher wären, würden sie uns auch direkt sagen, dass im Mittelpunkt ihrer Bemühungen nicht die Menschen stehen, sondern die Berichte über ihre Bemühungen in den Medien.

Das färbt auf die Prozesse in den Familien ab. Die reale gesellschaftliche Situation hat dazu geführt, dass die Eltern ihre bisherige Position als alleinige oder doch wichtigste Vermittler von Werten mit vielen anderen Einflussmöglichkeiten teilen müssen: mit den Medien, mit den Altersgenossen, mit technischen Geräten wie dem Computer, mit neuen sozialen Systemen wie dem Chat im Internet.

Dennoch sind die Eltern unendlich wichtig. Eine junge Patientin hat mir einmal erzählt, was sie sich wünscht: „Ich habe mir immer vorgestellt, ich bräuchte so eine italienische Mamma, die zu Hause ist, rundlich ist, die gut kochen kann und nichts von mir will, außer dass ich mich hinsetze, die sagt, wie schön ich bin, und wie schön es ist, dass ich da bin, und dass ich es schon schaffen werde, und ob ich Spaghetti essen will oder Maccaroni. Und meine Mutter? Die ist mager und hektisch und stellt tausend Fragen: nach dem Studium, nach meinem Freund, sie erzählt von ihren Reisen und wie viel Sorgen sie sich macht, weil so viele Leute arbeitslos sind und ich so etwas Brotloses wie Kunstgeschichte studiere. Und dann denke ich, ich muss mich jetzt auch noch um sie kümmern und um ihre Ängste, und ich habe doch schon selbst genug!"

# 11. Wachsende Ansprüche, wachsende Ängste

Von einigen berühmten Schauspielerinnen wird berichtet, dass sie sich im Alter völlig zurückzogen und keine Bilder mehr zuließen. Man sollte meinen, dass jemand, der einen derartigen Reichtum an schönen Bildern in seinem Leben geschaffen hat wie Marlene Dietrich oder Greta Garbo, viel gelassener dem Alter entgegengeht wie in diesem Punkt ärmere Menschen. Aber der Narzissmus gleicht einem Drachen: Je größer der angehäufte Schatz, desto erbitterter die Wut, wenn ein einziges Stückchen davon verloren geht.

Die Leitkultur des 19. Jahrhunderts kam aus England und betonte, protestantisch-puritanisch gefärbt, die Tugenden des Understatement. In Preußen hieß es „mehr sein als scheinen", in den Poesiealben der Mädchen wurde das Veilchen im Moose gepriesen[28]. Zur Routine politischer Führer gehörte es, ihre Bedürfnisse nach Selbstdarstellung zu zähmen und sie mit ihrer Verantwortung für den Staat zu bemänteln. Selbst die Egomanen des Faschismus hüllten sich in den Mantel der Nation und gaben sich als bescheidene Diener ihres großen Volkes.

Einer der ersten, der mit diesem Tabu brach, war der Boxer Cassius Clay. Sein Slogan „Ich bin der Größte" sicherte ihm Aufmerksamkeit, aber auch hämische Kritik der Medien; er galt als „das Großmaul". Später wurde Cassius Clay Moslem und wechselte den Namen. Muhammad Ali konnte den alten Slogan nicht mehr brauchen, er wäre Gotteslästerung. Die Geschichte des großen Boxers ist auch eine Geschichte der Rebellion gegen die Ausbeutung und Unterdrückung der Schwarzen durch ein Christentum, das den Entrechteten Bescheidenheit predigte.

---

[28] „Sei wie das Veilchen im Moose / Bescheiden, sittsam und rein, / nicht wie die stolze Rose, / Die stets nur bewundert will sein!"

Heute sind die Großmäuler Legion geworden. Um endlich ungeniert mehr zu scheinen als zu sein, bezahlen die Veilchen im Moose von einst Motivationstrainer. Diese sagen einer ganzen Turnhalle voller Menschen, die sich für zu wenig erfolgreich halten, so oft vor, sie seien Adler und keine Hühner, bis alle Zustimmung gackern.

Das Bedürfnis nach narzisstischer Bestätigung ist unergründlich und schwer zu sättigen. Wird es erfüllt, können wir es mäßigen; bleibt es unerfüllt, steigert es sich zur Sucht. Der Exhibitionismus in seinen primitiven und sublimierten Formen ist eine Ausdrucksform dieser Abhängigkeit vom Beifall, von der Anerkennung, wobei keine Beachtung schlimmer ist als Ablehnung. Lieber mit beschämenden Bildern und peinlichen Details in die Medien kommen, als gar nicht.

Im Leben des Erwachsenen gleicht das Bedürfnis, um jeden Preis beachtet zur werden und sich der Aufmerksamkeitsdosis mit allen Mitteln zu vergewissern, jenen Flaschengeistern, die gebannt wurden und schlafen, bis ein Vorwitziger kommt und sie befreit. Die Welt der Medien hat in den letzten Jahrzehnten die Zahl dieser Vorwitzigen multipliziert. Es ist leichter geworden, „berühmt" zu werden. Aber es ist schwer, berühmt zu bleiben. Und es ist am schwersten, die tägliche Dosissteigerung zu bekommen, die ein tiefes Bedürfnis derer ist, die erst einmal von ihrer öffentlichen Geltung angefixt wurden und sich nicht vorstellen können, sie zu verlieren.

Immer übersteigt die Zahl derer, die gierig nach dem Ruhm haschen und ihn nicht erreichen, die Zahl derer, die tatsächlich bis ins Rampenlicht vordringen und dort einige Augenblicke verweilen. Ein zynischer Beleg dieser Tatsache sind die vielen Kopien, die jede reale und selbst virtuelle Figur produziert, welche den begehrten Glanz gewonnen hat: Elvis Presley, Marilyn Monroe, Harry Potter oder Luke Skywalker.

Die narzisstischen Ängste werden durch die Medien und die Reklame für angeblich sinn- und identitätsstiftende Waren stimuliert. Überoptimale Vorbilder[29] machen sich als Lösung von Identitäts- und Sinnproblemen in den Köpfen breit, während die konkreten Möglichkeiten, es ihnen gleichzutun, rasch erschöpft sind. Die Erben reicher und/oder angesehener Eltern stehen unter einem besonderen Sinndruck. Sie können die elementare Freude über ein bestandenes Examen, den ersten selbst verdienten Lohn nicht auskosten. Was ist das schon wert! Das ist ja nichts Besonders! Wenn ohnehin alles da ist, verliert das Leben die einfache Struktur von Anstrengung und Erfolg.

Für den Jäger ist klar, dass er einige Tage ausruhen kann, wenn er eine besonders fette Beute gemacht hat. Eine Gruppe von Buschmännern muss um den erbeuteten Büffel herum faulenzen, bis er aufgegessen ist. In der traditionellen Welt wurden Feiertage eingeführt, an denen die Arbeit ruhen musste. In der Moderne, wo zumindest in den USA die Supermärkte jeden Tag 24 Stunden öffnen, ist dieser Rhythmus bedroht.

Während die Klassenkameraden, die Studienkollegen, die Nachbarn den reichen Erben beneiden, weil er ausgesorgt hat, erkrankt dieser an einer Depression, weil er nichts mehr hat, worauf er sich freuen kann, und den Freunden misstraut, die sich anbieten: Haben sie es auf sein Geld abgesehen, oder lieben sie ihn wirklich? Wer der Realität abringen muss, was er zum Leben braucht, gewinnt einen viel energischeren, kräftigeren Bezug zu ihr und kann, so gestärkt, auch mehr erreichen. Es ist schwierig, durch Disziplin zu ersetzen, was an Hunger fehlt.

Reiche Erben sind eine im Mitteleuropa des 21. Jahrhunderts wachsende Schicht der Bevölkerung. Oft lassen sie niemanden merken, wer sie „eigentlich" sind. Sie lernen, ihren Hintergrund zu verheimlichen, weil Gier und Neid schlechte Kameraden sind. Wie schwierig es ist, als reicher Erbe erwachsen zu werden, zeigt

---

[29] Der Begriff des Überoptimalen stammt aus der Verhaltensforschung und wurde von Niklaas Tinbergen gebraucht, um seine Versuche an Möwen mit Ei-Attrappen zu beschreiben, in denen sich zeigte, dass Möwenweibchen ein überdimensioniertes Papp-Ei ihren eigenen Eiern vorzogen.

sich in einem Detail der Gesellschafterverträge, welche den Übergang des Kapitaleigentums in vielen Unternehmen regeln:

Während der Arme mit 18 Jahren volljährig ist, dürfen die Erben erst viel später über ihren Reichtum verfügen; nach meinen Beobachtungen umso später, je größer dieser ist. In einem mittelständischen Unternehmen wurden die Kinder des Haupterben mit 28 Jahren verfügungsberechtigt; in einer großen Aktiengesellschaft erst mit 38 Jahren.

In den Konsumgesellschaften sind – verglichen mit den armen Ländern – alle Menschen „reich". Wer das Einkommen eines deutschen Sozialhilfeempfängers im Jemen oder in Tansania verbrauchen kann, lebt in einer Fülle, welche 90 Prozent der Menschen dort unzugänglich ist. Gleichzeitig machen sich aber in den reichen Ländern Verluste im Realitätsbezug und in der Lebensfreude bemerkbar. Immer wieder wurden Versuche gestartet, Arbeitslose aus den Konsumgesellschaften für Tätigkeiten zu gewinnen, die von Wanderarbeitern aus armen Ländern geleistet werden. Es hat bisher noch nie funktioniert.

Im typischen Fall erscheint von den zum Spargelstechen oder Tomatenpflücken verpflichteten Empfängern staatlicher Unterstützung nur ein Bruchteil am Arbeitsplatz; die anderen legen ärztliche Atteste vor, dass ihnen diese Arbeit nicht zugemutet werden kann. Von denen, die erscheinen, geben die meisten nach den ersten Stunden auf. Menschen, welche Freude an der körperlichen Arbeit entdecken und diese Tätigkeit sinnvoller finden als den Rückzug in passive Ansprüche, sind die absolute Ausnahme.

Die Landwirte, denen die Ernte auf den Feldern zu bleiben droht, greifen daher bei nächster Gelegenheit auf die bewährten Arbeiter aus einem Land zurück, das der traditionellen Welt noch näher steht. Diese packen die Aufgabe zuversichtlich an, weil sie sich darauf freuen, dass sie für gutes Geld arbeiten dürfen.

Solche Situationen werden von naiven (oder böswilligen) Betrachtern derart kommentiert, dass die Arbeitslosen heute „nicht mehr arbeiten wollen!" Aber die Problematik ist ganz anders. Die

Entwicklung in der Konsumgesellschaft hat die Ansprüche an narzisstische Bestätigung ebenso gesteigert wie die Angst vor ihrem Verlust. Daher wird körperliche Arbeit, in der sich nur langsam und mit Mühe etwas verändert, immer weniger attraktiv, obwohl sie körperlich wie seelisch „gesünder" ist als beispielsweise die Bildschirmarbeit.

Die Arbeitslosen, die keine Handarbeit leisten können, sind nicht „faul". Ebenso könnte man von einem Computer, der wegen falscher Eingaben nicht funktioniert, behaupten, er sei „faul". Menschliche Motivation lässt sich nicht mit einem Schalter aus- und anknipsen. Sie ist ein komplexes, sensibles und sehr störanfälliges Geschehen. Das gilt vor allem in einer auf Wachstum eingestellten Psyche: Wer die „höhere" Arbeit verloren oder nicht gefunden hat, kann die „niedere" nicht mehr schätzen, auch wenn sie ihn vor depressivem Elend bewahren würde.

Die Bedeutung der Sinnhaftigkeit, die einer Arbeit unterstellt wird, hat Mark Twain in einer kleinen Geschichte beleuchtet. In dem Roman über Tom Sawyer und Huckleberry Finn wird Tom von seiner Tante für einen Lausbubenstreich bestraft. Er soll an einem schönen Sommertag den Gartenzaun streichen.

Andere würden sich zähneknirschend und hastig dieser Aufgabe unterziehen, um danach ihre freie Zeit zu genießen. Tom aber beschließt, aus dem Zwang Freiheit zu machen. Das kann er den Spielkameraden, die ihn auf dem Weg zum Baden höhnisch bemitleiden, so überzeugend vermitteln, dass sie am Ende nicht nur für ihn den Zaun streichen, sondern ihn anbetteln und nach ihren Möglichkeiten dafür belohnen, dass er es sie tun lässt.

Die Fähigkeit, eintönige körperliche Arbeit als sinnhaft erleben zu können, wirkt auf den ersten Blick trivial. Aber sie könnte in der Konsumgesellschaft wieder ein Ritual werden, das jenen zur Verfügung steht, die sich von der perfektionistischen Jagd nach dem Besonderen emanzipieren können. Dieses Ritual bindet Ängste, die sonst übermächtig werden, auf gesunde und nützliche Weise. Da dieses Ritual bei den Kindern traditioneller Gesellschaften noch gut funktioniert, sind diese auch so begehrte Arbeitskräfte. Allerdings werden solche Haltungen sehr viel schneller aufgelöst als aufgebaut.

Diese Begabung zur körperlichen Arbeit wird sicherlich in den meisten Fällen unbewusst durch reale Vorbilder erworben. In traditionellen, agrarischen oder nomadischen Kulturen ist es für die meisten Menschen immer klar, dass diese Form der Auseinandersetzung mit der Umwelt völlig normal, wünschenswert und „gut" ist.

Diese Situation hat sich in der Industriegesellschaft geändert. Sobald Kraftmaschinen zur Verfügung stehen, droht die Entwertung der menschlichen Kraft angesichts einer Überschätzung der maschinellen Prothese. Diese Überschätzung hängt mit den kriegerischen Prägungen der Männlichkeit zusammen: Es gehört zum Ideal des „harten" Arbeiters, sich über die Schmerzgrenze hinaus anzustrengen.

Auch wer von sich denkt, über solchen Prägungen zu stehen, kann sich täuschen. Als ich einmal Bäume von einer Leiter aus mit einer Kettensäge entastete, fing der Unterarm an zu schmerzen, da ich die vibrierende Säge nur mit einer Hand bedienen konnte. Ich biss die Zähne zusammen, ich wollte fertig werden, damit ich die lärmende Maschine endlich ausschalten konnte, deren Leerlauf nicht ordentlich funktionierte. Die Folge war ein schmerzhafter „Tennisellenbogen" (eine nichtinfektiöse Entzündung der Armsehnen), der mich ein halbes Jahr plagte.

Wer als Kind die Härte dieser aggressiv geprägten Handarbeit noch erahnt hat, kann die Verführung verstehen, die von allen Erleichterungen kräftezehrender, gelenkverschleißender Plackerei und Maloche ausgeht. Aber oft geht dieser Abscheu zu weit, er trifft auch die meditativen, eleganten Qualitäten der Handarbeit, welche den Körper aufbaut und erhält, nicht verkrümmt und ruiniert. Und welche, nebenbei gesagt, eine der kostbarsten Ablenkungen anbietet, die wir angesichts unserer Ängste kennen.

Kluge Philosophen der Bewegung, wie Moshé Feldenkrais, haben viele Anregungen geliefert, zu entdecken, wie wichtig körperliche Arbeit sein kann. Dazu wäre es notwendig, sie mit Bewusstsein zu durchtränken und als Lebensmuster wirklich ernst zu nehmen. Wir müssten dahin kommen, dass unser Ziel nicht die fertige Furche ist, die wir mit dem Spaten ziehen, sondern die Eleganz jedes einzelnen Spatenstichs.

Auch Erwachsene können lernen, einen neuen Bezug zur Anstrengung zu gewinnen. Häufig sind gerade ängstliche, über ihre körperliche Leistungsfähigkeit verunsicherte Menschen in den typischen Angstkreis des Perfektionismus geraten.

Eine Frau mit Übergewicht ist stolz auf ihren neuen Freund, einen begeisterten Bergsteiger. Er möchte sie an seinem Hobby teilhaben lassen. Kaum hat der Anstieg begonnen, eilt sie ihm mit Riesenschritten voraus – sie möchte möglichst schnell zu dem Gipfel, denn sie fürchtet sich, es nicht zu schaffen, einen schlechten Eindruck auf ihn zu machen, daher will sie die Aufgabe rasch hinter sich bringen.

Wenn sie dann nach einer halben Stunde völlig erschöpft mit schmerzenden Muskeln und Atemnot nicht weiter kann, bestätigt sie sich ihre Angst: es ist einfach nicht zu schaffen. Sie hasst es, irgendwo hoch zu laufen. Wieso hat sie sich von dem Freund zwingen lassen? Sie kehrt jetzt um, soll er allein aufsteigen, vielleicht ist die Beziehung doch nicht so gut. Sie kann nicht bergsteigen, ihr Herz macht da nicht mit, sie ist zu dick.

Wenn hingegen der erfahrene Bergsteiger auf sie achtet, wenn er ihr sagt, sie müsse ganz langsam beginnen und sich hüten, außer Atem zu kommen, wenn er ihr vielleicht sogar zärtlich den Puls fühlt und nach dem Herzschlag sucht, dann wird sie sich wundern, wie ausdauernd sie steigen kann, und wie die Freude am Gehen noch wächst, wenn sie einmal die Baumgrenze überschritten hat und der Blick frei wird.

Wie sterbende Bäume besonders viele Blüten ansetzen, hat das Schwinden der körperlichen Arbeit in den letzten hundert Jahren unzählige Möglichkeiten eines neuen Körper- und Bewegungsbezugs geschaffen. Turnen und Bewegungsspiele wurden in eigenen Vereinen organisiert, die Olympischen Spiele wurden wiederbelebt, neue Sportarten ersonnen.

Der Wintersport hat Gebirgsregionen in riesige Maschinen verwandelt. Millionen von Menschen sind von einem Bewegungsmuster fasziniert, welches die primitive Angst, auszurutschen und zu fallen, in sieghaftes Gleiten verwandelt und daher den begeisterten Schifahrern zum Mittel der Wahl gegen die Ängste der dunklen Jahreszeit wird.

An sich löst Geschwindigkeit Angst aus. Jedes Kind hat oft erlebt, dass der Schmerz eines Aufpralls mit der Bewegungsenergie wächst, die er verzehrt. Aber die Phantasie, hohe Geschwindigkeit beherrschen zu können, fasziniert uns, weil sie die Sehnsucht erfüllt, Ängste erfolgreich zu bändigen.

Zusätzlich mag eine Lustkomponente eine Rolle spielen, die mit urtümlichen Flugphantasien zu tun hat. Ob diese sich auf die Wünsche zurückführen lassen, wieder im Uterus zu schwimmen, wissen wir nicht. Die Analyse von Höhenangst zeigt, dass hier Flugphantasien abgewehrt werden. Die Tiefe ist nicht nur bedrohlich, sie lockt auch; daher sollte ein vorausschauender Mensch niemals starke Drogen am Rand eines Abgrunds nehmen.

Zu oft schon haben sich Berauschte in Tiefen gestürzt, in dem Glauben, nicht zerschmettert auf ihrem Grund zu liegen, sondern sie unzerstörbar zu durcheilen. Superman, ein Comic-Held, der inzwischen gut siebzig Jahre alt ist, steht für solche Sehnsüchte: Er ist unzerstörbar, und er kann fliegen.

Je stärker diese Lust an der Geschwindigkeit stimuliert und zur Angstabwehr eingesetzt wird, desto weiter entfernt sich eine Sportart von den gesunden Wurzeln in der körperlichen Übung hin zu einem gefährlichen Rausch. Man kann diese narzisstischen Qualitäten der Bewegung in der Senkrechten wie in der Waagerechten untersuchen; in der Faszination des Fliegens vereinigen sich dann beide.

Das Auto ist ein wichtiges Mittel, Ängste zu binden, ihnen auszuweichen (viele Angstkranke, die in keine U-Bahn steigen wollen, sind begeisterte Autofahrer), sie gerade im schnellen Fahren zu unterdrücken, das keinen anderen Gedanken, kein anderes Gefühl gestattet.

Ich will hier bei einem anderen Mittel ein wenig verweilen, Ängste zu unterdrücken: Bergsteigen und Klettern. Hier verbinden sich Elemente des Sammelns mit denen der traditionellen körperlichen Arbeit. Der Bergsteiger sammelt Gipfel, er beschäftigt sich mit ihnen, bereitet Touren vor, knüpft Kameradschaften und Reisen an sie; er gewinnt so wichtige Ablenkungen. Der Weg auf den Berg, die Rast auf dem Gipfel, der Abstieg sind Rituale, die sich zu einem Ganzen schließen und Ängsten keinen Platz lassen.

Klettern hat eine ganz andere Qualität; ich habe aufgrund einiger klinischer Beobachtungen einmal eine Geschichte geschrieben, welche eine (sicher nicht die einzige) seelische Dynamik hinter solchen Aktivitäten untersucht. Wie das Bergsteigen zu immer ferneren Gipfeln Mode geworden ist und Kilimandscharo, Everest oder die wichtigen Andengipfel so bevölkert sind wie nie zuvor, so ist auch das früher eher in das Ganze der bergsteigerischen Erfahrung eingebettete Klettern heute eine Aktivität, die Ängste bannen soll.

## Der Kletterer

Der Kletterer ist groß und mager, er trägt einen Norwegerpullover und eine Designer-Brille. Er hat soeben seine Promotion in Betriebswirtschaft beendet und kämpft mit seiner Angst, in einem Assessment seine Chancen für eine Position im Management zu testen. Er wird das tun. Aber seine Freundin hat ihn verlassen, angeblich, weil ein anderer Mann sie mehr brauchte. Und seine Kletterkameradin, die ihn Tag und Nacht beschäftigt, hat ihm gesagt, er interessiere sie nicht als Mann, er sei ein guter Kumpel.

Der Kletterer hat Träume, die er sorgfältig in ein kleines rotschwarzes Buch auf kariertes Papier schreibt. Darin stürzt die Kletterfreundin ab, er kann sie nicht retten. Oder ein Zimmer brennt und sie ist mitten in den Flammen. Er erzählt ihr diese Träume und sagt, sie stünden wohl für seine Angst, er könne sie verlieren. Sie habe ihm in den einsamen Monaten der Promotion, als er kaum einen Menschen außer ihr sah und die Klettertage am Gardasee und in der Halle seine einzige Ablenkung waren, unendlich viel geholfen. Ohne sie hätte er es nicht geschafft. Am Gardasee hatten sie zusammen in einem Zelt geschlafen; das Seil lag zwischen ihnen.

Wenn der Kletterer von sich erzählt, spricht er stoßweise, sehr kontrolliert. Wenn sich seine Stimme einem Gefühl nähert, lacht er ein kleines, grollendes Lachen, räuspert sich und kehrt wieder in die normale Stimmlage zurück. Negative Gefühle wandern uniformiert im Gleichschritt vorbei: Ich habe keinen Kontakt, fühle mich nicht in Beziehung, fühle mich fremd, sie hat nicht mit mir geredet, da denke ich, es ist aus, ich sitze und grüble, grüble nur, achtzig Prozent meiner Zeit im Seminar gegrübelt, kein Kontakt, keine Nähe, spüre mich nicht. Nur beim Klettern. Beim Klettern spüre ich mich.

Plötzlich hat der Therapeut ein Bild. Es zeigt einen kleinen, ängstlichen Jungen, der mit Hilfe vieler Drähte und Servomotoren eine große Rüstung lenkt, die ihrerseits einen Mann bewegt. Den Abwehrmechanismus der Intellektualisierung entdecken Pubertierende, Adoleszente bauen ihn aus, Erwachsene können ihn vielleicht aufgeben, sobald sie akzeptieren, dass sie nicht alles im Griff haben können.

Der Kletterer versucht, sich selbst zu denken. Er darf sich nicht fühlen, darf nicht auf die Botschaften seines Körpers hören. Er muss sich machen, und weil das unabsehbar ist und kein klares Ziel erkennbar, macht er die Route durch die Steilwand.

Es gibt Kinderwelten, die schlecht auf das Leben vorbereiten, weil sie derart verwirrend gemischt sind aus Verletzung und Wundverband, aus Wohlmeinung und Erziehungswut. Der Kletterer ist ein Lehrersohn. Der Vater war im Krieg gewesen, hatte dort seine Lebensfreude gelassen und kehrte zurück als ein innen gebrochener Mann, der nach außen hin eine unantastbare Fassade trug. In der Schule blieb sie fest, zu Hause zerbrach sie in cholerischen Ausbrüchen.

Der Kletterer fürchtete den Vater, fürchtete seinen Jähzorn. So wenig, wie der erwachsene Mann seinen eigenen Körper fühlte, konnte das Kind fühlen, dass es etwas gab, das die Eltern verband. Sie waren weit auseinander, förmlich, die Mutter beherrschte das Haus, der Vater den Garten. Der Kletterer erinnerte sich als einzige Kontaktaufnahme zwischen den Eltern an die Frage des Vaters: „Machst du mir einen Kaffee?" Der Vater rührte kein Kochgeschirr an. Er war immer im Garten, pflegte Bäume und Blumen. Die Kinder durften nicht toben, da ging immer etwas kaputt. Einmal traf ein Ball eine Fuchsie. Der Kletterer, damals acht Jahre alt, versuchte den Stengel mit Tesafilm zu kleben.

Die Mutter war unglücklich, und der Kletterer sollte ihr Sonnenschein sein. Aber da nicht er die Quelle ihres Unglücks war, sondern der Vater, konnte seine Sonne auch ihre Düsternis nicht zuverlässig durchdringen. So knüpfte sich ein dauerndes Gefühl des Scheiterns, der Vergeblichkeit an die Versuche des Kletterers, ein ganz braves Kind zu sein, das – anders als die meisten Buben – der Mutter nur die reine Freude machte. Manchmal war er bravbrav, aber es geschah gar nichts, die Mutter blieb traurig, der Vater cholerisch. Dann wieder schien die Mutter glücklich, der Vater ließ sie in Ruhe.

Wer klettert, versucht immer, die kleine Schwerkraft, den Schwung und den Halt, den er sich mit Klugheit und Kraft verschaffen kann, gegen die übermächtige Schwerkraft zu setzen, die im Zentrum des Planeten wurzelt und den Unvorsichtigen in die Tiefe reißt und zerschmettert. „Oft bin ich nicht so gut, wie ich sein könnte", sagt der Kletterer. „Ich bin zu dicht an der Wand. Ich mache alles mit Kraft. Ich traue mich nicht weg von der Wand, um mit Schwung weiterzukommen."

Ein Mann, wie ihn die Mutter bräuchte, ist ganz anders als der Vater. Vielleicht eher wie die Mutter, nur stärker, besser, fähig, ihr dort Halt zu geben, wo ihre eigene Güte das nicht mehr leisten kann? Ein Engel, ein Ritter ohne Fehl und Tadel? Jedenfalls etwas weit über den Möglichkeiten des Kindes, des Körpers, der eigenen Wünsche. Und wenn man dieses Überwesen schon nicht sein, es nicht bieten kann, dann muss man wenigstens verhindern, jenes niedere, verschmähte Geschöpf zu werden, das der reale Vater ist, den der Sonnenschein-Sohn nur durch die Augen der Mutter sieht.

Der Kletterer kann sich nur vorstellen, Beziehungen ganz allein zu machen. Er muss brav-brav sein, sich beherrschen, versuchen, alles richtig zu machen. Wenn die Frau dann glücklich ist, wird sie ihn wählen. Fast unmöglich ist es freilich, die richtige Frau zu finden: Da sie es ist, die ihn zum Manne formt, sollte sie Vater und Mutter zugleich sein, ein Wunderwesen, das dem Kletterer erst einmal klarmacht, was ein Mann ist, und sich ihm dann als Frau verführerisch zur Verfügung stellt.

Der Kletterer macht die Steilwand zur Partnerin, eben weil er so oft an dem Mutter-Gebirge gescheitert ist und über der Aufgabe abstürzte, diese enttäuschte Frau doch noch glücklich zu machen. Er will jetzt alles unter Kontrolle haben. Nur so kann er seinen Körper spüren. Der Fels ist fest, unbeweglich, schwierig, eine Herausforderung an Geist und Muskel. Alles, was getan werden muss, um ihn zu bezwingen, muss der Kletterer auch selbst tun. Was er nicht im Griff hat, existiert auch nicht.

Stellen wir uns vor, wie der Kletterer erschrecken würde, wenn die Felsenfrau, die er da bezwingt, plötzlich eine Hand ausstrecken würde, um ihm Halt zu geben, oder einen Vorsprung, der ihn vor dem Abgrund rettet, in sich zurückzöge? Es ist ein Schauern in diesem Gedanken, ein tiefes, unvergessliches Entsetzen, wie es jene kennen, die Opfer eines Erdbebens wurden, in dem doch auch das absolut verlässlich Geglaubte plötzlich schwankt und aufreißt, um den Ahnungslosen zu verschlingen.

Haben wir in dieser Geschichte das Thema der wachsenden Ansprüche und der wachsenden Ängste verlassen? Keineswegs: es steckt sowohl in der Ausgangssituation – dem Druck auf einem idealisierten Sohn, die Kränkungen in einer Familie auszugleichen, durch den dieser, der „Kletterer", seinen Gefühlen entfremdet wird. Er fürchtet, als Mann zu scheitern, stellt immer perfektionistischere Ansprüche an sich und an mögliche Partnerinnen, braucht seine Ablenkung im Sport, um wenigstens einen Teil dieser Ängste zu binden.

Während beim Klettern der Fall ins Seil ein Zeichen ist, dass man sich überschätzt hat, wird in einer sehr interessanten Bewegungsform der späten Konsumgesellschaft genau diese Situation das Ziel der „sportlichen" Betätigung. Im Bungee-Springen wird die Angstbewältigung zum Selbstzweck.

Das Spiel mit der Droge Angst läuft darauf hinaus, den Widerspruch zwischen einem kindlichen, emotionalen und irrationalen Affekt maximaler Gefährdung und der rational konstruierten Beteuerung zu aktivieren, dass alles vom TÜV abgenommen und gänzlich ohne Gefahr ist. Den Boden unter den Füßen aufzugeben, sich ins Bodenlose zu stürzen, darüber mit allen Emotionen bestürzt zu sein, den Tod vor sich zu fühlen, ihn aber gleichzeitig rational ausschließen zu können, ist keine Perversion. Hier wird eine Angstlust formuliert, die schon kleine Kinder kennen, welche nicht mehr von der Schaukel herunter wollen. Auch diese wirft sie doch in raschem Wechsel ins Bodenlose und hält sie zurück, was ein wohliges Kribbeln in den Unterleib jagt.

Solche Empfindungen werden gesteigert und mit hohem technischen Aufwand befriedigt, wenn Ingenieure eine neue Achterbahn konstruieren. Diese muss gleichzeitig immer mehr Todesangst und immer mehr Sicherheitsgarantien bieten. Sie schleudert kreischende Insassen in Höhen und Abgründe, bringt sie dazu, sich vor Schreck zu übergeben und in die Hose zu machen. Viele zahlen willig für diese Freuden und sind doch froh, sie hinter sich zu haben.

In den Prospekten, mit deren Hilfe die Besitzer ausrangierter Kräne ihre Bungee-Sprünge verkaufen wollen, ist die Angstlust mit überraschender Deutlichkeit beschrieben. Freud hat in seinem Text über das Unbehagen in der Kultur die technischen Hilfsmittel mit jenem „billigen Vergnügen" verglichen, das man sich verschafft, „indem man in kalter Winternacht ein Bein nackt aus der Decke herausstreckt und es dann wieder einzieht. Gäbe es keine Eisenbahn, die die Entfernungen überwindet, so hätte das Kind die Vaterstadt nie verlassen, man brauchte kein Telefon, um seine Stimme zu hören. Wäre nicht die Schiffahrt über den Ozean eingerichtet, so hätte der Freund nicht die Seereise unternommen, ich brauchte den Telegraphen nicht, um meine Sorge zu beschwichtigen."[30]

Der Bungee-Sprung passt in dieses Muster, er ist allerdings – anders als das billige Vergnügen – nicht umsonst. Der Kunde springt, ohne genau zu wissen, warum er das gerade in diesem Augenblick tut – er will es einfach hinter sich haben. Er fürchtet anfangs, dass die Gummiseile nicht funktionieren, die seinen Sturz dämpfen und auffangen sollen. Sobald sie greifen und er weiß, dass er überleben wird, macht sich das Glücksgefühl breit. Das Ganze wird als Erweiterung menschlicher Potenziale gerühmt.

Das könnte auch jemand sagen, der uns Kokain verkauft, und wir könnten antworten, dass der Gewinn für unsere Psyche zweifelhaft, der für sein Bankkonto jedoch eindeutig sei. Tatsächlich haben „legale" und „illegale" Risikoaktivitäten viel gemeinsam: Bungee-Springen und Kokainschnupfen, die schwarze Piste fahren und in der Disco Ecstasy einwerfen. Aus diesem Grund ist es auch der Bevölkerung schwer vermittelbar, dass die eine Variante eines gesundheitsschädlichen Nervenkitzels von den Gesetzen toleriert, die andere kriminalisiert wird.

Den Konsumenten des Risikos macht gerade die Tatsache, dass

---

[30] Freud, S. (1930), Das Unbehagen in der Kultur, in: GW. XIV, S. 447

etwas verboten ist, die Sache so recht attraktiv. Sie hätten freilich von einer Legalisierung der verbotenen Drogen nicht viel: Damit wäre der Kick verschwunden, den gerade die Angst vor der Polizei für Junkies der Angst darstellt.

Während uns auf dem Volksfest kontrollierte Angst für bares Geld versprochen wird und die Drogendealer Angstlust gratis ihrem Stoff beipacken, inszenieren nicht selten auch Angehörige von Berufsgruppen heftige Ängste, von denen wir eigentlich das Gegenteil erwarten.

# 12. Angstmacher

Eine Schwangere kommt verstört in ihre Analysestunde. Sie war beim Frauenarzt. Dieser hat bei der Ultraschalluntersuchung einen verdächtigen Schatten im Gesicht des Ungeborenen entdeckt. Es könnte, sagt er der Mutter, eine Missbildung sein. „Eine Hasenscharte? Ein Wolfsrachen?" fragt die Schwangere schockiert. „Sagen wir: eine Lippen-Kiefer-Gaumenspalte. Ich sage: Es könnte sein. Ich sehe es nicht so genau. Wir müssen weitere Untersuchungen machen. Ich schicke Sie in eine Spezialpraxis, die haben eine höhere Auflösung, die können es Ihnen genau sagen!"

„Und was wäre die Konsequenz? Was könnte ich machen? Für eine Abtreibung ist es zu spät!"

„Ich rede nicht von einer Abtreibung. Man kann solche Missbildungen heute operieren. Es ist ja auch noch keine Diagnose, es ist ein Verdacht, dem wir nachgehen müssen!"

Die Patientin verlässt aufgewühlt den Gynäkologen.

Ein Mann wurde vor sechs Jahren aus heiterem Himmel an einem bösartigen Hautkrebs operiert. Seither wurden zweimal erkrankte Lymphknoten entdeckt und entfernt; er hat eine langwierige Therapie mit Interferon und eine zweite mit einem Zytostatikum absolviert und ist seit vier Jahren gesund. Viermal im Jahr geht er zu einer Vorsorgeuntersuchung.

Erleichtert trifft er nach der letzten Untersuchung zu Hause ein. Der Experte in der Poliklinik hat nichts gefunden. Der Patient fragt sich, warum ihn diese Vorsorgeuntersuchungen immer noch so belasten. Vielleicht sollte er nur noch zweimal im Jahr hingehen; zweimal eine Woche Angst und Schlaflosigkeit reichen schließlich auch. Nach zwei Tagen ruft eine Angestellte der Poliklinik an. Man hätte jetzt, bei der Durchsicht der Aufzeichnungen über die Untersuchung, doch noch etwas gefunden. Es bestehe der Verdacht auf Lebermetastasen. Er solle nächste Woche kommen, um den Befund zu klären.

Der Patient verbringt eine Woche mit Katastrophenphantasien, entwirft mehrere Testamente, schläft kaum, schleppt sich in die Arbeit und redet sich die ganze Zeit zu, er dürfe sich nicht aufregen, es sei ja nur ein Verdacht.

In der Tat klärt die eingehende Untersuchung der verdächtigen Stelle, dass es sich bei der betreffenden Aufnahme, die einen runden Schatten in der Leber zeigt, um die perspektivisch verzerrte Darstellung einer Ader handelt. Alles ist normal, die Leber völlig in Ordnung. Aufatmend verlässt der Mann den Untersuchungsraum und dankt dem Arzt, als hätte er ihm das Leben gerettet.

Die Schwangere nimmt sich einen Tag frei und geht in eine Spezialpraxis. Dort hört sie erleichtert, dass sich der Verdacht, der durch das unscharfe Bild entstanden ist, durch ein schärferes nicht bestätigt. Ganz schwindet ihr Ärger nicht, dass sie überflüssigerweise derart in Angst versetzt wurde. Aber der Arzt hat es doch gut gemeint.

Hat er das? Einzelfälle?

Wer sich umhört und umsieht, glaubt das nicht mehr. Es scheint eher typisch für den modernen Arzt, den Partner des Patienten, dass er diesen umfassend über alle seine Funde und Verdachtsmomente informiert. Wenn dieser dann erschreckt und verunsichert das aufgehalste Problem wieder abschütteln kann, versäumt er es fast immer, sich kritisch mit dem Angstmacher auseinander zu setzen.

Es erfordert schließlich Mut, sich einzugestehen, dass man nicht souverän und rational mit solchen Situationen umgeht, sondern eingeschüchtert, verzweifelt, verwirrt. Vor allem ist nach der zweiten, gründlichen Untersuchung die angstgequälte Seele beruhigt und gnädig gestimmt. Wer mag da noch an kleinliche Rache denken? An einen Vorwurf gegen den „sorgfältigen" Doktor, der einen an jeder zweifelnden Regung seiner verantwortungsvollen Medizinerseele hat teilhaben lassen, ganz egal, ob sich daraus Folgen ergeben oder nicht?

Die Schwangere, die sich mit dem Verdacht einer Missbildung herumschlagen musste, ist der Sache noch etwas nachgegangen. Es hat sich herausgestellt, dass tatsächlich in ihrem Stadium der Schwangerschaft keinerlei therapeutische Konsequenzen aus einem solchen Befund gezogen werden können. Aufgeklärt und behandelt werden kann die Situation erst nach der Entbindung.

Wer solche Geschichten hört, gewinnt den Eindruck, dass Ärzte gar nicht selten mehr an ihre Apparate denken als an die Menschen, welche sie behandeln. So spricht der Mediziner laut aus, was der Apparat ihm sagt. Er denkt nicht daran, dass ihm ein fühlender Mensch zuhört, um dessen Leib und Leben es geht. Weil er so begeistert ist von seinen Funden, muss es die Patientin auch sein.

Soll denn der Arzt einen solchen Verdacht verschweigen? Nicht unbedingt, aber er sollte auf das billige Vergnügen verzichten, uns durch seinen Verdacht krank zu machen, um uns dann durch seine korrekte Diagnose zu heilen. In dem Fall der Schwangeren hätte es wahrhaftig ausgereicht, bei der nächsten Untersuchung noch einmal genau hinzusehen und vor der Entbindung, wenn der Verdacht sich nicht ausräumen ließ, die Frau schonend darauf vorzubereiten, dass eine Gesichtsmissbildung vorliegen könnte.

In vielen Bereichen hat die moderne Medizin Krankheiten besiegt; sie kann Verletzungen heilen, die früher tödlich gewesen wären, ein menschenwürdiges Leben erhalten, wo ein Knochenbruch, ein Unfall früher einen Krüppel und damit einen Bettler schufen. Wir können sicher sein, dass unser Arzt die ärgsten Schmerzen lindert und alles tun wird, um unser Leben zu erhalten.

Im Hintergrund dieser Fortschritte freilich wächst die Angst. Ehe die Medizin soviel Macht über den Körper hatte, konnte der Körper uns längst nicht so viele Sorgen machen. Alle Menschen waren gleich ohnmächtig, wurden gleichermaßen durch Ohnmacht und Tod vom Schmerz erlöst. Wer bettlägerig wurde, überlebte meist nur einige Wochen; dann entzündete sich die schlecht belüftete Lunge und er starb.

Die Generation Angst muss sich entscheiden. Unendlich mehr Verantwortung für unsere eigene Gesundheit belastet und fügt den kreatürlichen Ängsten vor Schmerz und Tod Versagensängste hinzu. Diese hängen mit dem Dilemma zusammen: „Darf ich mich beruhigen oder muss ich mich ängstigen?"

Und die Experten stimulieren diese Ängste, um ihre Dienstleistungen zu verkaufen: Vorsorgeuntersuchungen. Praktisch nie wird die Dimension der inszenierten Angst und der durch diese Angst geschmälerten Lebensqualität in die Bilanz einbezogen, ob der Nutzen durch solche Untersuchungen den angerichteten Schaden aufwiegt. Dieser wird zahlenmäßig nicht erfasst, was den Schaden durch seelische Traumatisierungen angeht; immerhin wissen wir aber, dass emotionale Bedrückung die körpereigene Abwehr schädigt und so Krankheiten den Weg ebnet.

Wir wissen, dass beispielsweise das Risiko, durch Röntgenstrahlen einen Krebs auszulösen, gegen das Risiko aufgewogen werden muss, durch Verzicht auf ein Röntgenbild einen Tumor zu spät zu erkennen. Aber wir tun so, als wüssten wir nichts über die Angst, die im Zusammenhang mit den öffentlichen Beschwörungen möglichst früher und möglichst gründlicher Untersuchungen ausgelöst wird.

„Sie sind 45 Jahre alt, essen was Sie wollen und fühlen sich prächtig? Das ist genau der Zustand eines Darmkrebskranken!" Mit solchen Sprüchen wirbt ein Medizinprofessor in den Medien für seine Endoskopie.

Unsicher wohnt das moderne Ich in seinem Haus, inspiziert besorgt Fundament und Mobiliar, überlegt, ob es schon vorbeugend den Experten rufen soll oder lieber warten, bis etwas geschieht: „Was tun, wenn etwas nicht funktioniert? Wann darf ich mich abfinden? Ersatzteile einbauen lassen oder Verfall akzeptieren? Den hohen Blutdruck durch Diät und Training bekämpfen oder durch Medikamente? Soll ich mich für den Schmerz der Arthrose entscheiden, oder für die Strapazen der Operation, die Risiken des künstlichen Gelenks? Wann darf ich den Versuch aufgeben, mit Hilfe von Mikrochirurgie doch noch schwanger zu werden? Muss ich meinen Darm spiegeln lassen oder mich weiter vor dem Krebs fürchten? Fördert die Mammographie Brustkrebs oder beugt sie ihm vor? Nützen die Hormonpräparate nach der Menopause der Pharmaindustrie oder den Frauen? Hilft mir das Antibiotikum oder ruiniert es meine Abwehrkräfte? Macht Butter gesund oder krank?"

Wie die Atomwaffenarsenale der Welt reichen, um die Erdbevölkerung gleich ein Dutzend Mal auszurotten, so kann heute ein Mensch soviel für seine Gesundheit tun, dass ihm fünf Leben nicht reichen würden, alle heilsamen Diäten, Gymnastiken, Bäder und Medikamente an sich zu erproben. Dadurch wird aber Gesundheit mit Ängsten besetzt. „Habe ich genug getan, sie zu erhalten?" Krankheit rückt vollends in die Nähe von Versagen, von Schuld.

Ohne die technischen Mittel, ins Körperinnere zu blicken, fühlen sich Menschen entweder gesund oder krank. In der Moderne, auf den Plan gerufen durch die chemischen und physikalischen Möglichkeiten, kleinste Veränderungen im Organismus zu erkennen, ist ein Gesunder nur der, den man noch nicht lange genug untersucht hat. Das klingt zynisch, ist aber durch viele Untersuchungen bestätigt, die Ivan Illich[31] zusammengefasst hat. Ein Beispiel:

Von 1000 untersuchten Kindern in New York waren bei 61 Prozent die Mandeln bereits entfernt. Die restlichen 39 Prozent wurden nun einer Ärztegruppe an einer Klinik vorgestellt, die keine materiellen Interessen verfolgte; die Behandlung war gratis. Bei 45 Prozent der untersuchten Kinder schlugen die Ärzte einen Mandeloperation vor, den Rest schickten sie ohne krankhaften Befund nach Hause.

Diese übriggebliebenen, „gesunden" Kinder wurden nun einer

[31] Illich, I. (1977): „Die Nemesis der Medizin. Von den Grenzen des Gesundheitswesens, Reinbek b. Hamburg.

neuen Ärztegruppe vorgestellt, die wiederum bei 46 Prozent eine Tonsillektomie anordnete. Der Rest der Kinder bestand auch diese zweite Reihenuntersuchung ohne Diagnose.

Als aber diese zweimal als „gesund" beurteilten Kinder einer dritten Gruppe von Spezialisten vorgestellt wurden, ergab sich für die Experten erneut bei rund jedem dritten Kind die Notwendigkeit einer Mandeloperation.

Die vielfältigen Möglichkeiten der modernen Medizin führen dazu, dass Patienten und Ärzte zu natürlichen Feinden werden. Während der Patient so wenig wie möglich an Medikamenten, diagnostischen und chirurgischen Eingriffen erleiden möchte, denkt der Arzt daran, wie er alle ihm zur Verfügung stehenden Möglichkeiten ausschöpfen kann. Da sich die Ärzte sehr viel besser durchsetzen können, explodieren die Kosten in der Medizin, ohne dass Lebensqualität oder Volksgesundheit wachsen.

Die Generation Angst fürchtet nicht nur Krankheit, Schmerz oder Behinderung, sondern auch den Arzt – den falschen Arzt wohlgemerkt, der eigensüchtig handelt, Überflüssiges tut, der gesunde Zähne abschleift, um teure Kronen zu verkaufen, Gelenke und Herzklappen ersetzt, wo es die alten noch getan hätten, schmerzhafte Diagnostik ohne therapeutische Konsequenzen praktiziert, die Wehrlosigkeit des Laien ausnützt.

Umgekehrt hat auch der Arzt Angst vor dem Patienten, der vielleicht nur darauf wartet, ihn in einen Schadenersatzprozess zu verwickeln. Die Folge ist eine Angstmedizin, meist beschönigend „defensive Medizin" genannt, in der es vor allem darum geht, Klagen abzuwehren.

Von einem vernünftigen und ökonomischen Umgang mit Angst und Angstabwehr in den technischen Hochrüstungen sind wir so weit entfernt, dass die Frage berechtigt erscheint, ob sich die Menschheit hier nicht zuviel zugemutet hat und unfreiwillig in Systeme von einer Komplexität schlittert, die irgendwann unsere Psyche restlos überfordern.

Angesichts der Angstquellen, welche die moderne medizinische Diagnostik entdeckt, sind unsere Mittel der Angstbewältigung bald erschöpft. Ein Beispiel:

Der 62-jährige Facharzt L. lässt regelmäßig Vorsorgeuntersuchungen durchführen. Diesmal ist der PSA-Wert erhöht, ein Test, der auf ein Prostata-Karzinom hinweist. Er geht zu einem allgemein als sehr tüchtig angesehenen Urologen, der ihn untersucht und beruhigt. Es sei nichts zu tasten, weitergehende Teste, wie eine Biopsie, seien nicht notwendig, die biochemischen Befunde schwankten stark.

Das beiden Ärzten bekannte klinische Problem liegt darin, dass eine Prostataoperation fast immer die Potenz beeinträchtigt und Prostatakarzinome häufig so langsam wachsen, dass ihre Träger sterben, ehe sie ihnen Schwierigkeiten machen. Es gab und gibt in medizinischen Fachkreisen heftige Auseinandersetzungen zwischen Urologen und anderen Disziplinen (vor allem Internisten), die eine übergroße Neigung zu operativem Vorgehen kritisieren.

Ärzte sind häufig perfektionistische Patienten. L. macht keine Ausnahme. Er kommt nicht zur Ruhe, liest über Früherkennung und findet einen hochmodernen Test, der die Regenerationsfähigkeit von Körpergeweben mit Mitteln der Gendiagnostik untersucht. Das Ergebnis ist, dass sein Prostatagewebe etwas schlechter als der Durchschnitt funktioniert und ein Teil des Risikos durch regelmäßige Einnahme von Selen abgefangen werden könne.

Er wird unruhiger, überlegt, ob er mehr nach der Vater- oder der Mutterseite seiner Familie schlägt. Bisher hat er sich der Mutter näher gefühlt, auf ihrer Seite ist niemand an Krebs gestorben, auf der Vaterseite hingegen viele. Letztes Jahr hat er auf einer Bergtour gespürt, dass er nicht mehr so kräftig ausschreiten kann wie früher, hat im Scherz sogar gesagt, er leide wohl an einer zehrenden Krankheit. Die Vaterseite ist stärker. Er muss mit dem Leben abschließen.

So geht er noch einmal zu dem Urologen und schlägt eine Biopsie (die Entnahme einer Gewebeprobe) vor. Der Urologe ist ein besonnener Mann und bittet den Ratsuchenden, sich das Ganze noch einmal zu überlegen. Er würde in seiner Lage dem Tastbefund und den regelmäßigen Kontrollen vertrauen, eine eingreifendere Diagnostik erbringe mit hoher Wahrscheinlichkeit nichts von therapeutischer Relevanz.

In diesem aufgewühlten Zustand kommt der Klient in die Psychotherapie und berichtet über seine Todesangst. Jetzt erkennt er auch, wie irrational seine Vorstellung ist, entweder der Vater- oder der Mutterseite nachzustreben; wie er mit Versündigungsvorstellungen reagiert, denn er, der doch gesund lebt, müsste auch vor Krebs gefeit sein. Er kann schrittweise erkennen, dass er es sich durch seine Suche nach einer perfekten Lösung unmöglich macht, seine Angst zu bewältigen. Er will seine Ängste ein für alle Male beenden und verstärkt sie auf diese Weise. Er will den Arzt finden, der seine Ängste radikal entfernt, und kann daher kein Vertrauen in den Urologen aufbauen, der ihn beruhigen und die Verantwortung für die Kontrolle über die Krebsgefahr übernehmen könnte.


An einem solchen Beispiel lässt sich nachweisen, wie sehr es die technische Medizin erschwert, sinnvolle Grenzen der eigenen Aktivität zu finden. Wohltuend sind erfahrene Praktiker, die dem Patienten genau sagen, was er tun und auf was er verzichten soll, weil der therapeutische Gewinn den Stress nicht aufwiegt. Die Universitäten freilich tun wenig dafür, dass solche Praktiker ausgebildet werden, die kritische Generalisten und Anwälte der Lebensqualität ihrer Patienten wären.

# 13. Angst und Anlehnung, Macht und Liebe

Die älteste und einfachste emotionale Reaktion auf Personen, die über uns gestellt sind, ist eine Mutterübertragung. Sie umfasst Respekt, Hoffnung auf Güte, Schutz, Förderung. Da der reale Chef diese Erwartungen regelmäßig enttäuscht, wird sozusagen als Nimbus[32] ein Idealbild hinter und über ihm entworfen, mit dem sich jene Personen identifizieren, die selbst Chefs werden wollen.

Wenn medizinische Experten Angst verbreiten, spielt dieser Nimbus eine wichtige Rolle. Ohne es zu wollen, oft sogar mit der bewussten Absicht, als Partner der Patienten aufzutreten, droht der Experte mit tödlichen Krankheiten, die übersehen werden könnten, wenn es die Patientin wagen sollte, sich seiner Hilfe zu widersetzen. Der Arzt ist nicht eitel, er ist besorgt. Er will keine Tyrannei ausüben, sondern nur das Beste für den Kranken.

Die latente Gewalt der Drohung ist schwerer zu durchschauen und abzuschütteln als körperliche Gewalt. „Wenn du nicht lernst, werde ich dich schlagen", ist grausame Pädagogik, die heute niemand mehr befürwortet. Aber „wenn du nicht lernst, wirst du Hilfsarbeiter (Straßenkehrer, Klofrau)", hört man aus dem Mund von Eltern. Sie machen sich eben Sorgen. Ihre Macht liegt darin, dass sie definieren, was „lernen" ist und was das Kind als Beweis abliefern muss, dass es gelernt hat.

Die Drohung gibt ein Wissen vor, das nicht existiert. Sie gründet in Illusionen der Allmacht, der Vorausschau. In Wahrheit haben Eltern keine Ahnung, ob bessere Noten dem Kind etwas nüt-

---

[32] Der Nimbus lässt sich besonders gut in der byzantinischen Kunst beobachten. In dieser Gesellschaft, welche das strikteste Zeremoniell der Macht in historischen Zeiten entwickelt hat, werden heilige und prominente Personen durch einen Lichtschein hervorgehoben, der entweder ihren Kopf oder ihre ganze Gestalt umgibt. Von Ostrom ausgehend spielt der Nimbus auch in der abendländischen Kunst eine Rolle; in der Heraldik umgibt er als Glorienschein Wappen(Totem)Tiere, wie Löwe, Einhorn und Adler.

zen werden. Sie spüren nur eines: Dass diese Noten sie selbst beruhigen und dass sie ihnen die Sicherheit spenden, sie seien gute Eltern.

Ebenso wenig hat der Arzt in der Regel ein sicheres Wissen, ob die von ihm dringend empfohlenen und durch Drohungen durchgesetzten Maßnahmen dem Kranken nützen oder schaden. Sie beruhigen den Experten, sichern sein Selbstgefühl, füllen seine Kassen und schützen ihn vor Klagen, er hätte nicht alles Erdenkliche unternommen.

In der Psychologie spricht man von Triangulierung, um die vielleicht wichtigste seelische Leistung in der menschlichen Entwicklung zu beschreiben. Triangulierung ist die Herstellung eines Dreiecks, genauer: das Auffinden eines Dritten, einer Möglichkeit zwischen Idealisierung und Entwertung, zwischen dem Glauben, dass es eine gänzliche gütige Mutter gibt, mit der eine ideale Beziehung möglich ist, und der Verzweiflung, dass jeder von uns ein Einzelkämpfer ist, der nur durch Machtausübung und Misstrauen überleben kann.

Genau diese Triangulierung ist im Umgang mit narzisstischen Ängsten gefragt. Wer handeln kann, auch wenn er nur Unvollkommenes erreicht, wird sehr viele Situationen bewältigen, welche jene lähmen, die ihre Angst durch Perfektionismus kompensieren wollen. Ursprung der Triangulierung ist die Erfahrung, dass es neben dem ursprünglich „einzigen" Objekt (etwa der vertrauten Mutter) andere Objekte gibt und dass dieses einzige Objekt weder alles kann, noch alles für uns tun wird.

Lichtenberg hat sich einmal über einen Naturforscher lustig gemacht, der sich darüber wunderte, dass die Katzen gerade an der Stelle Löcher im Pelz haben, wo die Augen sitzen. Ähnlich banal könnten wir uns darüber wundern, dass wir als Kinder in genau dem Moment entdecken, dass es neben der Mutter noch andere wichtige Personen gibt, in dem die Abhängigkeit von ihr unerträglich würde. Dieser Prozess setzt ein, wenn das Kind beweglicher und damit mächtiger wird und es ihm unerträglich wäre, sich ganz und ausschließlich auf eine Person zu konzentrieren. Es scheint auch so, dass diese Loslösung in die Triangulierung hinein am besten gelingt, wenn das Kind in dieser frühen Phase der Mutterliebe sicher sein durfte. Im anderen Fall klammert es sich viel zu lange an die Mutter und hat später große Schwierigkeiten, Triangulierungen zu vollziehen, das heißt auch: sich zu trennen, Abwechslung zu akzeptieren: Es ist schön, mit dem geliebten Partner die Zeit zu verbringen, aber nicht weniger schön, alleine etwas zu unternehmen.

Wenn wieder einmal in der Zeitung beschrieben wird, wie ein verlassener Liebhaber zum Stalker wurde und die Geliebte, die ihn verschmähte, mit Telefonterror und anderen Nachstellungen verfolgte, dann können wir ein Stück der panischen Trennungsangst erkennen, die solche Menschen plagt. Sie macht es ihnen fast unmöglich, sich dort zu trennen, wo sie einmal gedacht haben, sie könnten die Symbiose nachholen.

Symbiose nennen wir die Beziehung vor der Triangulierung, in der es keine Grenzen zwischen Ich und Du gibt. Auch dieser Aspekt lässt sich übrigens bei solchen Verfolgern nachweisen: Das Opfer eines Stalkers kann diesem noch so eindringlich versichern, es empfinde nichts für ihn und wolle nur Ruhe – der Verfolger weiß besser, was ihre wahren Empfindungen sind, er lauert nur auf den Augenblick, an dem sie an die Oberfläche treten.

Man könnte zwei Pole unterscheiden, die in der symbiotischen Ur-Beziehung noch völlig verschmolzen sind, sich aber dank der Triangulierung differenzieren und Kontur gewinnen: Die Macht und die Liebe. Ob sich Säugling und Mutter einander bemächtigen, oder einander lieben? Das ist jedenfalls nicht leicht zu beantworten. Auch im späteren Leben ist es immer wieder schwierig, die Liebe, wie es Michael Lukas Moeller[33] in seinem gleichnamigen Buch so schön beschrieben hat, zu einem Kind der Freiheit zu machen.

---

[33] Moeller, M. L. (1985): Die Liebe ist ein Kind der Freiheit, Reinbek b. Hamburg.

Niccolo Machiavelli, der erste Autor, der schonungslos über Macht und Staat nachgedacht hat, diskutierte lange darüber, ob es für einen Fürsten besser ist, geliebt oder gefürchtet zu werden. Er kam zu dem Ergebnis, dass Liebe allein schlechter ist als Furcht allein, dass aber die Verbindung von Liebe und Furcht besser ist als Furcht allein.[34] Das ist die Triangulierung der Macht, und sie hängt ebenfalls von einem klugen Umgang mit den unweigerlichen Enttäuschungen der Sehnsucht nach einer idealen Elterngestalt ab.

Machiavelli fordert, diese Enttäuschung möglichst früh und möglichst nachdrücklich vorzunehmen. Damit weist er auf einen Fehler hin, den viele Leiter machen, wenn sie ihre Position erreicht haben: Sie sind mit dem Idealbild der guten Elterngestalt identifiziert und versuchen, ihre Untergebenen zu verwöhnen und rechnen daher mit Dankbarkeit – wie viel höher sind doch sie zu schätzen als ihre strengen Vorgänger!

Wenn sie sich dann verausgabt haben und nichts mehr da ist, was sie verteilen und womit sie sich die Liebe ihrer Mitarbeiter erkaufen können, geraten solche Leiter, Helfer oder Lehrer in eine Krise. Ihr Entgegenkommen wird ihnen nicht gedankt. Sie haben Ansprüche geweckt, deren vollständige Erfüllung auf Anarchie hinauslaufen würde. Sie haben ihre Aufmerksamkeit und Ansprüche nicht nach dem Einsatz, der Leistung und dem Nutzen ihrer Mitarbeiter für die gemeinsame Aufgabe verteilt, sondern diejenigen befriedigt, die am besten betteln und schmeicheln konnten.

Schließlich haben sie alle gegen sich: die Gierigen, weil der zur

---

[34] „Doch ein Fürst.. muss maßvoll handeln, gezügelt durch Klugheit und Menschenfreundlichkeit, damit zu große Gutgläubigkeit ihn nicht unvorsichtig macht und zu großes Misstrauen ihn nicht unerträglich werden lässt. Daraus ergibt sich die Streitfrage, ob es besser ist, geliebt als gefürchtet zu werden oder umgekehrt. Die Antwort ist, dass man das eine wie das andere sein sollte; da es aber schwer fällt, beides zu vereinigen, ist es viel sicherer, gefürchtet als geliebt zu werden, wenn man schon einen Mangel an einem von beiden in Kauf nehmen muss." Machiavelli, N. (1986): Il Principe, XVII. Stuttgart, S.129.

Melkkuh aufgebaute Leiter nichts mehr abzugeben hat, und die Tüchtigen, weil sie nicht einsehen, weshalb ihnen die Gierigen vorgezogen worden sind.

Folgerichtiger handelt der Leiter, welcher zunächst alle Privilegien abschafft und seinen Mitarbeitern alle Vergünstigungen wegnimmt, die nicht unmittelbar notwendig für die Unternehmensziele sind. Auf diese Weise gewinnt er Ressourcen, die er nun gezielt einsetzen kann, um seine Mitarbeiter nach ihren Verdiensten für die Sache zu belohnen. Mit den Qualitäten von Sparsamkeit und Freigiebigkeit verhält es sich ähnlich wie mit Furcht und Liebe: Wer sparsam ist und nicht zurückzuckt, sobald ihm Geiz nachgesagt wird, hat immer etwas abzugeben; wer hingegen aus Angst, für geizig gehalten zu werden, seine Ressourcen verschwendet, wird schließlich aus Not zum Geiz gezwungen.

Diese Dynamik lässt sich besonders gut an einer elementaren Ressource zeigen: der Zeit. Wer sich seine Zeit gut einteilt und immer etwas für sich zurückbehält, wird schließlich viel entspannter arbeiten als jemand, der seine Zeit jedem verspricht, bis er schließlich dauernd in Hetze ist und für nichts mehr „richtig" Zeit hat.

Die Sehnsucht nach der idealen Elterngestalt und die verborgene Identifizierung mit ihr führen dazu, dass häufig Macht- und Geldfragen zu Beginn einer Zusammenarbeit im Unklaren gelassen werden, wenn beide Parteien noch einander vertrauen, sich hochschätzen und den Eindruck vermeiden möchten, misstrauisch, skeptisch, geizig und auf ihren Vorteil bedacht zu sein.

Während es in der deutschen Mittelschicht oft immer noch als unanständig gilt, in einer Ehe Gelddinge anders als durch die Symbiose des gemeinsamen Kontos zu regeln, heißt es in Italien vernünftiger: „amici cari, conti chiari" (liebe Freunde, klare Rechnungen).

Wie gefährlich das Liebesbedürfnis des Mächtigen ist, zeigt keine Geschichte anschaulicher als die von König Lear. Sie ist viel älter als Shakespeares Tragödie; ihre erste Fassung erzählt Geoffrey of Monmouth in seiner Geschichte der britischen Könige (um 1135). Ihr Held ist ein König Leir, der drei Töchter hat, von denen ihm die jüngste, Cordeilla, besonders nahe steht.

Um die Töchter auf die Probe zu stellen und sein Reich gerecht zu verteilen, legt er diesen die Frage vor, welche ihn am meisten liebt. Die beiden älteren, Gonorilla und Regan überbieten sich in Beteuerungen. Die jüngste Tochter aber ist empört darüber, wie sehr sich ihr Vater durch Schmeichelei beeindrucken lässt. Sie sagt: Nur im Scherz könne man etwas sagen, was die Liebe zum Vater steigere; die Liebe, die er bereits besitze, sei ohnehin die höchste und würdigste. Leir zürnt ihr und enterbt sie, Cordeilla gewinnt aber trotz ihrer Armut die Liebe des Königs von Frankreich und wird seine Frau.

Als Leir alt geworden ist, erben seine Schwiegersöhne das Reich. Der alte König lebt zuerst bei Gonerilla, aber sie will ihm seinen Hofstaat auf dreißig Ritter kürzen, worauf er empört zu Regan zieht. Sie schränkt ihm nach einem Jahr den Hof auf fünf Ritter ein; als Leir zu Gonerilla zurückkehrt, soll er sich mit einem einzigen Ritter begnügen. Darauf reist er zu Cordeilla, die ihn mit allen Ehren aufnimmt und deren Mann ihm sein Reich zurückerobert.

In den späteren Varianten dieser Geschichte über den Herrscher, der durch sein Liebesbedürfnis korrumpiert wird und seine treue, der Schmeichelei abholde Tochter, schwanken die Autoren zwischen einer moralischen Fabel mit glücklichem Ausgang (Cordeilla sorgt dafür, dass ihr Vater die verdiente Ehre findet) und einer Tragödie, in der Lear, Cordeilla und die treulosen Schwestern untergehen.

Was wir heutigen aus solchen Erzählungen lernen können, ist der weise Umgang mit den irrationalen Seiten der Macht. Diese ist in den modernen Rechtsstaaten rational legitimiert: Über allen steht das Gesetz, und dieses ist für alle gleich. Es gibt Einzelbeispiele, in denen Geschick, Dreistigkeit, Reichtum oder blinder Zufall den Gesetzesbrecher davonkommen lassen. Grundsätzlich aber spielt sich Machtausübung heute in einem definierten Rahmen ab; was Machiavelli sagt, können ungebrochen nur noch Mafiabosse anwenden.

Machiavelli vergleicht die Machtklugheit mit der Fähigkeit des guten Arztes, Krankheiten zu erkennen, ehe sie vollständig ausgebrochen sind. Viele Probleme in menschlichen Beziehungen sind leicht zu beheben, wenn sie noch schwer zu erkennen sind. Sobald sie jeder sieht, lassen sie sich nur noch schwer behandeln.

Der Lehrer „übersieht" die Störer in der Klasse, der Therapeut „akzeptiert" die Ausreden des Alkoholikers, der Manager überarbeitet heimlich die Vorlagen seiner Mitarbeiter. Sie alle hoffen, auf diese Weise beliebt zu bleiben und finden sich schließlich verachtet.

Das Bedürfnis, von möglichst allen Menschen bewundert und geliebt zu werden, hängt mit narzisstischen Ängsten zusammen. Grenzen können nicht als Bestandteil der Realität erlebt werden. Sie verletzen die eigene Grandiosität. Darin steckt auch die Weisheit der Botschaft Cordeillas. Wenn der Vater die „normale" Liebe nicht erkennt, weil er sie selbst nicht spürt, ist ihm mit „übernormalen" Liebesbeteuerungen und Schmeicheleien nicht zu helfen.

In einem Rechtsstaat regelt das Gesetz die Machtbedürfnisse der einzelnen. Es verpflichtet die Polizei, keine leeren Drohungen auszusprechen, sondern durchzusetzen, was an Ge- und Verboten gilt. Da jede Drohung die Angst des Bedrohten ausnützt, hier ein Exkurs zur Frage, wie wir Drohungen einschätzen, ernsthafte Risiken von leeren Phrasen unterscheiden können. Ein Beispiel:

An einem Sommerabend im Jahr 2004 startet ein Airbus vom Flughafen München. Reiseziel ist Istanbul. Wenige Minuten nach dem Start läuft ein junger Mann durch den Mittelgang. Er hält ein Handy in der Hand, behauptet, dieses sei eine Bombe. Der Täter trommelt an die Cockpit-Tür, fragt, wie lange das Flugzeug für eine Reise nach Hamburg brauche.

Der Pilot meldet der Flugsicherung ein „Sicherheitsproblem"

an Bord und wendet das Flugzeug. 270 Polizisten und Grenz-schützer, verstärkt durch ein Sonderkommando aus der bayerischen Hauptstadt beziehen Position auf dem Rollfeld. Auf seiner Blaulicht-Fahrt zum Flughafen informiert Bayerns Innenminister Günther Beckstein seinen Kollegen Otto Schily und bitte um Einsatz der GSG 9, die trainiert ist, Flugzeuge zu erstürmen. Zwei raketengerüstete Phantoms der Bundeswehr steigen auf, um den Airbus abzuschließen, wenn er sich einem Atomkraftwerk nähert.

Als der Airbus gelandet ist, öffnet der Mann die Flugzeugtür. Er will mit der Polizei verhandeln, wünscht sich ein Fernsehteam. Da erkennt ein Passagier, ebenfalls ein junger Türke, dass der angebliche Fernzünder ein normales Handy ist und tritt den „Entführer" kräftig in den Rücken. Der Täter fällt drei Meter tief auf Beton und bricht sich den Unterschenkel; er leistet bei seiner Verhaftung keinen Widerstand.

Die Polizei kann nichts Verdächtiges an dem Handy erkennen und durchsucht trotzdem das Flugzeug und das Gepäck aller Reisenden. Mit sieben Stunden Verspätung landen die Passagiere in Istanbul. Inzwischen hat sich herausgestellt, dass der Täter nach Deutschland eingereist war, um seine Frau zu bewegen, zu ihm zurückzukehren. Diese lehnte ab.

Im Nachhinein ist die Diagnose einfach: ein hysterischer Mann. Er kann es nicht ertragen, dass seine Männlichkeit nicht unwiderstehlich ist. Lieber bestätigt er sich seine Grandiosität durch aberwitzige Drohungen, als sich mit der Realität abzufinden, dass zum Leben des Erwachsenen Zurückweisungen und Niederlagen gehören.

Was aber ist diese private Hysterie gegen die große der Staatsmacht? Warum sind alle Verantwortlichen so versessen darauf, die Szene zu eskalieren und die dramatischsten Aktionen anzudenken? Warum wird das Flugzeug noch nach einer Bombe durchsucht, als längst klar ist, wie der Hintergrund der Tat beschaffen ist?

Mir scheint, dass sich hier eine kollektive Abwehr auswirkt, welche die Männlichkeit der Beteiligten schützt, indem sie den Blick hinter die Fassade der Hysterie blockiert. Drohungen haben in weniger als zehn Prozent der Fälle mit einer Realisierung der angedrohten Tat zu tun. Das Sprichwort „Bellende Hunde beißen nicht" ist insofern zutreffend, als das Bellen in der Hundewelt die Funktion hat, Kämpfe zu vermeiden. Gebissen wird in der Regel nur dann, wenn ein Gegner das Bellen nicht respektiert.

Die Drohung hat viele psychologische Funktionen. Sie will auf den Täter aufmerksam zu machen, ihn von emotionalem Druck befreien, seine Grandiosität unterstreichen, vielleicht auch eine Strafe auf ihn herabbeschwören, die ihn von Schuld und Scham entlastet.

Es gibt Experten, die Drohungen beurteilen können. Sie werden aber selten gefragt. Hysterie reizt Hysterie. Wer droht, weckt häufiger als nüchterne Aufmerksamkeit für die möglicherweise geweckten Ängste eine unbewusste Gegenaggression. Erst diese lässt dann die Situation in den Phantasien bzw. Einschätzungen der Beteiligten entgleisen.

Wenn ein wichtiger Minister mit einer solchen Situation befasst wird, muss es eine wichtige Situation sein. Daher wird der eifersüchtige junge Mann, der nichts will als ein wenig Aufmerksamkeit für seine verunsicherte Männlichkeit und nichts hat außer seinen Drohungen, zum gefährlichsten aller Terroristen, der jetzt gleich einen Airbus kapern und in ein Atomkraftwerk steuern wird. Er wird sozusagen so wichtig wie Schily und Beckstein zusammengenommen.

Die Basis der Drohungseinschätzung ist der kühle, realistische Blick. Hat der Täter die Mittel, zu tun, was er ankündigt, oder beteuert er nur, sie zu haben, um seine Drohung glaubhaft zu machen? Ist er entschlossen, oder wünscht er sich nur Aufmerksamkeit?

Wenn ein wegen seiner Trunksucht entlassener Hausmeister droht, die Konzernzentrale in die Luft zu sprengen, kann der von dieser Drohung unterrichtete Manager die Zentrale räumen und nach der Bombe suchen lassen, was ihn viele tausend Euro kostet. Oder er kann sich fragen: Hat der Mann die Mittel? Ist er entschlossen? Was will er wirklich? Dann wird er zu dem Ergebnis kommen: Diese Drohung ist nicht ernst. Es geht darum, ein psychologische Explosion zu bremsen, aber nicht nach Dynamit zu suchen.

Ein Täter, der eine ferngezündete Bombe bauen und an Bord eines Flugzeugs bringen kann, muss weit kaltblütiger und selbstsicherer sein, als der verstörte Burhan B. im Airbus. Er weiß, was er will. Ein Täter, der nur vorgibt, eine Bombe zu haben, wird hingegen seine imaginäre Bewaffnung durch ständige Beteuerungen und Übertreibungen inszenieren.

Weder der Pilot noch eines der Besatzungsmitglieder waren über die Grundlagen der Drohungseinschätzung unterrichtet. Innenminister scheinen sich solche Fragen gar nicht mehr zu stellen. Vielleicht begrüßen sie jeden Anlass zur Legitimation für einen kostspieligen Abwehrapparat.

Wir erinnern uns an das Märchen von des Kaisers neuen Kleidern. Alle Höflinge behaupten, die wunderbaren Stoffe zu sehen, in die der Regent gehüllt zu sein glaubt. Nur das Kind schreit: „Der Kaiser ist nackt!" Ähnlich hatte ein junger Türke, der einen Döner-Laden am Flughafen betreibt, den hysterischen Charakter der Drohungen erkannt. „Als ich sah, dass die Bombe nur ein Handy war, gab ich ihm einen Fußtritt."

# 14. Die Unfähigkeit zur Angst

Die an Komfort und Waren reiche, durch Mode und Reklame überhöhte Umwelt hat für die Menschen der Generation Angst Mutterfunktion gewonnen. Sie weckt die Affekte, die der Mutter gelten: Eine ambivalente Mischung aus Liebe und Hass, aus Abhängigkeit und Wut angesichts eigener Ohnmacht, sich von der Verlustangst zu befreien.

Mütter engen ein. Sie wecken Schuldgefühle. Und sie sind bequem. Es ist mühevoll, erwachsen zu werden, und je mehr die Mutter ihr Kind umschmeichelt und verwöhnt, desto stärker werden auch die Ängste im Kind, die Mutter nicht mehr zu haben. Energisch-zornige Befreiungsphantasien flammen auf und werden durch die Sorge erstickt, dann auf alle lieb gewordenen Bequemlichkeiten verzichten zu müssen.

Starke Bindungen sind fast immer ambivalent. Sie sind aus Gegensätzen gebaut, im typischen Fall aus Liebe und Hass. Das gilt für die Bindung der Individuen an ihre Mütter so gut wie für die Bindungen der Menschen an ihr soziales Symbolsystem. Man liebt die eigene Kultur und hasst sie zugleich. Man feiert den Sieg der „eigenen" Mannschaft und ärgert sich, wenn in der urigen Hafenkneipe fernab der eigenen Grenzen plötzlich nicht das regionale Idiom vom Nebentisch tönt, sondern das ungleich vertrautere der eigenen Heimat, meist in einer dann besonders widerwärtigen Dialektvariante.

Der wichtigste Weg, solche ambivalenten Gefühle zu versöhnen und konstruktiv mit ihnen umzugehen, ist der Austausch. Wie beschrieben, wird in einer normalen, strukturbildenden und Ängste mildernden Entwicklung das Erlebnis des Austauschs zwischen den Eltern und mit den Eltern verinnerlicht. Dadurch gewinnt das gesunde Individuum die Möglichkeit, starke Gefühle als eigene Gefühle zu erkennen, sie zu erleben und sie gemeinsam mit anderen Menschen zu regulieren. Wer hingegen Ambivalenzen nicht ertragen kann, muss starke Gefühle abwehren oder impulsiv ausagieren. Er kann sie nicht steuern.

Ein weiterer, sehr wichtiger Aspekt wurde bisher nur angedeutet: Die kulturelle Steuerung der Ambivalenz und die Fähigkeit, Ängste auf diese Weise zu beherrschen. Das Kind ist zwar in den frühen Entwicklungsphasen den Eltern ausgeliefert und kann, wenn sich diese z.b. gegenseitig entwerten, keine strukturbildende Identifizierung mit dem Modell des „guten Tauschs" vornehmen.

Aber Menschen strukturieren sich nicht nur ein einziges Mal. Die später folgenden Strukturierungschancen sind mindestens so wichtig wie die erste. Ihr Leben lang können sich Menschen verlieben, d.h. ein Ideal erleben, mit dem sie verschmelzen. Auf diese Weise werden seelische Veränderungen von einer Qualität möglich, die mehr mit Identität, Wert- und Selbsterleben zu tun hat als mit abgrenzbaren Lernvorgängen.

Die wichtigste „zweite Chance" der strukturbildenden und damit angststeuernden Formung einer Person ist die Adoleszenz. In dieser Lebensphase kann die Bedeutung der Eltern schwinden. Sie werden auf Abstand gerückt, kritisch gesehen, entidealisiert, ja entwertet. Ein junger Mensch auf dem Höhepunkt seiner körperlichen und geistigen Ressourcen sucht Orientierung.

Jetzt entscheidet sich, ob das Individuum angesichts der eigenen Gesellschaft die Überzeugung gewinnt, dass der gestörte, von Entwertungen bestimmte Austausch, den es im bösen Fall von Seiten der Eltern erlebt hat, nicht in Ordnung ist. Im „Hamlet" ist diese Situation genau erfasst; sie führt allerdings zu keiner guten Lösung: Der Prinz kann, von dem Betrug zwischen den Eltern verletzt, in der kulturellen Welt, die ihn umgibt, keine neuen Werte finden. Er verliert die Fähigkeit, sich zu verlieben und sucht den Tod, um von den Qualen des Zweifels, der Strukturlosigkeit und des steten Zögerns erlöst zu werden. Einmal sagt er „Die Welt ist aus den Fugen!" Hamlet ist der erste moderne Mensch.

Im menschlichen Erleben gibt es kein Vakuum. Das lässt sich

elementar beobachten, wenn wir einen Gegenstand verloren haben, der uns wichtig ist: Sofort bilden sich Phantasien, wo er sein könnte, die sich zu halben Visionen steigern. Erst wenn wir das Ding dort nicht finden, gestehen wir uns ein, dass es dort auch auf gar keinen Fall gewesen sein könnte; vorher ist in der Hektik des Suchens dieser kritische Einwand untergegangen.

Wir könnten diese Hektik auch Manie nennen und mit dem verbinden, was hier als „manische Abwehr" diskutiert werden soll. Dieses Modell führt uns zu einem besseren Verständnis der Gegen-Inszenierungen und Abwehrphantasien, die aufgebaut werden, wenn unser Streben nach beruhigender Vollkommenheit zu scheitern droht und die Angst übermächtig wird.

Gleich nach dem Zusammenbruch des NS-Regimes und dem dadurch entstandenen Verlust an verbindlichen Werten („Nation", „Rasse", „Führer") setzten solche Gegeninszenierungen ein. Wie hartnäckig sie bestehen blieben, zeigt die Erbitterung angesichts der Diskussion über die Verstrickung der angeblich „sauberen" deutschen Wehrmacht in den rassistischen Krieg im Osten. Als Sohn eines 1944 bei Kiew gefallenen Infanterieoffiziers dieser Wehrmacht weiß ich, wie sich eine solche Abwehr anfühlt und wie hartnäckig sie kritischen Überlegungen trotzt.

Nach wie vor gültig ist die Beschreibung der manischen Abwehr als „Unfähigkeit zu trauern" in dem Buch von Margarete und Alexander Mitscherlich. Ihre Folgen verspüren wir bis heute, angesichts der Kinder und Enkel dieser Generation. Die manische Abwehr ist vielseitig und kaum auf einen gemeinsamen Nenner zu bringen: Sie kann als stumpfe Verleugnung jeder Anfechtung und Betroffenheit ebenso auftreten wie als blinde Arbeitswut oder als hektische Suche nach den Fehlern und Schwächen jener, welche eigene Rechtfertigungen in Frage stellen könnten.

Verständlich werden diese Strategien erst dann, wenn wir erkennen, dass im Zustand der manischen Abwehr eine Erlebnismöglichkeit fehlt: Trauer über einen Verlust, über ein eigenes Versagen, über die Enttäuschung hochfliegender Erwartungen. Es gibt weder Sehnsucht noch Heimweh. Die Betroffenen blicken nur nach vorne, aber sie sind kurzsichtig, es gibt keine Utopie.

Wer die fünfziger Jahre noch erlebt hat, wird sich auch daran erinnern, dass damals sehr viel weniger über die Nazizeit und die Taten Hitlers und seiner Kumpane gesprochen wurde als heute. Die Ereignisse waren kaum präsent, sie erweckten keinerlei Gefühle. Es gab insgesamt wenig Mitleid – weder mit den Opfern der Nazis, den Millionen von Juden, Zigeunern und Zwangsarbeitern, die ermordet worden waren, noch mit den eigenen Traumatisierungen, mit den Zerstörungen, die die eigenen Familien betrafen. Das Wunschkonzert, die Frage, ob die deutschen Bischöfe ein Recht hatten, Hildegard Knef für die Nacktbilder in der „Sünderin" zu verdammen, der eiserne Vorhang, der Koreakrieg – jedes Thema war wichtiger als die unmittelbare Vergangenheit.

Man könnte meinen, dass damals, umgeben von mehr oder weniger durch den Krieg Traumatisierten, die Forscher das posttraumatische Syndrom mit seiner Komponente der erhöhten Angstbereitschaft und der Hypochondrie (also der ängstlichen Besorgnis um den Zustand des eigenen Körpers) in den Mittelpunkt ihrer Überlegungen gerückt hätten. Aber auch die Psychologen waren blind für die Folgen der unmittelbaren Vergangenheit; das Buch der Mitscherlichs blieb eine große Ausnahme.

Sobald wir den gesellschaftlichen Aspekt in unseren Ängsten ernst nehmen, verlieren wir ein Stück Sicherheit. Wir können uns selbst nicht mehr so einfach distanzieren, schließlich sind wir ein Teil des Systems, in dem wir unser Problem verorten. An dem Beispiel der Auseinandersetzung mit der jüngsten Vergangenheit lässt sich erkennen, dass die Psychologie keineswegs immer die manische Abwehr untersucht wird – sie kann ebenfalls von ihr beherrscht werden und ihre Verleugnungen teilen.

Im Folgenden möchte ich an zwei Beispielen schildern, wie die manische Abwehr Modelle beeinflusst hat, menschliche Ängste zu erklären. In dem einen Fall, bei Fritz Riemann, wird die Angst überhöht. Sie gewinnt, um der unangenehmen Auseinandersetzung mit der jüngsten Vergangenheit zu entgehen, kosmische Dimensionen. In dem anderen Fall, einem jüngst veröffentlichen Text von Boris Bandelow, wird die Angst banalisiert. Sie hat nichts mit der (Konsum)Gesellschaft und mit den Störungen unseres Selbstgefühls zu tun. Ganz im Gegenteil: es gibt Medikamente, es gibt Trainingseinheiten, es gibt Experten, die alles im Griff haben. Jenseits davon gibt es nichts, keine Fragen und keine Antworten.

Fritz Riemann veröffentliche seinen Text über die „Grundformen der Angst" 1961. Er hat heute eine Gesamtauflage von fast einer Million erreicht. Es ist fast rührend zu beobachten, wie Riemann in seiner Beschreibung des hysterischen Typus Hitler indirekt beschreibt, aber Benjamin Disraeli als konkrete Person benennt, wobei er sich noch durch einen anderen Autor absichert:

„In der Politik vertreten die hysterischen Persönlichkeiten gern die liberalen oder revolutionären Parteien, nicht zuletzt aus Sensationsbedürfnis, sowie aus einer unbestimmten Unzufriedenheit und ebenso unbestimmten Zukunftserwartungen ... Ein Politiker von Format mit hysterischen Einschlägen ist, nach der Darstellung von André Maurois, wohl Benjamin Disreali gewesen. Auch als Politiker sind sie die mitreißenden, begeistern können nenden Redner, die nur gern zu viel versprechen. Oft sind sie Führernaturen, denen es mehr liegt, Dinge in Gang zu bringen, neue Wege aufzuzeigen, als die dann notwendige Kleinarbeit in der Durchführung ihrer Ideen zu leisten. Aber sie können auch die Verführer sein, die geschickt die geheimen Wünsche ihrer Wähler benutzen, um sich hochzuspielen, und die nach dem Grundsatz leben 'après moi le déluge', 'nach mir die Sintflut' ...".[35]

Folgerichtig spielt in dem Angstmodell Riemanns die Physik jene Rolle, welche die Biographie nicht spielen darf. Die Verdrängung der Geschichte wird ergänzt durch eine Verdrängung der Kultur; der Autor schaut sozusagen den Mächten der Himmels-

---

[35] Riemann (1961), zit. n. der Ausg. von 1999, S. 239.

körper in ihrem Wirken über die Schulter und behauptet zu erkennen, dass es menschliche Aufgabe sei, sich diesen zu unterwerfen. Er übersetzt die Grundkräfte, die das Sonnensystem beherrschen, ins Psychologische:

1. Die erste Forderung, welche Angst auslöst, entspricht der Rotation. Der Mensch muss sich, wie es die Erde tut, um seine eigene Achse drehen können. Die Rotation symbolisiert den Auftrag, ein einmaliges Individuum zu werden, „kein austauschbarer Massenmensch". Je mehr wir uns von anderen unterscheiden, desto mehr drohen Einsamkeit und mit ihr Angst. Dieser Konflikt ist für die schizoide Persönlichkeit charakteristisch: Sie fürchtet sich vor Selbsthingabe, die als Ich-Verlust und unerträgliche Abhängigkeit erlebt wird.

2. Die zweite Forderung, welche Riemann aus seinen kosmischen Überlegungen ableitet, betrifft die Revolution: Der Mensch muss sich, wie es die Erde mit der Sonne tut, in verlässlichem Abstand um einen anderen bewegen. Er muss sich dem Leben hingeben können, sich der Welt und seinen Mitmenschen vertrauend öffnen und mit dem Nicht-Ich, dem Fremden austauschen. Folgerichtig ist die Angst der depressiven Persönlichkeit polar zu jener der schizoiden. Während der Schizoide fürchtet, in zu großer Nähe seine Persönlichkeit zu verlieren, wagt sich der Depressive nicht aus seinen Abhängigkeiten heraus, weil seine Selbstwerdung ihn isoliert und ungeborgen zurücklassen würde.

3. Die dritte Kraft, welche die kosmischen Bewegungen reguliert und der sich laut Riemann auch die menschliche Psyche unterwerfen muss, ist die Schwerkraft. Sie hält als zentripetale Macht die Himmelskörper zusammen und wirkt sich auf die Seele als Streben nach Dauer, Stabilität, Beharrung aus. Daher ist die zentrale Angst der zwanghaften Persönlichkeit die Angst vor Veränderung, vor dem Wandel, der als Quelle kaum erträglicher Unsicherheit erlebt wird.

4. Die vierte Forderung des Kosmos an die Psyche ist die Zentrifugalkraft. Sie besteht darauf, dass wir uns immer ändern, auf

Neues einstellen müssen, dass es wichtig ist, Vertrautes aufzugeben und Traditionen hinter sich zu lassen. So ist die zentrale Angst der hysterischen Persönlichkeit wiederum antagonistisch zur zwanghaften: Wo sich diese nach absoluter Dauer und Verlässlichkeit sehnt, wünscht sich die hysterische Persönlichkeit den unaufhörlichen Wandel, das rastlose Streben. Ihre Angst richtet sich auf die Notwendigkeit, die sie als Unfreiheit erlebt.

Wahrscheinlich haben sich die meisten Leser der „Grundformen der Angst" nicht weiter mit diesen hoch abstrakten Vergleichen beschäftigt, sondern sich auf die anschaulichen Fallbeispiele beschränkt, deren eingängige, alltagspraktische und nicht selten moralisierende Darstellung ihren Erwartungen entgegenkam. Schnell lässt sich die Umgebung „psychoanalytisch" klassifizieren, da ist jemand schizoid, dort hysterisch.

Angesichts der Aufgabe einer Einordnung der eigenen Person ist die Angelegenheit schon schwieriger und verrät die Unschärfe des Ganzen. Einige Male haben mir Analysanden berichtet, sie seien bei jedem Typus der Überzeugung gewesen, er treffe auf sie zu, somit in den Tagen der Lektüre zuerst schizoid, dann depressiv, zwanghaft und schließlich hysterisch gewesen.

Die manische Abwehr der inneren Zerstörung und Verwirrung durch den Untergang des „Dritten Reiches" drückt sich hier nicht nur im Beschweigen der aktuellen, traumatischen Zustände aus, sondern auch in der Identifizierung mit einem sozusagen überzeitlichen, kosmischen Blick auf das menschliche Leben. Es geht um ewige Werte, um tragische Gegensätze, die ohne jede Betrachtung der zeitgeschichtlichen und kulturellen Einflüsse auf die Individuen wirken. Die Sprache der Nazizeit ist noch lebendig („rassische Eigenschaften", „Halbjüdin"); das kann kein persönlicher Vorwurf gegen Riemann sein, das war zu dieser Zeit fast allgemein der Fall.

Wichtiger als solche Details ist die Problematik der psychologischen Typologie. Indem sie formale Strukturen konstruiert und diese dann individuellen Persönlichkeiten zuordnet, fördert sie ein wichtiges Detail der manischen Abwehr: Die klare Trennung zwischen einem als gut erlebten Ich und einem minderwertigen Anderen. Zum Beispiel bin ich, eine liebesfähige Depressive, leider etwas zu weichherzig, mein Partner aber ist ein kalter, bindungsunfähiger Schizoider.

Jedes Individuum verfügt über alle Abwehrmechanismen und setzt sie je nach Bedarf ein. Wann eine Person „depressiv", „schizoid", „zwanghaft" oder „hysterisch" reagiert, hängt von den Umständen ab, von den Reaktionen der Umwelt, von dem Verhalten der Bezugspersonen, von der gesellschaftlichen Situation. So kann es sein, dass die Ehefrau, die mit ihrem ersten Partner immer wieder Szenen erlebte, die jeder Beobachter als Zeichen einer schweren Hysterie ansah, nach ihrer Scheidung mit einem neuen Partner nie wieder so reagiert.

Riemann war ein mehrfach schwer traumatisierter Mann: Er verlor seinen Vater (einen Fabrikanten) im Alter von zwölf Jahren, musste den sozialen Abstieg der Familie und das eigene Scheitern in seinem ersten Studium verarbeiten. Seine Karriere als Psychoanalytiker war dann steil, aber von der Tatsache überschattet, dass sie durch die Emigration der jüdischen Kollegen zumindest erleichtert worden war.

Riemann hat sein Trauma „verarbeitet", d.h. durch Tätigkeit bewältigt. Er gab über viele Jahre jeden Tag zwölf Praxisstunden und hat noch schwerkrank mit einem Lungenemphysem und Herzinsuffizienz weitergearbeitet. Dieses Verhalten zeigt, wie wichtig für seine seelische Stabilität diese Arbeit war. Wie schon Freud in den „Brautbriefen" beschrieben hat[36], kann der Therapeut eigene Ängste und Depressionen abwehren, indem er solche Belastungen bei anderen behandelt.

---

[36] „Mein teures Mädchen, Ich kam heute ganz ratlos zu meinem Patienten, woher ich die nötige Teilnahme und Aufmerksamkeit für ihn nehmen würde; ich war so matt und apathisch. Aber das schwand, als er zu klagen begann und ich zu merken, dass ich hier ein Geschäft und eine Bedeutung habe." So schrieb Freud an Martha Bernays am 28.8 1883, zit. n. E. L. Freud , Brautbriefe, 1968, S. 35.

Es scheint mir heute, dass die manische Abwehr in vielen Fällen unentbehrlich ist und wir sie erst dann durchschauen, wenn wir so viel Kraft gefunden haben, dass wir entspannt zurückblicken können. Es ist wie bei einem Schwimmer, der in die Brandung gerät. Dieser wird erst einmal genug damit zu tun haben, nicht zu ertrinken und den Kopf wenigstens so oft über Wasser zu heben, dass er nicht erstickt. Solange er auf diese Weise kämpft, wird er nicht begreifen, was er falsch gemacht hat und warum; solche Gedanken setzen frühestens dann ein, wenn er wieder Grund gewonnen hat und endlich durchatmen kann.

Diese Metapher erfasst freilich etwas ganz Wesentliches nicht. Die meisten Beobachter werden sich schnell einigen, ob ein Schwimmer die Brandung gemeistert hat und nun in ruhigerem Wasser festen Grund findet. Seelische Verletzungen, sind unsichtbar und gründen auf Unsichtbarem (wie früheren Traumen). Daher können wir längst nicht so einfach herausfinden, ob die manische Abwehr aufgegeben werden kann oder nicht.

Das macht die Gespräche zwischen den Generationen („mein Opa war kein Nazi!"), zwischen Deutschen und Juden, zwischen früheren Soldaten und Kriegsgegnern so schwierig, so voller Risiken einer erneuten Verletzung durch mangelndes Verständnis für die Abwehrbedürfnisse eines Gesprächspartners.

In der Diskussion über die Verbrechen der Wehrmacht wurde beispielsweise deutlich, wie viele Deutsche nach wie vor an die Illusion gebunden sind, dass die „Soldaten" gut und nur die „Nazis" böse waren. Hier lässt sich das Wirken einer Typisierung beobachten. Es gibt in diesem Bild der Vergangenheit keine Soldaten, die Nazis sind. Die typischen Soldaten sind gegen die Nazis und wollen, wenn erst einmal der Krieg gewonnen ist, die Parteibonzen abschaffen. Dieses Bild wird mit großer rhetorischer Anstrengung und der Bemühung um Verabsolutierung eigener Erinnerungen aufrechterhalten, obwohl die betreffenden Ereignisse sechzig Jahre zurückliegen und eine Betrachtung der Fakten kaum einen der Beteiligten noch direkt betrifft.

In der manischen Abwehr wird die Mischung verleugnet. Etwas ist entweder gut oder schlecht, schwarz oder weiß. Die Möglichkeit, selbst im Unrecht zu sein, wird so wenig bedacht wie die Tatsache, dass gute Menschen ihre bösen und schlechte Menschen ihre guten Seiten haben. Wer nicht idealisiert werden kann, dessen Wertlosigkeit ist gewiss.

Die helfenden Berufe sind besonders anfällig für solche Abwehrformen. Der Volksmund spottet über die Halbgötter in Weiß; die Patienten wünschen sich aber in vielen Fällen doch eher den Arzt, der gottgleiche Sicherheit verströmt, als den Realisten, der zugesteht, dass es so, aber auch ganz anders sein kann. In der Psychotherapie ist das nicht besser.

Wer die (Schul)Streitigkeiten unter Therapeuten miterlebt, mag es manchmal nicht glauben, dass jene Personen, die Konzepte wie das der manischen Abwehr, der Spaltung und des primitiven Narzissmus entwickelt haben, keineswegs über diesen Mechanismen stehen. Da wird die eigene Schule, die eigene Vorgehensweise sorglos und selbstgewiss idealisiert, die des Kollegen entwertet, als hätte man nie etwas von den entsprechenden seelischen Mechanismen gehört.

Stellen wir uns vor, dass ein wenig kunstsinniger, aber praktischer Mensch auf den Gedanken kommt, herauszufinden, ob sich ein Kunstwerk für seine Zwecke eignet. Dann mag etwas herauskommen wie das folgende, streng wissenschaftliche Gutachten:

„Das vorgelegte Material ist rechteckig und misst exakt 394 mal 434 mm. Er ist relativ leicht und oberflächlich mit wenig dauerhaften Farben bemalt, die während der Prüfung in der Regenkammer abblätterten. Die Wasserdurchlässigkeit liegt weit über dem Durchschnittswert der geprüften Deckplatten. Von einer Verwendung ist abzuraten."

Heute gälte es als Barbarei, die Mona Lisa auf ihre Eignung als Dachpappe zu testen. Aber die Menschen waren nicht immer so empfindlich – viele der schönsten Marmorbilder der Griechen und Römer wanderten in die Kalköfen, in denen Mörtel für Gebäude gebrannt wurde, die alle Welt damals für erheblich nützlicher und frommer hielt als die abgeschafften Götter.

Der Vergleich mag ein wenig drastisch anmuten, aber er verdeutlicht die Vergewaltigung fremder Werte, die nicht in ein Zwecksystem passen, das sich selbst absolut setzt und für einzig objektiv erklärt. Dem Kunstliebhaber ist das Gemälde kostbarer als jede Dachpappe; wer aber nur entlang seiner eigenen Absichten denkt und jede andere Perspektive ignoriert, wird das Gemälde nicht sehen und seine Brauchbarkeit als Dachpappe mit guten Gründen anzweifeln. Dieses Vorgehen bestimmt manchmal den Psychologenstreit zwischen angeblich „streng" naturwissenschaftlichen Richtungen und anderen, die sich auf Bedeutungen konzentrieren und darauf bestehen, dass seelische Leiden mit kulturellen und sozialen Faktoren zu tun haben.

„Wie könnte man Moleküle durch Gespräche in tiefen Ledersesseln beeinflussen?" Solche Fragen stellt Borwin Bandelow in einem Werk, das von sich behauptet, „Das Angstbuch"[37] schlechthin zu sein. Hier ist die Verleugnung der existenziellen Dimension von Ängsten und die Abwertung der Psychoanalyse nicht so leicht als Banalisierung zu erkennen, wie die Verwendung einer Marmorstatue als Material für den Kalkofen.

Es ist schwer, angesichts der von einem Autor wie Bandelow gegen jede bedeutungsorientierte Psychotherapie aufgebotenen Unterstellungen eine ernsthafte Auseinandersetzung zu führen. Man muss sich auch fragen: Wenn sie schon so unwissenschaftlich und veraltet ist – wozu der Aufwand, die Psychoanalyse erst völlig verfälscht zu zitieren und dann mühelos zu entkräften, weil man keine anderen wissenschaftlichen Studien kennt als die eigenen?

In der Berufsordnung, die derzeit in den neu geschaffenen Kammern der psychologischen Psychotherapeuten erarbeitet wird, soll Schmähkritik an anderen Richtungen ausdrücklich un-

---

[37] Bandelow, B. (2004): Das Angstbuch, Reinbek b. Hamburg, S. 128

tersagt werden. Es ist zu hoffen, dass es auf diese Weise öfter dazu kommt, dass Psychoanalytiker und Verhaltenstherapeuten zusammenarbeiten und nicht mehr eine gelungene Verhaltenstherapie gegen eine gescheiterte Psychoanalyse aufrechnen – oder umgekehrt.

Die Praxis der „naturwissenschaftlichen" Angsttherapeuten vom Typus Bandelow ist gegenwärtig schamanistisch in dem Sinn, dass sie *glaubt,* von Technik und Naturwissenschaft ebenso getragen zu sein, wie der Schamane glaubt, dass nicht er die Behandlung macht, sondern sein Schutzgeist. Wer als Therapeut meint, eine naturwissenschaftliche Technik anzuwenden und darüber hinaus nichts zu tun, kann seine Illusion über sich selbst und seine Patienten nicht mehr erkennen.

Ich möchte betonen, dass ich naturwissenschaftliche Forschung für die Grundlage jeder Orientierung halte, welche heute Anspruch auf öffentliche Geltung erhebt. Aber ebenso wichtig ist es, Naturwissenschaft von Pseudonaturwissenschaft zu unterscheiden. Ich halte nichts von den Versuchen ehrgeiziger Psychologen, Konkurrenten dadurch zu erledigen, dass sie einem Naturforscher den Kittel stehlen und Rivalen, die solchen Mummenschanz ablehnen, als „unwissenschaftlich" exkommunizieren.

Gute Empiriker bereichern jedes Wissensgebiet; je engagierter sie arbeiten, desto weniger haben sie es nötig, sich ein Urteil über Erscheinungen anzumaßen, die sich ihren Instrumenten entziehen. Ehrgeizige Pseudowissenschaftler hingegen entwerten Konkurrenten als unwissenschaftlich und pflegen selbst triviale Mythen, die sie in einen willkürlichen Zusammenhang mit empirischer Detailforschung stellen.

Diese bringen keinen Gewinn an Erkenntnis. Sie kommen nur dem Meinungskonsumenten entgegen. Ihre „Wissenschaftlichkeit" beruht auf puren Behauptungen und gewagten Deutungen von Experimenten oder anderen Forschungsergebnissen, in denen ganz andere Dinge untersucht worden sind als die, über welche jetzt Aussagen gemacht werden.

Nach dem Erfolgsrezept der Bild-Zeitung erfährt der Leser, dass Träume „in Wirklichkeit" unsinnig sind, dass es keine Zusammenhänge zwischen seelischen Verletzungen in der Kindheit und späteren Störungen gibt, dass das Unbewusste nicht existiert und Symptome nichts bedeuten. Männer und Frauen haben verschiedene Gehirne, aus diesem Grund ist Männern der Sex mit möglichst vielen fruchtbaren Frauen wichtig und Frauen die Beziehung zu einem „richtigen" Mann.

Diese Lage der Dinge ist nicht nur ärgerlich, sondern auch traurig, weil sie viele Entwicklungsmöglichkeiten der Psychologie blockiert. Die fatale Neigung, sich auf Kosten der Reflexion und der Redlichkeit den Naturwissenschaften anzudienen und alle Differenzierungen abzuwerten, führt zu Spaltungen zwischen Forschung und Praxis und fördert die Anziehungskraft esoterischer Lehren, die – statt die Welt des Irrationalen zu erforschen – vorgeben, sie könnten sich ihrer bedienen.

In der exakten Naturwissenschaft antworten die Forschungsgegenstände nicht. Sie nehmen keinen Dialog auf, sind aber auch nicht von diesem Dialog abhängig. Menschen hingegen reagieren auf ein „kaltes" Experiment eben nicht „kalt", sondern oft recht heiß und ablehnend. Sie machen sich unerkennbar, wenn sie keine Beziehungsaufnahme spüren; daher gerät jede experimentelle Forschung bald an Grenzen, die sie reflektieren müsste, um nicht zu irren.

Es gibt eine berühmte Metapher von Francis Bacon über den Beginn des Experiments in der Naturwissenschaft: Der Forscher muss die Natur auf die Folterbank legen. Er muss alle ihre Bewegungen fixieren, um ihr so die Wahrheit abzupressen. Es gibt in der Geschichte der Psychologie durchaus Experimente, die derartige Qualitäten haben und heute als unethisch gelten.

In der Psychotherapie wird man schwer belastete und akut hilfsbedürftige Personen in kein Experiment zwingen können, zu dessen Bedingungen eine zufällige Verteilung unwirksamer Interventionen gehört. Zudem gibt es den völlig „neutralen" Psychologen nicht; in der Praxis ist gewiss neutraler, wer seine Emotionen reflektiert, als wer sie leugnet. Wer sich eine reaktionslose Maske aufsetzt, verletzt die ihm anvertrauten Personen. Wer freundlich, aber ungreifbar bleibt, tut das Gleiche in minderem Maß; wer sich emotional übermäßig einlässt, verliert die Professionalität.

Das günstige Maß an Präsenz und Abstinenz ist nicht leicht zu finden und zu halten, es erfordert einen ständigen Dialog über die professionelle Rolle. Das psychoanalytische Credo ist, dieses Geschehen gemeinsam mit dem Patienten zu untersuchen und zu verstehen.

Menschen reagieren ganzheitlich. Wer sie verstehen will, muss ihnen zuhören und sich einfühlen. Wer Menschen beeinflussen will, arbeitet mit einer Unmenge an Informationen, von denen ihm nur ein Teil bewusst ist; wenn er versuchen würde, nur jenen Teil ernst zu nehmen, der in kontrollierten Experimenten isolierbar ist, kann er sich überhaupt nicht verhalten. Noch weniger vermag er zu verstehen, was geschieht.

Bandelows schreibt, dass Gespräche in tiefen Ledersesseln kein Molekül verändern.

Natürlich meint Bandelow, dass Psychoanalyse gar nichts verändert, während die von ihm vertretenen Methoden sehr wohl etwas verändern. Aber warum taucht hier plötzlich der Begriff des „Moleküls" auf?

Er hat nicht den geringsten naturwissenschaftlichen Sinn. Die biologische Psychiatrie und die Neuropsychologie erforschen keine Molekularkrankheiten wie die Sichelzellanämie. Allenfalls erforschen sie Veränderungen in der Verteilung von Botenstoffen (Transmittern) im Nervengewebe.

In Bandelows Begrifflichkeit können wir die pseudonaturwissenschaftliche Mythologie studieren. Moleküle, so scheint er uns sagen zu wollen, sind etwas Wirkliches; Gespräche in tiefen Ledersesseln sind – eben Gespräche, beliebig, austauschbar, unkontrollierbar. Aber sind Moleküle „wirklich" da? Wer sich ein wenig in die moderne Physik vertieft, kommt zu dem Ergebnis, dass die

Physiker sehr genau wissen und beschreiben, dass Moleküle helfen, ein Modell für physikalische und chemische Prozesse zu gewinnen, dass dieses Modell aber vorläufig ist und demnächst vielleicht durch ein ganz anderes Modell (etwa die String-Hypothese) ersetzt wird.

Bandelows Satz dient dazu, die eigenen Vorstellungen als „real" und „wissenschaftlich" zu verteidigen, während die Vorstellungen des Gegners als unsubstanziell, als bloße Phantasie abgetan werden. Und gerade in diesem Bestreben praktiziert er, was er unterstellt.

Die „Angsttheorie" Bandelows selbst ist ein wissenschaftlicher Rückschritt. Genetische Dispositionen machen demnach bestimmte Personen verwundbarer als andere; seit den Anfängen der Psychiatrie ist dies ein Musterbild einer Pseudo-Erklärung.[38] Wenn diese Personen dann durch Traumatisierungen in ihrer Angstbewältigung überlastet werden, brechen die Störungen aus.

Bandelow und Riemann verbindet die Tendenz, Spannungen zwischen dem Menschen und der Gesellschaft zu ignorieren. Beide beschwören die Naturwissenschaft, ohne sich wirklich an deren Regeln zu halten. Riemann wählt physikalisch-astronomische Bilder, Bandelow solche aus der Verhaltensforschung. Keiner von ihnen wirft einen Blick auf die Gesellschaft und auf die Geschichte. Angst ist ein Problem Einzelner, sie hat nichts mit Austausch und mit Institutionen zu tun.

Bei Riemann lässt sich die eingeengte Sicht mit seinen Erlebnissen im Krieg und in der Nachkriegszeit verbinden. Die Unfähigkeit, sich auf Angst einzulassen, hat eine ähnliche Quelle wie

---

[38] Die Übereinstimmung (Konkordanz) eineiiger Zwillinge ist ein sehr beliebtes Forschungsmittel, um solche „genetischen Faktoren" zu ermitteln. Wenn sie beispielsweise 60 Prozent beträgt, muss doch eine Krankheit wie Schizophrenie „angeboren" sein. In Wahrheit heißt es nur, dass wir eine Ursache nicht kennen, nur eine Disposition, denn auch in Bezug auf die Merkmal „Tuberkulose" beträgt diese Konkordanz 60 Prozent – hier wissen wir allerdings, dass die Ursache nicht in den Genen liegt, sondern in einem Erreger.

die Unfähigkeit zur Trauer, die manische Abwehr, in der alle Affekte der „Schwäche" verbannt werden. Die gegenwärtig vorherrschende Erscheinungsform dieser Abwehr ist der technische Größenwahn. So steht Riemann für eine Angst"theorie", welche die Verführbarkeit des Menschen zu mörderischen Vorstellungen von Reinheit und Größe abwehrt. Bandelow leugnet die Verstrickung des Menschen in den technischen Fortschritt und die Möglichkeit des von Freud beschriebenen „Unbehagens in der Kultur".

Harald Pühl stellt in seinem Buch über „Angst in Gruppen und Institutionen" fest, „dass sich Verzerrungen immer da ergeben, wo der Forscher selbst seine unbewussten Ängste auszuklammern versucht". Er weist in diesem Zusammenhang auf die Erkenntnisse der Familientherapeutin Thea Bauriedl, des Ethnologen und Psychoanalytiker Georges Devereux und des Sozialpsychologen Klaus Ottomeyer hin: Sie alle haben Belege gesammelt, wonach die Angstverleugnung und Angstvermeidung des Forschers dazu führt, dass er seinen Gegenstand in einer Weise „objektiviert", die seinen Bedürfnissen nach Angstabwehr entspricht.[39]

---

[39] Pühl, H. (2005): Angst in Gruppen und Institutionen, Berlin, S. 20ff.

# 15. Wege aus der Angst

> Eine letzte, ganz anders geartete Aktivität wird uns durch die allmählich wachsende Einsicht aufgenötigt, dass die verschiedenen Krankheitsformen, die wir behandeln, nicht durch die nämliche Technik erledigt werden können.
>
> S. Freud[40]

Wenn wir uns an das Beispiel des Professors erinnern, der im Morgengrauen mit seinen Ängsten kämpft, und ihm den paläolithischen Jäger gegenüberstellen, dessen Erwachen von Hunger beherrscht ist, dann scheint uns ein Weg aus der Angst vorgezeichnet: Wir müssten Mittel finden, Angst in Hunger zurückzuverwandeln.

Das ist leichter gesagt als getan, wie die schier endlosen Aufforderungen in Büchern, Zeitschriften und anderen Medien zeigen, positiv zu denken, also die eigene Sicht auf die Welt nicht von dem übermächtigen Angststrom mitreißen zu lassen, der aus einer kleinen Not eine Katastrophe macht. Das positive Denken enthält sehr oft den Versuch, eine manische Abwehr magisch aufzubauen: Der Mensch kann alles erreichen, was er nur leidenschaftlich genug will. Wer glaubt, ein Adler zu sein, kann auch fliegen. Wer alle Ratschläge befolgt, wird ein toller Liebhaber oder bleibt für immer jung.

Demgegenüber ist es das Ziel der Angstbewältigung, zwischen realen Gefahren und imaginären Risiken zu unterscheiden. Daraus ergibt sich dann ein eigener Kurs im Leben, der sich mit der Tatsache abfindet, dass ein Leben wenig Spaß macht, das sich ausschließlich auf die Vermeidung aller Gefahren konzentriert, während eine genaue Einschätzung der Risiken die Lebensqualität steigert. Der oft gehörte Spruch „no risk, no fun" bringt es auf

---

[40] Freud, S.: Wege der psychoanalytischen Therapie, GW XII, S.191

eine zu einfache Formel. Es gibt durchaus gefahrlose Lust, und es ist wichtig, diese hochzuschätzen, was gerade leistungsbezogenen Menschen oft nicht gut gelingt. Aber allen Gefahren kann niemand aus dem Weg gehen.

Ein anderes, einfaches Rezept lautet, die Angst weder zu verdrängen noch ihr nachzugeben, sondern sie zwar wahrzunehmen, aber zu ignorieren. Das klingt ein wenig paradox und ist es auch, denn es gilt nur für jene Ängste, die nach kritischer Prüfung „unsinnig" sind, während begründete Ängste ohnedies zu zielgerichtetem Handeln führen und – wenn dieses abgeschlossen ist – auch aufhören.

Dieses „Ignorieren" verlangt ein Umdenken. Als Beispiel fällt mir ein Erlebnis ein, das ich mit meinem ersten Auto hatte, einem alten VW-Käfer, um den ich sehr besorgt war. Daher fuhr ich sofort in die Werkstatt, als ein grünes Lämpchen leuchtete; ich wusste aus der Betriebsanleitung, dass das ein Zeichen für geringen Öldruck war. Der Meister prüfte die Situation und sagte, der Öldruck sei in Ordnung, nur die Anzeige defekt. Wenn ich den Ölstand regelmäßig kontrollieren würde, könnte ich problemlos weiterfahren; andernfalls müsste man eben den Signalgeber auswechseln, was – im Gegensatz zu seinem Rat – etwas kosten würde.

Sparsam, wie ich sein musste, beschloss ich, das grüne Lämpchen nicht mehr als Warnsignal zu deuten, sondern als Zeichen, dass alles in Ordnung sei. Und so fuhr ich noch viele tausend Kilometer.

Ein anderes Beispiel: wie viele andere Menschen habe auch ich Angst, öffentlich zu sprechen. Glücklicherweise erinnere ich mich nicht daran, wenn ich einen Vortrag zusage, wahrscheinlich, weil ich eher daran denke, dass die Sache letztes Mal auch ganz gut geklappt hat. Aber wenn der Termin näher rückt, meldet sich die Angst, und ich brauche Hilfsmittel, um sie weiter ignorieren zu können.

Eines ist das rechtzeitig ausgearbeitete Manuskript (an das ich mich dann oft gar nicht halte, aber ich kann immer noch vorlesen, wenn ich zuviel Angst haben sollte), ein anderes die Vorstellung, dass es nicht meine Idee und meine Verantwortung ist, wenn ich da auftreten und so tun soll, als könnte ich einem Saal voller kluger Menschen etwas Weiterführendes sagen. Es ist die Verantwortung der Leute, die mich eingeladen haben, ich werde tun, was ich kann, basta. Auch das beruhigt mich, ähnlich wie mich im Flugzeug die Vorstellung beruhigt, dass nicht ich die Verantwortung habe, dass das Ding ordentlich fliegt und landet, sondern ein Pilot, der ebenfalls gerne heil ankommen möchte.

Die oben erwähnte Maxime, die Angst in Hunger zurückzuverwandeln, begründet die bunte Palette der Ablenkungen. Niemand sollte Ablenkungen gering schätzen, sie sind etwas Kostbares. Ablenkungen hängen damit zusammen, dass Wünsche beschworen werden, Triebe oder Bilder von Befriedigung, die der Angst entgegenarbeiten und die nicht mit ihr vereinbar sind. Es gibt regelrechte Phantasieübungen („neurolinguistisches Programmieren"), in denen sogenannte „Anker" ausgeworfen werden, Erinnerungen, die mit Gefühlen von Wohlbefinden, Glück und Entspannung verknüpft sind. Wer diese in sich beschwören kann, löscht Angstvorstellungen aus.

Dem Ängstlichen sagen wir, er solle sich entspannen. Das verkrampft ihn noch mehr. Der Yoga-Meister (zumindest im Hatha-Yoga) geht anders vor: Er fordert höchste Anspannung; so überlastet, können die Muskeln gar nicht mehr anderes, als sich entspannen. Ich muss hinzufügen, dass ich von Yoga nur so viel verstehe, wie mir einige befreundete Yoga-Lehrerinnen erzählt und vorgeübt haben. Dieses Vorgehen scheint mir jedoch überzeugend. Andere schwören auf autogenes Training, auf Laufen, Krafttraining, Schwimmen und Radfahren.

Alles, was uns in Anspruch nimmt und unsere Aufmerksamkeit auf erreichbare Ziele konzentriert, hilft gegen die Angst. Das gilt natürlich auch und gerade für die Berufsarbeit, diesem ebenso unersetzlichen wie häufig entwerteten Mittel der seelischen Hygiene. Am besten haben es Menschen, die gerne arbeiten und sich selbst in dieser Arbeit genießen können. Solange sie etwas zu tun haben, können sie ihrer Ängste Herr werden.

Jedes Mittel gegen die Angst kann allerdings auch zum Angstmacher werden. Das klingt bösartig, ist aber leider wahr. Wer seine Ängste erfolgreich durch berufliche Arbeit bekämpft, muss sich vor der Arbeitslosigkeit fürchten; wer seine Angst vor Einsamkeit durch eine Liebesbeziehung bewältigt hat, fürchtet sich vor dem Verlust des Partners.

Angesichts dieser Lage tun wir gut, uns an einen Satz zu erinnern, den die Philosophen entdeckt und die Biologen bewiesen haben. Das Leben beruht auf einem Gleichgewicht: sei es die Harmonie der Sphären oder die bereits erwähnte Balance von Arbeit und Leben, sei es das Verhältnis zwischen sauren und alkalischen Stoffen im Körper oder das Zusammenspiel von adrenergen und cholinergen Zellen im Nervensystem.

So empfiehlt es sich, auch in der Angstbewältigung nach einer Homöostase zu suchen, denn völlige Angstfreiheit ist ebenso wenig anzustreben wie totale Panik. Nehmen wir Verhandlungen auf, einigen wir uns mit unseren Ängsten oder mit den Ängsten unserer Freunde. Es ist lästig, mit jemandem zu verreisen, der immer eine halbe Stunde zu früh am Bahnsteig stehen muss, weil er sich sonst zu sehr fürchtet, den Zug zu verpassen. Aber er kommt uns vermutlich schon sehr entgegen, wenn es allein nach ihm ging, wäre er eine ganze Stunde zu früh da.

Der Gedanke an das Gleichgewicht des Lebens wird uns davor bewahren, zuviel auf eine einzige Karte der Angstbewältigung zu setzen. Er kann uns lehren, die Balance zwischen dem Erobern neuer Horizonte und dem Ordnen, dem Bewahren des Vorhandenen zu halten, gleichgültig, ob es um Freunde oder um die Bücher in der Bibliothek geht.

Wir können nicht immer schöpferisch sein und nicht immer nur das Vorhandene verwalten; auch hier geht es um ein Gleichgewicht zwischen erneuern und beharren, entwerfen und ausführen. Jede Erfahrung, dass sich ein solches Gleichgewicht herstellen lässt, schützt vor extremen Ausschlägen der Lebenswaage und damit vor Angst. Kurz: „Entweder – oder" sagt die Angst; „sowohl – als auch" ihre Bewältigung.

Natürlich schwindet die Angst auch, wenn wir uns betrinken oder mit Drogen betäuben; diese Mittel schwächen jedoch das Selbstgefühl durch die entstehende Abhängigkeit. So sind aktive Ablenkungen in der Regel gesünder als passive; aber auch hier ist die Balance heilsam, das Extrem gefährlich. Ein Beispiel für dieses Extrem ist die Patientin, die im Alter von 30 Jahren unter schweren Gelenkproblemen leidet und jetzt therapeutische Hilfe gegen ihre Ängste sucht, gegen die sie bisher jeden Tag viele Stunden im Kraftraum trainierte.

Sie ist vielleicht ein gutes Beispiel für den Schritt von der Selbsthilfe zur Therapie. Wenn die eigenen Mittel nicht mehr ausreichen, weil sie erschöpft sind oder massive nachteilige Folgen erzeugen, sollte ein Therapeut aufgesucht werden.

## Verhaltens- oder Psychotherapie?

Wenn ein Patient schwankt, ob er eine Verhaltenstherapie oder eine Psychoanalyse machen soll, ist es in der Regel sinnvoll, mit der Verhaltenstherapie zu beginnen. Diese führt schneller zum Erfolg oder kann auch schneller als ungeeignet erkannt werden. Manchen Menschen genügt es, wenn ihr Symptom sie nicht mehr quält. Dann reichen nicht selten Methoden aus, welche in Kombination mit Psychopharmaka die erhöhte Angstbereitschaft dämpfen und die Vermeidungen abbauen, durch die sich das Ich der Angstgeplagten selbst schwächt.

Nehmen wir einen jungen Mann, der von Panikattacken geplagt wird, seit seine Freundin ihn mit seinem besten Freund betrogen hat. Er hat sich vorgenommen, cool zu bleiben, er spielt mit dem Freund in einer Band, die Musik ist wichtig, die beiden waren betrunken, was soll's!

Plötzlich erkrankt er an Anfällen, die er erst auf eine üble Magenverstimmung zurückführt (er hat mit den beiden chinesisch gegessen) und später auf Herzrhythmusstörungen. Erst nach einer Weile wird die Diagnose einer Angststörung gestellt und eine Verhaltenstherapie begonnen. Wenn der Patient durch eine Mischung aus Übung und Medikation nach einiger Zeit wieder frei von diesem quälenden Leiden ist und sein Glück in einer neuen Beziehung findet, wird niemand eine weitere Behandlung planen.

Wenn er allerdings herausfinden möchte, warum er gerade zu diesem Zeitpunkt erkrankt ist – oder wenn die Therapie die Angst zwar gemindert hat, ihn aber jetzt eine Depression heimsucht, die er gerne gegen die alte Angst eintauschen würde – dann könnte es durchaus in seinem Interesse sein, ihn zu einem Psychoanalytiker zu überweisen. Dieser würde die Störung in der Aggressionsverarbeitung untersuchen, würde rekonstruieren, welche kindlichen Muster sich im gegenwärtigen Leben des Kranken wiederholen und wie sich diese in der Beziehung zum Therapeuten abbilden.

Viele Verhaltenstherapeuten haben nicht die geringste Hemmung, einen Patienten in eine Analyse zu überweisen. Nebenbei bemerkt: Verhaltenstherapeuten, die eigene Probleme mit Ängsten oder Depressionen haben, gehen in der Regel nicht in die Verhaltenstherapie; sie bevorzugen die humanistischen oder tiefenpsychologischen Methoden.

In der Analyse betritt der Kranke eine andere Welt. Es geht jetzt nicht mehr darum, dass er möglichst schnell seine Symptome verliert. Das kann zwar geschehen – Blitzerfolge kommen in der Praxis aller Heiler vor – aber es wird nicht als Zeichen gewertet, dass die Behandlung beendet ist. Vorher muss verstanden worden sein, weshalb die Ängste irgendwann nicht mehr abgewehrt werden konnten und unter welchen Bedingungen sich diese Abwehr reorganisieren lässt.

Dadurch kann ein Behandlungserfolg sich noch während der Analyse als vorläufig erweisen; der Rückfall wird aber vom Analytiker nicht als Scheitern, sondern als Chance verstanden, jetzt noch einmal genauer zu verstehen, unter welchen Bedingungen die Symptome auftreten und unter welchen sie sich mäßigen oder verschwinden. Patienten, die mit ihrem Analytiker gut zurechtkommen, haben keinen Anlass für einen Wechsel der Methode. Nun gibt es Analysen, in denen weder die Symptome verschwinden, noch die Einsicht wächst. Patienten, die sich nicht gut behandelt fühlen und keinen Fortschritt erleben, beginnen dann, andere Therapeuten zu Rate zu ziehen. So kann der Feind der Analyse mühelos Stoff für seine Polemik finden.

Die Analytiker sind schon lange da und bemühen sich, nach einer bekannten Methode vorzugehen. Daher sind sie sowohl als Menschen wie auch als Vertreter dieser Methode angreifbar. Immerhin beherrschen sie diese Methode auch, ganz anderes als „eklektische" Therapeuten, die von allem ein wenig machen und häufig erst dann mit dem analytischen Vokabular hantieren, wenn etwas schief geht und der Kranke „seine negative Mutterübertragung agiert".

Von den Kritikern werden diese Pseudoanalytiker nur allzu bereitwillig auf das Schuldenkonto der Psychoanalyse gebucht. Es ist immer etwas sehr Ungutes in einem Vergleich von Therapien auf der Basis von Patienten-Berichten. Die Zitate sind nicht belegbar, da sie aus einer vertraulichen Situation stammen. Es ist daher auch nie klar, ob der angeschuldigte Therapeut wirklich die betreffende Methode angewandt hat. Ebenso wenig wissen wir, ob er sie auch tatsächlich korrekt unter Supervision erlernt hat.

Nach meinen Beobachtungen an Angstpatienten lässt sich ein Vierfeldermodell entwickeln, das vielleicht die Entscheidung zwischen Psycho- und Verhaltenstherapie erleichtert:

1. Den besten Erfolg hat eine analytische Psychotherapie, die von beiden Beteiligten als produktiv eingeschätzt wird.

2. Den zweitbesten Erfolg hat eine Verhaltenstherapie, die von beiden Beteiligten als produktiv eingeschätzt wird.

3. Eine als unproduktiv eingeschätzte Verhaltenstherapie nutzt zwar nicht viel, schadet aber auch nur wenig.

4. Eine misslungene analytische Psychotherapie hat den schlechtesten Erfolg, weil sie dem Kranken nicht nur in seinem Symptomen nicht hilft, sondern ihm häufig auch den Eindruck vermittelt, an diesem Scheitern selbst schuld zu sein.

In einer kunstgerecht durchgeführten analytischen Psychotherapie bei einem Angstpatienten wird von Anfang an sehr sorgfältig darauf geachtet, dass die Behandlung nicht ein Vermeidungsverhalten des Kranken festigt. Aus eben diesem Grund ist es auch so gefährlich, psychoanalytische Behandlungen ohne solide Ausbildung und Supervision einzuleiten. Ein Verhaltenstherapeut, der seine Sache nicht versteht, lässt sich sehr viel schneller erkennen und einfacher abweisen, als ein (pseudo)psychoanalytisch vorgehender Therapeut, der keine reguläre Ausbildung absolviert hat oder von seiner narzisstischen Bedürftigkeit überwältigt wurde.

Ein zusätzliches Problem liegt in den zahlreichen Behandlungen, die als „tiefenpsychologisch fundiert" oder als „Verhaltenstherapie" deklariert werden, ohne es zu sein. Weil diese Ausbildungen in die Kassenzulassung führen, werden sie auch von Therapeuten vorgeschützt, die eigentlich an ganz anderen Methoden interessiert sind.

Dagegen ist zunächst nichts einzuwenden. Die behördliche Genehmigung durch die zuständigen Institutionen geht sehr langsam voran. Gestalttherapie, Psychodrama, Gesprächstherapie nach Rogers sind wichtige und hilfreiche Methoden, aber sie sind kassentechnisch nicht voll anerkannt. Daneben gibt es das große Feld der esoterischen Therapie, in dem Glaube alles bedeutet und kritische Reflexion nicht gefragt ist.

Man sollte erwarten, dass die Künder solcher Botschaft von dem materiellen Interesse an den Fleischtöpfen der Krankenkassen völlig frei sind. Das ist aber nicht immer der Fall. Wenn aber alles Mögliche als „tiefenpsychologisch fundiert" oder „verhaltenstherapeutisch" gehandelt wird, ohne es zu sein, findet sich der Nutzer nicht mehr zurecht.

Gesicherte Qualität in der Psychotherapie hängt davon ab, dass Therapeuten aus ihren Fehlern lernen können. Dazu brauchen sie das kritische Gespräch mit anderen Therapeuten, und um dieses führen zu können, müssen sie sich über ihre Sprache einig sein. Hier haben die Psychoanalytiker ihren Kollegen etwas voraus, denn Freud war auch ein großer Sprachschöpfer. Solange er noch gelesen wird, muss einem nicht bange sein um das selbstkritische Potenzial der Psychoanalyse.

Der Joker in einer Psychotherapie ist die Regression. Regression bedeutet Rückkehr zu früheren, an sich überwundenen Stufen der eigenen Entwicklung. Beim Angstpatienten ist diese Regression sehr häufig mit Vermeidungen verknüpft. Der Therapeut kann die Regression zulassen, muss aber Vermeidungen einschränken, welche die Entwicklung des Kranken blockieren und ihn mit Erlösungshoffnungen an den Helfer binden.

Die klassische analytische Technik ist auf die „Hysterie" ausgerichtet, auf aktive, ausdrucksstarke Personen mit einem rätselhaften Symptom. Die Phobien nötigen, so Freud in seinen Ausführungen aus dem Jahr 1919, den Analytiker über das „Standardverfahren" hinauszugehen. „Man wird kaum einer Phobie Herr, wenn man abwartet, bis sich der Kranke durch die Analyse bewegen lässt, sie aufzugeben", sagt Freud ausdrücklich. Er unterscheidet zwischen Angstkranken, die noch gegen ihre Angst kämpfen, und solchen, welche diesen Kampf aufgegeben haben und z.B. ihre Wohnung nicht mehr ohne Begleitung verlassen.

Bei diesen letzteren „hat man nur dann Erfolg, wenn man sie durch den Einfluss der Analyse bewegen kann, sich wieder wie Phobiker des ersten Grades zu benehmen, also auf die Straße zu gehen und während dieses Versuches mit der Angst zu kämpfen."[41] Erst wenn das gelingt, können die Kranken jene Einfälle bringen, welche es ermöglichen, die Phobie zu lösen.

Psychotherapie und Verhaltenstherapie unterscheiden sich in

---

[41] ebd., S. 191.

einer professionell reflektierten Praxis, in der die Fachleute vor allem aus ihren eigenen Erfahrungen lernen, sehr viel weniger, als es in Polemiken scheint. In beiden Methoden geht es darum, Menschen zu veranlassen, zu verlernen, was ihnen schadet, und zu lernen, was ihnen nützt. Die Psychoanalyse geht dabei sehr viel umfassender, aber auch weniger exakt und störungsanfälliger vor. Aber ebenso wie die Verhaltenstherapie strebt die Psychoanalyse nach wissenschaftlichen Begründungen und ist in der Lage, durch kritische Reflexion zu klären, warum sie nützt oder versagt.

Während die Verhaltenstherapie auf Übung und rationale – im Ideal, wenn auch meist nicht in der Alltagspraxis – experimentelle Begründung ihres Vorgehens setzt und einen ziemlich großen Bereich der praktischen Arbeit mit Hilfe des sogenannten „gesunden Menschenverstandes" und der „klinischen Ethik" regelt, geht es in der Psychoanalyse um die Dynamik der emotionalen Beziehung, die sich zwischen Helfer und Schützling entfaltet.

Ist diese vertrauensvoll und ungestört („milde positive Übertragung"), wird sie nicht untersucht, sondern hilft dabei, dass der Kranke, weil er sich der Beziehung zum Therapeuten sicher ist und dieser ihn angesichts seiner Ängste zu aktivem Verhalten anleitet, auch Schritte leistet, seine Vermeidungen aufzugeben. In dem, was der Analytiker seinem Patienten vermittelt, dürften sich in Video-Ausschnitten oft kaum Unterschiede zu dem zeigen, was ein Verhaltenstherapeut – vor allem einer der kognitiven Richtung, die Aaron Beck eingeführt hat – diesem sagt.

Der Angstkranke soll lernen, zwischen realistischen und imaginären Gefahren zu unterscheiden, er soll üben, er soll sich ein Urteil bilden, ob seine Übung Erfolg hatte. Ob ein Therapeut die beruhigende, Halt gebende und tröstende Qualität einer vertrauensvollen Arbeitsbeziehung nutzt und den Alltag eines Kranken teilt, um aus ihm Material für dessen Entwicklung zu gewinnen, oder ob er gezielte Übungen verordnet und Entspannung trainiert – in beiden Fällen wird die Veränderung dadurch entstehen, dass ein Mensch wagt, Neuland zu betreten.

Die Qualitäten der Vielfalt und des Risikos werden virulent, wenn die Psychoanalyse auf Widerstände stößt und sich das Verhältnis trübt. In der Verhaltenstherapie ist es viel einfacher und naheliegender, Versprechungen über den Erfolg der Behandlung an die Mitarbeit des Kranken zu knüpfen und diesem klar zu machen, dass ohne Übung keine Veränderung zu erwarten ist. Die Erwartungen sind realistischer : Es geht um veränderte Symptome, nicht um einen neuen Menschen. In der Psychoanalyse hingegen wird nicht selten das Klischee vermittelt, dass die Veränderung durch „Einsicht" geleistet wird; ob aber eine Einsicht tatsächlich eine Einsicht ist, lässt sich oft nur schwer klären. Es unterliegt der Willkür der Urteilenden.

Daher ist eine Psychoanalyse bei narzisstischen Ängsten besonders schwierig. Sie benötigt ein hohes Maß an Selbstkritik, um Schmeicheleien eines Kranken zu widerstehen, der beispielsweise den Verhaltenstherapeuten, der ihm nicht helfen konnte, einen total beschränkten Mann mit lächerlichen Übungen nennt und hoch motiviert erscheint, jetzt in die Tiefe vorzudringen und herauszufinden, was ihn wirklich hindert, endlich die Erfolge zu erzielen, die viel weniger Begabte durch ihre Dreistigkeit erreichen.

Wenn ein unsicherer Psychotherapeut auf einen solchen Kranken mit narzisstischen Ängsten trifft, kann viel Zeit vergeudet werden, weil der Therapeut nicht in der Lage ist, die Entwertung des Verhaltenstherapeuten zu durchschauen und es vermeidet, von dem Kranken Aktivität zu fordern. Das subjektive Befinden des so geschonten Kranken verschlechtert sich, weil er immer ängstlicher wird und immer weniger aus seinem Rückzug herauskommt. Während er vorher eine Promotion und ein großartiges Drehbuch schreiben wollte, traut er sich jetzt nicht einmal mehr zu, wissenschaftliche Texte abzuschreiben, womit er bisher seinen Lebensunterhalt verdient hat.

Der Kranke ist nur scheinbar zu jeder Einsicht bereit. In Wahrheit weigert er sich standhaft, einzusehen, dass er für den von ihm gewünschten grandiosen Erfolg nicht begabt genug ist und für einen kleineren, verachteten Erfolg zu träge. Der Therapeut will ihm die Erkenntnis nicht zumuten, dass der Kranke an einer Opferrolle festhält und auf einen Erlöser hofft, der ihn befreit, wenn er lange genug über die schlimmen Dinge geklagt hat, die ihm andere angetan haben.

Probleme in Verhaltenstherapien treten unter anderem dann auf, wenn eine Übertragung nicht erkannt wird. Beispiel: Die 35-jährige Hausfrau fühlt sich von heftigen Phobien beeinträchtigt. Sie geht zu einem prominenten Verhaltenstherapeuten in Behandlung und verliebt sich in diesen. Sie verliert einen Teil ihrer Ängste, erleidet aber einen schweren Rückfall, als die vereinbarte Behandlungszeit zu Ende ist.

Jetzt gesteht sie dem Therapeuten ihre Verliebtheit und verbindet den Rückfall mit der Trennung von ihm. Der Therapeut fordert die Kranke auf, die Behandlung in einer Gruppe fortzusetzen, die sie privat bezahlen muss. Wenn sie in der Gruppe über ihren schlechten Zustand spricht, verlangt er von ihr, offener zu sein, ihre Hemmungen zu überwinden, ihre Emotionen ihm gegenüber zu artikulieren.

Sie erlebt ihn als aggressiv und taktlos, fühlt sich vor der Gruppe bloßgestellt und bricht die Behandlung ab. Suizidal und arbeitsunfähig sucht sie Hilfe bei einem analytischen Psychotherapeuten, zunächst ohne ihm von dem früheren Therapeuten zu erzählen, den sie immer noch schützen möchte.

In der Behandlung zeigt sich, dass die Patientin aus einer hochgradig belasteten Familie kommt. Der Vater hatte ein schweres Kriegstrauma und war extrem zurückgezogen. Er arbeitete nach Feierabend ständig in Haus und Garten, war für die Kinder nicht erreichbar. Die Mutter entwertete ihn und forderte die Kinder auf, nur ja nichts zu tun, was die Nachbarn stören könnte.

Überangepasst und ohne erotisches Selbstgefühl flüchtete die Patientin in eine frühe Ehe und setzte in ihrer Gefügigkeit gegen Ehemann und Schwiegereltern die Situation in ihrer Ursprungsfamilie fort. Die Ehe war zum Zeitpunkt der Verhaltenstherapie in eine Krise geraten, die Patientin wehrte ihre Sehnsüchte nach einem Ausbruch aus diesem Gefängnis durch ihre Phobien ab und suchte eine Blitzlösung durch die Verliebtheit in den Therapeuten. In der analytischen Behandlung wurde sie allmählich selbstbewusster. Sie überwand ihre Depressionen, nahm eine Berufstätigkeit auf und trennte sich von ihrem Ehemann. Einmal sah sie ihren früheren Verhaltenstherapeuten während einer Fernsehdiskussion auf dem Bildschirm. Sie erlitt einen leichten Angstanfall, über den sie Tage später, schon wieder lächelnd, berichtete.

Verhaltenstherapeuten vermeiden es, sich in die familiären Wurzeln von Symptomen zu vertiefen und die emotionalen Dramen der frühen Elternbeziehungen interessant zu finden. So können sie viel Zeit sparen – vorausgesetzt, die Patienten benötigen eine solche Vertiefung nicht, weil sie sich auch ohne diese Auseinandersetzung ausreichend vertrauensvoll auf das Vorgehen des Behandelnden einlassen und Ängste übend überwinden können.

Wenn die Verhaltenstherapie erfolglos bleibt, ist ein Versuch einer solchen Vertiefung in jedem Fall lohnend. Sobald eine Kranke wie die oben beschriebene ihre Kindheit und Jugend noch einmal betrachten und zum Teil durchleben kann, gewinnt sie viele neue Perspektiven und Ermutigungen, Hemmungen und Ängste anzugehen, die in ihrer Geschichte wurzeln. Das setzt aber voraus, dass sie sich selbst interessant genug findet, und dass das Interesse des Therapeuten sie in diesem Forschungsprozess ermutigt. Solche Voraussetzungen einer gelingenden Analyse lassen sich noch weniger verordnen, als das bei einer Verhaltenstherapie der Fall ist, die ebenfalls nur „greift", wenn die Patientin etwas verändern will.

## Medikamente gegen die Angst

Etwa 10 Prozent der erwachsenen Menschen in Deutschland schlucken Psychopharmaka. Frauen tun das dreimal häufiger als Männer. Mehr als die Hälfte der verordneten Psychopharmaka sind Mittel mit einer hohen Suchtpotenz, die eigentlich nicht länger als höchstens vier Wochen am Stück verordnet werden dürften. Es handelt sich um die sogenannten Benzodiazepine, die unter einigen Dutzend Warenzeichen (z.B. Valium, Tavor, Lexotanil) vertrieben werden und kurzfristig sowohl Ängste lösen wie Schlafstörungen beseitigen. Die Gründe für diesen Missbrauch liegen auf der Hand. Die Patienten beruhigen sich rasch, die Mittel sind billig, der Arzt wird als Helfer anerkannt, die auftretenden Entzugserscheinungen werden durch die Gabe höherer Dosen verdeckt.

Ehe ein Arzt solche Beruhigungsmittel verordnet, müsste er seine Patienten über die Gefahren aufklären. Jedes Suchtmittel wirkt schnell. Es kommt daher bei den Patienten gut an. Aber die einsetzende Toleranz führt dazu, dass nach kurzer Zeit die bisherige Dosis nicht so hilfreich ist wie anfänglich. Wenn jetzt der Patient enttäuscht das Mittel absetzt, können Entzugssymptome auftreten, die unangenehmer sind als die anfänglichen Symptome. Dann droht die Gefahr einer Selbstmedikation, d.h. die Betroffenen steigern eigenmächtig die Dosis und verstärken dadurch ihre Abhängigkeit.

Der Organismus gewöhnt sich an den beruhigenden Effekt. Viele benzodiazepinabhängige Menschen schlafen schlecht; sie bekämpfen die Schlaflosigkeit durch zusätzliche Mittel. Da diese Mittel die Muskeln entspannen und oft auch eine gewisse Gleichgültigkeit induzieren, ist die Unfallgefahr erhöht.

W. E. Müller hat darauf hingewiesen, dass zur Zeit über 20 verschiedene Benzodiazepine im Handel sind, Grundstoffe für über 70 unterschiedliche Präparate. Patienten, die über Unruhe und Angst am Tag und schlechten Nachtschlaf klagen, werden von einem nicht speziell in Psychopharmakologie geschulten Arzt gelegentlich zwei Präparate verordnet, die ähnliche Wirkstoffe enthalten. Gefährliche Überdosierungen sind die Folge. Das Risiko von Schenkelhalsbrüchen ist bei älteren Patienten, die Benzodiazepine eingenommen haben, ungefähr doppelt so hoch wie bei alten Menschen, die ohne solche Medikamente auskommen.[42]

Benzodiazepine sind sozusagen die idealen Psychopharmaka für seelisch gesunde Menschen, für disziplinierte Personen mit einer ausgeprägten Arbeitshaltung. Für jeden, der sie gegen eine seelische Störung benützen will wie Insulin gegen den Diabetes, werden sie Gift.

Obwohl Psychotherapie sehr viel gründlicher wirkt als Medikamente, halte ich nichts von einer puristischen Haltung, in der es als (unbewusster) Widerstand oder (absichtliche) Verweigerung von Mitarbeit gesehen wird, wenn ein Psychotherapiepatient Medikamente nimmt oder ein Patient unter Medikamenten psychotherapeutische Hilfe wünscht. Ich denke nur, dass beide Behandlungen getrennt beurteilt werden sollten, wobei es in jedem Fall darauf ankommt, den Patienten möglichst intensiv einzubinden und ihn zum Experten für die eigene Therapie zu machen.

In einer analytischen Behandlung werden alle Einschränkungen und Verleugnungen sozialer Wirklichkeit untersucht. Sie widersetzt sich dem Fanatismus ebenso wie dem Purismus. Wenn es Medikamente gibt, die Schmerzen, Ängste, Unruhe und vielleicht auch Depressionen lindern, dann sollte ein Versuch weder grundsätzlich abgelehnt, noch grundsätzlich empfohlen werden. Es gibt keine Belege, dass ein Patient etwas versäumt, wenn er erst einmal versucht, mit einer Panikattacke ohne Medikamente fertig zu werden, im Gegenteil: Wenn ihm das gelingt, ist er in seinem Selbstvertrauen gestärkt.

Umgekehrt ist Askese nicht immer die höchste Tugend. Ein Mensch, der seinen Zahnschmerz mit verzerrtem Gesicht spazieren trägt und seiner Umgebung auf die Nerven fällt, weil er Schmerzmittel nicht in sein Bild eines starken Mannes einfügen

---

[42] Müller, W. E. (1977): „Besonderheiten der Psychopharmakotherapie im Alter", in: Förstl, H. (Hg.): Lehrbuch der Gerontopsychiatrie, Stuttgart, S. 141–151.

kann, wird vielleicht nach einer psychotherapeutischen Arbeit an diesem Thema weniger Probleme haben, sich Hilfe aus der Apotheke zu holen. Das Gleiche gilt etwa für eine Frau, die sich lieber wochenlang mit Schlaflosigkeit quält, als ein Medikament zu nehmen, das den Teufelskreis des Wartens auf den Schlaf durchbricht.

In der analytischen Behandlung von Angstpatienten kann eine erhebliche Beruhigung eintreten, wenn diese aufhören, die Qual ihrer Panikattacken noch zu steigern, indem sie sich weigern, eines der angebotenen Psychopharmaka zu nehmen. Wenn ihr körperlich nichts fehle, sagte eine solche Kranke, dürfe sie auch nichts einnehmen, sie sei doch in Psychotherapie. Als wir dieses Motiv besprochen und mit sadistischen Szenen ihrer Kindheit verknüpft hatten, wurde sie toleranter mit sich selbst. „Ich habe die Mittel in meinem Nachtkästchen, und ich weiß, ich bin nicht mehr so ausgeliefert wie früher. Ich brauche kaum je eine Tablette, meist reicht es schon, zu denken, dass ich jederzeit eine nehmen kann, und ich werde ruhiger."

Unter den Spezialisten für Psychopharmaka sind die Benzodiazepine in Verruf, während Antidepressiva (die aus historischen Gründen diesen Namen tragen, aber auch gegen Panik, Zwangserkrankungen, Schlafstörungen und chronische Schmerzen wirken sollen) ebenso befürwortet werden wie die sogenannten „Neuroleptika", die vor allem gegen Wahn, Halluzinationen, hochgradige Unruhe- und Angst sowie aggressive Übererregbarkeit eingesetzt werden.

Beide Mittelgruppen machen nicht süchtig. Ihre Wirkung ist nicht euphorisierend, sondern eher normalisierend; sie tritt manchmal erst nach Tagen bis Wochen ein. Daher ist hier ein Spezialist – in der Regel ein Facharzt für Psychiatrie – unentbehrlich, an dessen Anweisungen man sich halten sollte.

Insgesamt muss die Behandlung von Ängsten ohne begleitende Psychotherapie abgelehnt werden. Sie ist ein Kunstfehler und nivelliert den Unterschied zwischen dem Drogendealer und dem Medikamentenverschreiber, der den Titel eines Arztes nicht verdient.

Wie der Drogenhändler behauptet auch der Benzodiazepin-Dealer, er gebe dem Kranken nur, was dieser verlangt. Hinter diesem Anschein von Service verbergen sich wirtschaftliche Interessen, die dem Kranken gerade durch die erleichternde Abstumpfung schaden, die er anfänglich verspürt.

Angstpatienten haben die Wahl zwischen dem richtigen und dem falschen Schmerz. Angst tut weh, die Folgen von Vermeidungen schmerzen ebenfalls. Aber der ertragene Angstschmerz führt aus der Angst heraus in ein erfüllteres Leben; die Vermeidung aber in immer heftigere Ängste und schließlich in die Depression. Vermeidungen schränken das Selbstgefühl ein. Sie behindern die berufliche und private Erfüllung.

Wenn der Angstkranke aufhört, handelnd gegen seine Ängste vorzugehen, wird nach einer Weile sein Selbstgefühl Schaden leiden. Depressionen sind erheblich schwieriger zu behandeln als Ängste, vor allem, wenn kostbare Zeit verstrichen ist. Medikamente gegen die Angst sind hochgefährlich, sobald sie missbraucht werden, die kritische Wahrnehmung von Vermeidungen und Selbsteinschränkungen zu betäuben, statt einen Prozess der Auseinandersetzung mit den eigenen Ängsten einzuleiten.

### Die Behandlung traumatischer Ängste

Eine praxisnahe Einteilung gliedert die Traumatherapie in drei Phasen:

1. Herstellung von Sicherheit für den Traumatisierten,
2. Rekonstruktion des Traumas,
3. Gewinn einer (relativ) „normalen" Lebensperspektive.[43]

---

[43] Herman, J. (1992): Trauma and recovery. The aftermath of violence – from domestic abuse to political terror, New York.

Alle drei Phasen haben ihre spezifischen Belastungen und Risiken. Das Risiko in der ersten Phase sehe ich in einer erneuten Traumatisierung, weil die mit dem Opfer befassten Personen dessen Zustand nicht ertragen können und mit ehrgeizigen Angeboten, Druck, „sich auszusprechen" oder voreiligen Beschwichtigungen und Deutungen den einfühlenden, gewährenden Schutz einer nicht-kränkenden Beziehung durchbrechen. Für solche Beziehungen brauchen wir im Grunde keine therapeutische Ausbildung. Diese erlaubt es uns allenfalls, gelassen hinzunehmen, dass etwas Schlimmes geschehen ist, das nicht ungeschehen gemacht werden kann.

Die Rekonstruktion des Traumas wird erschwert, wenn es nicht gelingt, einen Prozess der Trauerarbeit und der Einordnung zuzulassen. Es geht hier immer wieder darum, Unterscheidungen zu lernen und Ambivalenzen zuzulassen. Das Opfer ist nicht immer passiv, nicht immer ohne jede eigene Beteiligung an dem Erlittenen. Aber es ist gewiss nicht „selbst schuld".

Es bedarf ständiger Wachsamkeit, um traumatische Erfahrungen zu erleichtern und nicht zu vertiefen. Nie ist die Verführung größer, Grenzen zu überschreiten, um eigene Ohnmachtsgefühle abwehren zu können. Das gilt für Täter, Opfer und Helfer, selbst für die Forscher, die noch viele Jahre später ein kollektives Trauma (wie die Judenmorde der Nazis) untersuchen.[44]

Wenn das Opfer sich selbst die Unfähigkeit zu einer Rückkehr in das „normale" Leben nicht verzeihen kann, wird es die Tat rast-

---

[44] Beispiel: Auf einer Tagung von deutschen und israelischen Psychotherapeuten, die abwechselnd in je einem der beiden Länder stattfindet, klagt ein deutscher Teilnehmer auf dem in Deutschland organisierten Treffen darüber, dass so wenige Teilnehmer aus Israel gekommen sind. Sogleich entgegnet ein Therapeut aus Israel, wenn die Deutschen nicht so viele seiner Vorfahren umgebracht hätten, wären gewiss mehr Israelis erschienen.

Mir ist diese Anekdote von einer deutschen Kollegin empört als Hinweis darauf erzählt worden, wie schwierig es doch sei, mit jüdischen Kollegen umzugehen. Ich sagte darauf: Auch die Klage über die geringe Teilnehmerzahl aus Israel sei doch eine Provokation gewesen. Statt sich über die wenigen Gäste zu freuen, die tatsächlich erschienen seien und ihre Vorbehalte gegen das Land der Mörder ihrer Verwandten zulos verfolgen, auch wenn die ständige Beschäftigung mit dem Erlittenen das eigene Unglück vertieft. Auf der anderen Seite gibt es bei manchen Therapievorschlägen angesichts traumatischer Ängste rüde Vereinfachungen, etwa in der von Bert Hellinger praktizierten Form der „Familienaufstellung", in der Inzestopfer aufgefordert werden, die Täter zu „ehren".[45] Auch darin lässt sich die Unfähigkeit zum gelassenen Umgang mit dem Einzelfall erkennen.

Die „normale" Lebensperspektive kann gewonnen werden, wenn es gelingt, die Perfektionsvorstellungen zu bändigen, welche im Umfeld des Traumas entstanden sind. Während die Vergewaltigte sich erst geschworen hat „ich traue nie wieder einem Mann", sagt sie sich jetzt, dass es vertrauenswürdige und nicht vertrauenswürdige Männer gibt. Dieser Prozess setzt günstige äußere Umstände voraus.

Ich erinnere mich an eine deutsche Psychologin, die nach Bosnien gereist war, um den Frauen zu helfen, die durch Vergewaltigungen traumatisiert waren. Sie war enttäuscht und frustriert, weil – abgesehen von den Sprachproblemen – ihre Klientinnen nicht über ihr Trauma reden wollten, sondern über ihre aktuellen Probleme: ihre Familie wiederzufinden, eine berufliche Perspektive aufzubauen, besseres Essen.

Folteropfer, die in einem sicheren Land um Asyl bitten, brauchen das Asyl dringender als die Therapie. Wenn sie das Asyl haben, können sie selbst entscheiden, ob sie eine Therapie wünschen; makaber schiene mir der Gedanke, ihnen statt des Asyls eine Therapie anzubieten.

In jedem Stadium der Traumatherapie kann Übereifer, Ehr-

rückgestellt hätten, würde ihnen vorgehalten, sie hätten das Interesse an dieser Veranstaltung in ihrer Heimat nicht genügend gestärkt. Die Szene ist ein Beleg für den Zusammenhang zwischen Trauma und Retraumatisierung durch Perfektionismus: Erst wenn ebensoviel Juden nach Deutschland reisen wie Deutsche nach Israel, ist das Trauma „bewältigt". Vgl. Schmidbauer, W. (2005): Die Rache der Liebenden, Reinbek b. Hamburg.

[45] Goldner, C. (Hg.)(2003): Der Wille zum Schicksal. Die Heilslehre des Bert Hellinger, Wien.

198

geiz und Inkompetenz die Behandlung selbst zu einer verletzenden Erfahrung machen.

Durch das Trauma werden „böse" innere Objekte[46] geweckt. Alle belastenden und negativen Identifizierungen mit früheren Angreifern werden gestärkt, wie in der Unterwelt des alten Mythos die Schatten der Toten durch das Opferblut Kontur und Sprache gewinnen. Der Traumatisierte fühlt sich verfolgt, er kann sich nicht von Vorstellungen distanzieren, dass er von Menschen oder Dingen umgeben ist, die ihm wieder und wieder antun werden, was er soeben durchlitten hat.

Traumatherapie ist gegenwärtig nach langer Vernachlässigung Mode. Am Rand von Katastrophen warten die Spezialisten der verschiedenen Hilfsorganisationen, um endlich Kontakt zu einem der Opfer zu gewinnen. Polizei und Feuerwehr beschäftigen Fachleute für solche Aufgaben. Das ist ein problematischer Fortschritt. Implizit wird so den Einsatzgruppen und ihren Leitern nahegelegt, solche Aufgaben den Professionellen zu überlassen. Das beraubt die Führung emotionaler Funktionen, welche Therapie womöglich gar nicht ersetzen kann.[47]

Nach großen Katastrophen ist der psychologische Experte sogleich in das Krisengebiet gereist. Er fordert Traumatherapie für die Opfer. Würde ihnen, kündet er düster, diese verweigert, müsste man mit schweren Spätfolgen rechnen.

In Wahrheit können Therapeuten das Trauma nicht behandeln. Sie können nur die Gegenkräfte stärken. Sie sollten keine falschen Hoffnungen bei Traumatisierten wecken, sollten niemals

---

[46] Fairbairn, W. R. D. (1976): Psychoanalytic studies of the personality, London.

[47] Hinrich Jansen-Dittmar hat solche Gesichtspunkte in seinen Überlegungen zur Vor- und Nachsorge bei Notfalleinsätzen der Feuerwehr untersucht und auf die problematische Überzeugung hingewiesen, dass es die professionelle Nachsorge durch Spezialisten „schon richten" wird. Solche Funktionen müssen Teil der „normalen" Führungsstruktur sein, sonst wird diese geschwächt und die Nachsorge ideologisiert. H. J.-Dittmar, Vortrag auf der Tagung „Psychoanalyse der Institution", Darmstadt, 17.11.2001.

versprechen, sie könnten ihnen die Unbefangenheit zurückgeben, die ihnen vor dem Trauma eigen war.

Die Schulung der Katastrophenhelfer vor Ort oder deren Begleitung, um Burnout-Erscheinungen bei ihnen zu begrenzen, das scheinen mir weit sinnvollere Aufgaben für einen psychologischen Experten im Dienst der Katastrophenbekämpfung. Natürlich wird ein erfahrener Therapeut nicht schaden, weil er sich hüten wird, anspruchsvolle Behandlungen bei jemandem einzuleiten, der ohnehin seelisch überlastet ist. Aber er wird auch nicht so viel nützen, wie wir es von seinem kostspieligen Einsatz erwarten. Unter den Therapeuten eine eigene Spezialistengruppe als Traumatherapeuten zu führen, erscheint mir unsinnig: Entweder hat ein Therapeut sein Fach gelernt; – dann kann er Traumen behandeln, oder er hat es nicht gelernt; – dann nützt ihm kein Titel.

Zweifellos werden viele Menschen, die in einer Katastrophe Angehörige verloren haben, unter höchster Lebensgefahr gerade noch davonkamen, Hab und Gut einbüßten, seelisch traumatisiert sein. Einige von ihnen werden bleibende Schäden davontragen. Und kein Traumatherapeut der Welt kann mit irgendeiner Technik ihre seelischen Verletzungen so behandeln, dass sie „geheilt" werden.

Wer durch die Ankündigung von Spätschäden bei den nicht von ihm Behandelten indirekt verspricht, durch seine Therapie solche Schäden verhindern zu können, ist ein Scharlatan. Es sind schon lange Nachuntersuchungen von Überlebenden z.B. eines Flugzeugabsturzes bekannt, aus denen deutlich wird, dass nach der Katastrophe sogleich Psychotherapierte nicht vor Spätfolgen geschützt sind. In einer Untersuchung waren sie sogar häufiger betroffen als Nichtbehandelte. Wenn das kein Zufallsbefund ist, kann er damit zusammenhängen, dass jede Psychotherapie seelische Energie kostet und dem frisch Traumatisierten am meisten geholfen ist, wenn er nicht auf Experten trifft, die etwas Spezialisiertes mit ihm machen, sondern auf Menschen, die sein Vertrauen in die Sicherheit der Welt regenerieren lassen.

Jeder einfühlende Mitmensch ist hier Hilfe. Es führt zu nichts

Gutem, wenn er sich zurücknimmt und wartet, bis der Traumatherapeut kommt, weil seine naive Zuwendung zum Katastrophenopfer nicht gut genug ist. Das wirkt auf mich wie der bissige Kommentar der (unbeliebten) klinischen Psychologin zur (beliebten) Schwesternschülerin im Krankenhaus: diese quatsche ja nur mit den Bettlägerigen, sie aber biete therapeutische Gespräche an.

In „traumanahen" Berufen, bei Polizei und Feuerwehr, ist längst eine Diskussion angelaufen, dass es problematische Folgen hat, wenn die Vorgesetzten und Kollegen nicht mehr, wie es früher selbstverständlich war, einem seelisch traumatisierten Gruppenmitglied beistehen, sondern diese Aufgabe an einen Spezialisten delegieren. Damit wird die Zuwendung zu einem belasteten, gestressten Menschen etwas, das nicht jeder Kamerad „kann". So machen die Betroffenen unter Umständen einen schlechten Tausch. Der Umgang mit psychischen Belastungen fällt aus dem Alltagsverständnis der Arbeit heraus, er gehört nicht mehr zu dem, was erfahrene Profis sich angeeignet haben, die Gruppenkultur verarmt um diese Elemente.

Schon immer haben Menschen Traumen überwunden, sich von Katastrophen erholt, sich damit abgefunden, dass das Leben auch in Ruinen und neben Leichen weitergeht. Andererseits sind schon immer Menschen seelisch an solchen Ereignissen zerbrochen.

In Zeiten schlechter medizinischer Versorgung starb meist schnell, wer sich nach einer Katastrophe seinem posttraumatischen Stress hingab; er fiel mit versagender Abwehr einer Seuche zum Opfer oder verhungerte, weil er keine Initiative entfaltete.

Angst und seelisches Trauma haben nicht nur gemeinsame Wurzeln, sondern auch ähnliche Gesetze, sie zu bewältigen. Auch das Trauma muss rational geprüft und dann möglichst ignoriert werden, in dem Sinn, dass nicht der negative Riss in der Lebenszuversicht, sondern eine normale Perspektive das Handeln leiten soll. Wie die Angst strebt auch das Trauma danach, unser bewusstes Ich zu tyrannisieren. Gegen beide können wir keine glückliche und gute Wahl setzen, sondern nur das kleinere Übel suchen.

Es liegt darin, den Schmerz in Kauf zu nehmen, der zwischen uns und einem normalen Leben steht. Wir sind gegenüber glücklicheren Menschen benachteiligt, aber immer noch besser dran als andere, die gar keine Wahl mehr haben. Wir werden im Leben so manchen Wettlauf mit anderen, die bessere Vorbedingungen hatten, verlieren – aber wir sind immerhin angetreten.

Für Menschen, die über ein Trauma nicht hinwegkommen, weil ihr soziales Netz zerrissen ist oder diese Aufgabe nicht bewältigen können, ist eine Psychotherapie von großem Wert. Sie kann zwar das Trauma weder heilen noch ungeschehen machen, aber sie vermag es oft, die stets auch vorhandenen Gegenkräfte zu stärken, den schlummernden Mut wieder zu wecken, Humor und Abstand von dem verletzenden Geschehen zu beleben. Wenn die vergewaltigte Frau dann wieder tanzen geht und ohne Schweißausbrüche das Gerichtsgebäude sehen kann (denn in ihrer Erinnerung war die Verhandlung vor dem Richter ärger als die Vergewaltigung selbst), darf der Therapeut zufrieden sein.

Ivan Illich hat einmal gesagt, dass das Martinshorn des Ambulanzwagens ein tödliches Gift für die Nachbarschaftshilfe in einem Slum sei. Während die moderne Notfallmedizin tatsächlich über technische Möglichkeiten verfügt, die das Samaritertum nicht bieten kann, scheint es mir vermessen, so zu handeln, als könnte unsere Therapie angesichts akuter seelischer Verletzungen mehr leisten als eine intakte soziale Umwelt.

„Intakt" heißt, dass Angehörige, Freunde und Nachbarn an sich selbst und ihre tröstenden Rituale glauben.

Der mit seelischen Traumatisierungen befasste Therapeut sollte immer mitbedenken, dass seine Dienstleistung ein Notbehelf ist und nicht auf Techniken beruht, von denen Nicht-Spezialisten keine Ahnung haben.

Die Basis der Traumatherapie ist eine an sich vor-therapeutische Qualität. Einem verletzten, in seiner Struktur erschütterten, von Angst und Albträumen gequälten Menschen muss der Mitmensch erst einmal Sicherheit geben, dass ihm nichts geschieht.

Das heißt, dass ihm alles gesagt und getan werden sollte, was sein Selbstvertrauen festigt und seine Überzeugung stärkt, er werde so angenommen, wie er ist. Das kann an sich jeder einfühlende Mitmensch. Therapeuten können es sogar schlechter, wenn sie beweisen müssen, dass sie etwas Besonders sind.

## „Humanistische" Psychotherapie

Ich habe mich hier auf die Methoden der Psychotherapie konzentriert, die am meisten verbreitet und am gründlichsten erforscht sind: die Psychoanalyse und die Verhaltenstherapie. Aber es gibt viele andere Verfahren, die von beiden etwas haben und dazu noch Elemente der Erlebnispädagogik einbauen – Gestalttherapie, Psychodrama, Körpertherapie, Atemtherapie, um nur einige der zwischen 80 und 400 geschätzten „Schulen" zu nennen, die irgendwann eingeführt wurden. Auch der Fachmann kann hier immer nur einige aus eigener Erfahrung kennen.

In diesen „humanistisch" genannten Verfahren sind Elemente des hilfreichen Umgangs mit Ängsten enthalten. Auch sie konzentrieren sich darauf, phobische Vermeidungen anzugehen und aufzulösen. In der Gestalttherapie geht es darum, vermiedene Gefühle und Bilder unter der Anleitung des Therapeuten als Teil der eigenen Person anzunehmen. In Psychodrama, Rollenspiel und den verschiedenen „Aufstellungen" begegnen wir ebenfalls vermiedenen Gefühls- und Handlungsmöglichkeiten.

Da alle psychotherapeutischen Verfahren umso wirksamer sind, je besser sich der Patient aufgehoben fühlt und je überzeugter er übt, gibt es in der Suche nach dem geeigneten Verfahren und dem „richtigen" Behandler immer eine technisch-wissenschaftliche und eine Erlebnis-Komponente. Intuition, Geschmacksfragen, persönliche Empfehlungen und wissenschaftliche Kontrolle beeinflussen, für welche Methode und welchen Therapeuten sich ein Patient entscheidet.

Es gibt in Norwegen ebenso wie in Sizilien gute und schlechte

Hotels. Ob ich lieber an das Nordkap oder nach Selinunt reise, ist Geschmackssache, aber ich sollte Selinunt nicht unzumutbar finden, weil ich dort in ein mieses Hotel geraten bin, und als Lösung fordern, dass jetzt alle Leute nach Norwegen reisen müssen, weil dort Hotels zertifiziert sind. Fazit: Man kann mit einer eher intuitiven, künstlerischen Orientierung ebenso einen guten Therapeuten finden wie mit der Überzeugung, wer sich wissenschaftlich legitimiere, müsse auch gute Arbeit leisten. Und man kann, leider, mit beiden Auswahlorientierungen auch Schiffbruch erleiden.

## Gruppentherapie

Vielen Kranken erscheint die Vorstellung wie ein Albtraum, vor mehreren anderen Personen über Ängste zu sprechen. Sie würden lieber überall hingegen als in eine Gruppentherapie. Dennoch, oder besser: genau deshalb handelt es sich hier um eine der wirkungsvollsten Behandlungen. Die Gruppe ist wie ein Resonanzkörper; sie verstärkt Emotionen und erzeugt dadurch Möglichkeiten der Angstbewältigung, die sich im geschützten Rahmen der Einzeltherapie nicht ergeben.

Gerade für die häufigen sozialen Phobien, in denen Menschen durch Vermeidung kritischer Beziehungs-Situationen ihre Lebensmöglichkeiten einschränken und ihre Chancen auf einen beruflichen Erfolg ruinieren, ist die Gruppentherapie das Mittel der Wahl. Wer sich fürchtet, andere Menschen anzurufen oder anzusprechen, kann oft in einer Gruppe lernen, wieder handlungsfähig zu werden.

Jede größere Volkshochschule bietet Veranstaltungen an, die hilfreich sind, Ängste zu überwinden: Theater- oder Rhetorikkurse beispielsweise, gemeinsamen Sport oder gemeinsames Kochen. Dazu kommen speziellere Trainings, in denen Selbstsicherheit eingeübt wird und sich die Mitglieder bei der Stange halten, wenn sie ihre Schüchternheit (oder „soziale Phobie") überwinden, indem sie sich in einem Restaurant über das Essen beschweren oder Unbekannte nach dem Weg fragen, ja sie zu einer Tasse Kaffee einladen.

Es gibt Selbsthilfegruppen für Angstkranke, die analog zu den bekannten Gruppen der Anonymen Alkoholiker funktionieren. In solchen Gruppen erfahren angstgeplagte Menschen vielleicht zum ersten Mal, wie wenig ihre Störung sie negativ von allen anderen Menschen abhebt. Sie finden es vermutlich tröstlich, dass andere noch schlimmere Ängste haben als sie.

Trainingsgruppen und Selbsthilfegruppen bewegen sich häufig nach einiger Zeit im Kreis. Es geschieht nicht mehr viel Neues. Die Gruppe ist zu einer Institution geworden, und Institutionen binden Ängste. Sie suchen nach Strukturen und Ritualen, welche Veränderungen gering halten, damit aber auch Ängste konservieren.

Wer über die Möglichkeiten von Übung und Selbsthilfe hinausgehen will, wird in der analytischen Gruppentherapie fündig. Hier geht es auch darum, Ängste zu prüfen und zu überwinden. Aber über die Übung hinaus, sich in einer Gruppe durchzusetzen und zu bewegen, wird nach Einsicht in den Zusammenhang zwischen dem gegenwärtigen Gruppenverhalten und früheren Prägungen oder Verletzungen gesucht. Das erleichtert der Gruppe den Umgang mit „schwierigen" Menschen und diesen wiederum die Überwindung ihrer Isolation.

# 16. Schluss: Generation Zuversicht?

Die Formulierung „Generation Angst" legt nahe, die wachsende Neigung zu Angsterkrankungen als vorübergehende Erscheinung zu sehen. Folgt der „Generation Angst" eine andere, die von anderen Leitsymptomen geplagt ist? Laut Schätzungen der WHO wird in dreißig Jahren die Depression den Herz-Kreislauf-Erkrankungen und dem Krebs den ersten Platz unter den Todesursachen streitig machen.

Ein Widerwille gegen falsche Verheißungen wappnen den Autor, den Siegeszug des positiven Denkens anzukündigen und eine Welt der Tatkraft anzukündigen, die sich vorteilhaft von einer gegenwärtigen Jammerkultur abhebt.

Realistisch ist es wohl, davon auszugehen, dass es noch lange dauern wird und der Ausgang ungewiss ist, wenn wir uns eine Generation Zuversicht wünschen. Vielleicht hängt ihre Geburt damit zusammen, dass der Größenwahn schwindet, wir könnten dauerhaft über unsere Verhältnisse leben. Eine solche Generation wird gelernt haben, die gefährliche Angst, ungerechte Privilegien einzubüßen, zugunsten der solidarischen Angst aufzugeben, nicht rücksichtsvoll genug mit den begrenzten Möglichkeiten unseres Planeten umzugehen, dieses an wenigen Stellen prekär mit Leben überwachsenen Stäubchens im All.

# Literatur

Adler, A. (1933): Der Sinn des Lebens, Frankfurt a. M..

Adorno, Th. W. (1946): „Die revidierte Psychoanalyse", in: Görlich, B.; Lorenzer, A.; Schmidt, A. (Hg.)(1980): Der Stachel Freud – Beiträge und Dokumente zur Kulturismusdebatte, Frankfurt a. M.

Balint, M. (1965): Die Urformen der Liebe und die Technik der Psychoanalyse, Frankfurt a. M.

Bandelow, B. (2004): Das Angstbuch, Reinbek b. Hamburg.

Bauriedl, Th. (1980): Beziehungsanalyse, Frankfurt a. M.

Beck, U. (1987): Risikogesellschaft, Frankfurt a. M.

Ders.: „Die Gesellschaft des Weniger", in: Süddeutsche Zeitung, 3.2.2005.

Champbell, D. G. (1966): Human Evolution, Chicago.

Count, E. W. (1958,1959): „Eine biologische Entwicklungsgeschichte der menschlichen Sozialität", in: Homo Nr. 9,10.

Devereux, G. (1976): Angst und Methode in den Verhaltenswissenschaften, Berlin.

Elias, N. (1982): Über den Prozess der Zivilisation, 2 Bde, Frankfurt a. M.

Erdheim, M. (1984): Die gesellschaftliche Produktion von Unbewusstheit, Frankfurt a. M.

Fairbairn, W. R. D. (1976): Psychoanalytic Studies of the Personality, London.

Forges, A. des (2002): Kein Zeuge darf überleben. Der Genozid in Ruanda, Hamburg.

Freud, S. (1926): Hemmung, Symptom und Angst, GW XIV, London.

Ders. (1986): Briefe an W. Fließ, Briefwechsel 1887–1904, hg. von J. M. Masson, Frankfurt a. M..

Ders. (1968): Brautbriefe, hg. von E. L. Freud, Frankfurt a. M.

Ders. (1910): Die zukünftigen Chancen der psychoanalytischen Therapie, GW VIII, London.

Ders. (1914): Zur Einführung des Narzissmus, GW X, London.

Ders. (1928): Das Unbehagen in der Kultur, GW XIV, London.

Ders. (1933): Neue Folge der Vorlesungen zur Einführung in die Psychoanalyse, GW XV, London.

Fromm, E. (1983): Die Flucht vor der Freiheit (1941), Frankfurt a. M.

Goldman, R. (1997): Circumcision – The Hidden Trauma, Boston.

Gollaher, D. L.(2001): Circumcision: A history of the world's most controversial surgery, New York.

Goldner, C. (Hg.)(2003): Der Wille zum Schicksal. Die Heilslehre des Bert Hellinger, Wien.

Habermas, J. (1968): Technik und Wissenschaft als Ideologie, Frankfurt a. M.

Hartmann, H. (1972): Ich-Psychologie. Studien zur psychoanalytischen Theorie, Stuttgart.

Hassenstein, B. (1971): Verhaltensbiologie des Kindes, München.

Herzinger, R. (2005): „German Angst", in: Kursbuch „Angst", Heft 159, Berlin.

Horney, K. (1937): The neurotic personality of our time, New York.

Illich, I. (1977): Die Nemesis der Medizin. Von den Grenzen des Gesundheitswesens, Reinbek b. Hamburg.

König, K. (1981): Angst und Persönlichkeit, Göttingen.

Kohut, H.(1973): Narzissmus, Frankfurt.

Künzler, E. (1967): Angst und Angstabwehr in der menschlichen Gemeinschaft, in: Wiesbrock, H. (Hg.): Die politische und gesellschaftliche Rolle der Angst, Frankfurt a. M.

Lee, R.; DeVore, I. (1968): Man the hunter, Chicago.

Levi-Strauss, C. (1967): Strukturale Anthropologie, Frankfurt.

Ders. (1960): Traurige Tropen, Köln.

Ottomeyer, K.(1987): Lebensdrama und Gesellschaft, Wien.

Machiavelli, N. (1986): Il Principe, übers. von E. Rippel, Stuttgart.

Matussek, P. (1971): Die Konzentrationslagerhaft und ihre Folgen, Berlin.

McLuhan, M. (1972) Understanding media, Boston.

Moeller, M. L. (1985): Die Liebe ist ein Kind der Freiheit, Reinbek b. Hamburg.

Müller, W. E. (1997): Besonderheiten der Psychopharmakotherapie im Alter, in: Hans Förstl (Hg.): Lehrbuch der Gerontopsychiatrie, Stuttgart.

Prescott, J. W. (1971), „Early somatosensory deprivation as an ontogenetic process in abnormal development of the brain and behavior", in: Goldsmith; Moor-Jankowski (Hg.): Medical Primatology, Basel, S. 357–375

Ders. (1974): „Cross-cultural studies of violence", in: Aggressive Behavior: Current Progress in Pre-Clinical and Clinical Research, Brain Information Report No. 37, Los Angeles.

Ders . (1975): „Body pleasure and the origins of violence", in: The Bulletin of The Atomic Scientists, November.

Pühl, H. (2005): Angst in Gruppen und Institutionen, Berlin.

Ders. (Hg.)(2000): Handbuch der Supervision, Berlin.

Edna Kenton, E. (Hg.)(1927): The Indians of North America, New York.

Schmidbauer, W. (1986): Die Angst vor Nähe, Reinbek b. Hamburg.

Ders. (1972): Jäger und Sammler. Als sich die Evolution zum Menschen entschied, Planegg.

Ders. (Hg.)(1974): Evolutionstheorie und Verhaltensforschung, Hamburg.

Ders. (1998): Vom Umgang mit der Seele, München.

Ders. (2005): Therapy on Demand. Narzissmus und bedarfsorientierte Psychotherapie, Düsseldorf.

Ders.(2004): Die einfachen Dinge, München.

Welzk, S. (2005): „Der heilsamste und vorsorglichste Gedanke", in: Kursbuch (März), Berlin.

Schülein, J. A. (1987): Theorie der Institution, Opladen.

Spitz, R. (1970): Nein und Ja. Die Ursprünge der menschlichen Kommunikation, Stuttgart.

Tartakoff, H. H. (1966): „The normal personality in our culture and the Nobel Prize Complex", in: Loewenstein, R. M. (Hg.): Psychoanalysis – an general psychology, New York.

Winnicott, D. W. (1974): Reifungsprozesse und fördernde Umwelt, München.

Yalom, I. D. (1974): Gruppenpsychotherapie. Grundlagen und Methoden, München.